Roger P. Minert • Alte Kirchenbücher richtig lesen

Bibliothek für Familienforscher
Herausgegeben von Dr. Eike Pies

Band 5

Roger P. Minert
Alte Kirchenbücher richtig lesen

Das Titelbild zeigt den Taufeintrag von Johann Sebastian Bach
vom 23. März 1685
aus dem Taufregister von St. Georg zu Eisenach:

dito getaufft. *1685.* [*Lunae den 23. Martij*]
4. Herrn Johann Ambrosio Baachen, Haußman
ein Sohn, G. [Gevattern = Paten] *Sebastian Nagel, Haußman*
zu Gotha, und Johann Georg Kochen, Fl. [Fürstlicher]
Forstbedienter alhier. NF Joh. Sebastian

Roger P. Minert

Alte Kirchenbücher richtig lesen

Hand- und Übungsbuch für Familiengeschichtsforscher

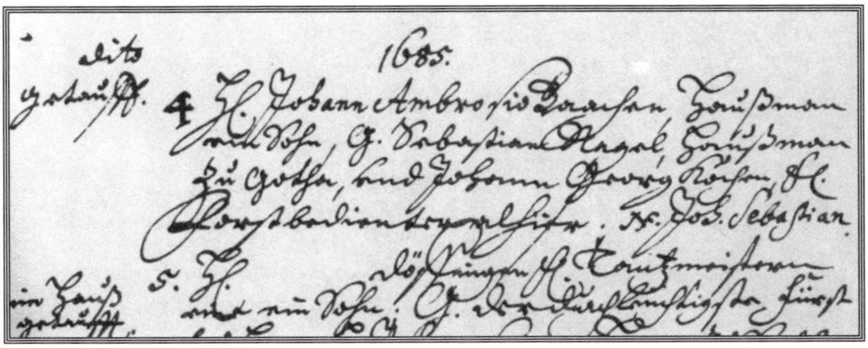

VERLAG E. & U. BROCKHAUS • WUPPERTAL

ISBN 978-3-930132-25-6

5. überarbeitete und erweiterte Auflage 2018 (1. Auflage 2004, 2. Auflage 2005, 3. Auflage 2008, 4. Auflage 2011).

Vorwort zur 1. bis 4. Auflage

Als Zwanzigjähriger habe ich in Wiesbaden gewohnt und mich gelegentlich mit alten Dokumenten befasst. Dabei war mir eine undatierte Publikation in die Hände gefallen: *Brause Übungsheft für die Deutsche Schrift.* Ich habe es gerade vor mir liegen und entsinne mich, wie ich damals Buchstabe für Buchstabe und Zeile um Zeile das Schreiben des Alphabetes gelernt habe.

In den vergangenen dreißig Jahren habe ich mehr als tausend Schülern, Studenten und Familienforschern das Lesen und Schreiben der Deutschen Schrift - die selbst an deutschen Schulen nicht mehr gelehrt wird - beigebracht. Wer die alten Kirchenbücher und Personenstandsregister in deutschsprachigen Gebieten Europas auswerten will, muss diese Schrift beherrschen.

Seit meiner Wiesbadener Zeit habe ich stets nach entsprechender Literatur Ausschau gehalten. Doch leider habe ich nichts gefunden, wie man alte Kirchenbücher entziffern, lesen und transkribieren kann. So entschloss ich mich, ein Buch zu schreiben, das den Familiengeschichtsforscher in die Deutsche Schrift einführt. Es erschien 2001 in den USA unter dem Titel *Deciphering Handwriting in German Documents* und erfreut sich bis heute in der englischsprachigen Welt einer regen Nachfrage. Was lag näher, das Buch auch in deutscher Sprache erscheinen zu lassen. Von den deutschen Verlagen, denen ich mein Buch anbot, entschied sich der genealogische Fachbuchverlag E. & U. Brockhaus spontan zur Veröffentlichung.

Eine beträchtliche Anzahl von Fachleuten, Kollegen und Freunden haben an der Entwicklung des amerikanischen Originals und der deutschen Ausgabe mitgeholfen. Shirely J. Riemer hat wichtige Vorschläge gemacht und Todd Roach die vielen Abbildungen technisch bearbeitet. Die deutsche Ausgabe lehnt sich zwar an das englische Original an, stellt jedoch als Leitfaden für den deutschen Leser eine eigenständige Publikation dar. Für die Mitarbeit an der Übersetzung wichtiger Teile des Textes bin ich zwei Kolleginnen aus Deutschland verpflichtet: Solveig Siegert und Maren Lehmann. Für die Schlussbearbeitung danke ich dem Bearbeiter und Herausgeber dieser Buchreihe Herrn Dr. Eike Pies und für die verlegerische Betreuung Herrn Ekkehard Brockhaus. Dank gilt vor allem meiner Frau Jeanne, die sich seit dreißig Jahren jeden Einfall, jedes Vorhaben und jede Neuigkeit bei meiner Arbeit anhören und ansehen muss, ohne dabei müde oder gelangweilt zu werden.

Dem Leser wünsche ich, dass er durch die Entzifferung von Schriften alter Kirchenbücher und Standesamtsregister mit Hilfe dieses Buches bei seiner Familiengeschichtsforschung zum gewünschten Ziel gelangt.

Prof. Dr. Roger P. Minert
Department of Church History & Doctrine
Brigham Young University
Provo, Utah

Vorwort zur 5. Auflage

Nun sind bereits zwölf Jahre vergangen seit dieses Buch erstmals erschien. Es ist weiterhin meine Hoffnung und Absicht, dass die darin enthaltenen Beispiele und Erläuterungen jedem Leser bei der persönlichen Familienforschung helfen. Die Nachfrage nach Anleitungen und Hilfestellungen zur Ahnenforschung (Genealogie) steigt immer mehr. Bisher gibt es jedoch selbst im Internet keine erfolgreichen Anleitungen oder Programme zum Entziffern von Handschriften, vor allem alten Handschriften mit veralteten Schriftzeichen. Mein Buch soll daher diese Lücke füllen und jedem Leser bei seiner Familienforschung eine Hilfestellung sein.

Im Herbst 2015 stellte ich meine Theorie, dass die meisten Erwachsenen kaum mehr dazu in der Lage sind, alte Handschriften zu entziffern, auf die Probe. In einer Großstadt bat ich 100 Leute auf der Straße, einen alten Text zu lesen. Ich zeigte ihnen einen besonders leserlich geschriebenen Text aus dem Jahr 1905. Ein einfacheres Beispiel hätte ich kaum finden können. Wie erwartet konnte nur einer von 100 Leuten jedes Wort entziffern. Bei diesem Mann handelte es sich um einen Historiker. Hätte ich den 100 Leuten allerdings einen Kirchenbucheintrag aus dem Jahr 1590 gezeigt, wäre vermutlich selbst der Historiker überfordert gewesen.

Ich habe dieses Buch um ein weiteres großes Kapitel ergänzt. Es enthält nun 34 zusätzliche Dokumente, die vielen häufig vorkommenden Dokumenten entsprechen. Die Transkriptionen und Bemerkungen sollen dem Leser bei der Entzifferung von ähnlichen Dokumenten helfen.

Ich danke meiner Bekannten, Christine Ricks geb. Kluge, die das neue V. Kapitel gründlich durchgesehen hat, um eventuell störende Anglizismen zu vermeiden. Sie stammt aus Nordrhein-Westfalen, lebt seit ihrem 21. Lebensjahr in den USA und ist erfahrene Übersetzerin.

Prof. Dr. Roger P. Minert
[ehemals Meinert in Jeggen, Kreis Osnabrück)

Inhalt

EINLEITUNG

Kirchenbücher im deutschen Sprachgebiet

Die ersten kirchlichen Aufzeichnungen von Lebensdaten im deutschen Sprachgebiet sind in Nürnberg um 1524 schriftlich belegt. Gegen Ende des 16. Jahrhunderts wurden alle katholischen Priester angewiesen, die Tauf-(Geburts-), Heirats- und Sterbefälle zu beurkunden, die sich in der Pfarrei ereigneten. Lutherische und reformierte Kirchgemeinden verfuhren ebenso in Süd- und Mitteldeutschland. Kurz nach dem Ende des Dreißigjährigen Krieges (1648) hatten im wesentlichen alle Kirchen in Deutschland solche grundlegenden Aufzeichnungen - mit Ausnahme von Separatisten (Wiedertäufer, Mennoniten, u.a.). In napoleonischer Zeit verfügte die Regierung, in vielen deutschen Gebieten Standesregister einzuführen, jedoch bewahrten jüdische Gemeinden solche Daten nur selten auf.

Aufgrund von Kriegen, Naturkatastrophen und menschlichem Versagen sind viele deutsche Kirchenaufzeichnungen verloren gegangen. Erhebliche Verluste von Kirchenbüchern waren speziell im Südwesten Deutschlands während des Dreißigjährigen Krieges, den Kriegen gegen Frankreich und im Nordosten Deutschlands während und nach dem Zweiten Weltkrieg zu verzeichnen. Dennoch konnten vermutlich mehr als 80 % aller Kirchenbücher gerettet werden und stehen heute der Familiengeschichtsforschung zur Verfügung.

Auf Anordnung des Reichssippenamtes wurden um 1940 Kirchenaufzeichnungen in Deutschland auf Mikrofilm aufgenommen. Doch bereits 1942 wurde dieses Vorhaben wieder eingestellt, da das zur Filmherstellung benötigte Silber kriegswichtigeren Zwecken diente. Die meisten Bücher, die bis dahin mikroverfilmt worden waren, stammten aus Schleswig-Holstein, Ostpreußen und dem Rheinland. Einige Originalbücher gingen im Krieg verloren und existieren heute nur noch als Mikrofilme.

Die Genealogical Society in Salt Lake City, Utah/USA, begann 1953 mit umfassenden Bemühungen, deutsche Kirchenbücher zu verfilmen. Die Sammlung der Gesellschaft umfasst heute mehr als 300.000 Mikrofilme – das sind ungefähr 45 % der vorhandenen Kirchenbücher, die vor 1874 geschrieben worden sind. Viele davon können über die „Family History Library" in Amerika bestellt und in den deutschen Forschungsstellen der Mormonen bezogen werden.[1] Die Gebühr für die Benutzung der Mikrofilme ist abhängig von der Ausleihdauer. Erfragen Sie den aktuellen Preis.

Die Mehrheit der deutschen Kirchenbuchaufzeichnungen, die vor 1874 geschrieben worden sind, sind von katholischen und lutherischen Kirchenarchiven mikroverfilmt worden. Viele Mikrofilme und Mikrofiches beinhalten Aufzeichnungen bis ins 20. Jahrhundert. Obwohl die meisten Kirchenbezirke bzw. Diözesen Vorschriften festsetzen, dass die Originale der Kirchenbücher in den Heimatpfarreien aufzubewahren sind, ist dies nicht immer die Regel. Einigen Pfarrämtern und Gemeindebüros mangelt es an den erforderlichen Einrichtungen, die Aufzeichnungen sicher aufzubewahren, andere wiederum sind vorübergehend oder stets unbesetzt. Oftmals wollen die Geistlichen nicht, von Ahnenforschern mit ihren Anfragen belästigt zu werden und schicken ihre Aufzeichnungen den zuständigen Kirchenarchiven. Grundsätzlich wird Besuchern und Forschern der Zugriff von Originalaufzeichnungen in vielen örtlichen Kirchgemeinden mit dem Hinweis verwehrt, dass diese in den Archiven auf Mikrofilm oder -fiches erhältlich sind.

Um Vorfahren oder Verwandte in Kirchenbüchern ausfindig machen zu können, muss man wissen, zu welcher Pfarrei bzw. Kirchengemeinde der betreffende Ort gehörte. Zuverlässige Ortsverzeichnisse in deutschen Archiven und Bibliotheken sowie in der Family History Library und im Internet stehen zur Verfügung. Anfragen können auch an regionale Kirchenbüros in Deutschland gerichtet werden. Örtliche Gemeindebüros können oft eine Hilfe bei dieser Forschung sein.

Wenn die Gemeindezugehörigkeit bekannt ist, können sich Familiengeschichtsforscher per Telefon, Email oder Brief mit dem Gemeindebüro der betreffenden Pfarrei oder dem

---

[1] Anschriften von Forschungszentren der Mormonen (Kirche Jesu Christi der Heiligen der Letzten Tage) bei Eike Pies: *Aktuelle Adressen und Informationen für Familienforscher,* Stammausgabe mit jährlichen Aktualisierungen im Verlag E. & U. Brockhaus, Wuppertal.

Kirchenbucharchiv in Verbindung setzen,[2] um zu ermitteln, welche Aufzeichnungen existieren, wo sie aufbewahrt werden und unter welchen Umständen sie eingesehen werden können. Das ist für diejenigen einfach, die in der Nähe des Heimatortes ihrer Vorfahren leben. Schwieriger wird es dagegen mit der Zunahme der Bevölkerung in Deutschland und unter den Nachkommen von Millionen von Flüchtlingen von ehemaligen deutschen Gebieten im Osten. In solchen Fällen ist es einfacher, mit den genealogischen Forschungsstellen der Mormonen in Deutschland Kontakt aufzunehmen.

Der Pfarrer vor Ort hat sich an die Vorschriften zu halten, die von Kirchenbeamten auf Bezirks- oder Diözesanebene erlassen worden sind. Wer alte Kirchenbücher einsehen will muss mit einem Entgelt rechnen. Entsprechend werden auch Archivgebühren erhoben. Wo Gebühren nicht vorgeschrieben sind, wird die Gemeindesekretärin eventuell um eine Spende für die Kirchenrestaurierung, Jugendgruppe o.ä. bitten.

Fotokopien von Originalaufzeichnungen sind nur selten durch die anfällige Beschaffenheit der Bücher erlaubt. Dagegen haben die meisten Archive Geräte für das Kopieren von Filmseiten. Aufgrund des Datenschutzes gibt es jedoch Schutzfristen, wenn die Eintragungen jünger als 100 Jahre sind. Die Kosten für eine Seitenkopie von Mikrofilmen oder Mikrofiches schwanken von 50 Cents bis zu 6 Euro pro Seite.

In den meisten Fällen wird die Anfrage zur Familiengeschichtsforschung durch den Geistlichen oder seine Sekretärin bearbeitet. Sonst macht es ein anderer örtlicher Kirchenbeamter oder ein beauftragter Berufsgenealoge. Da diese für ihre Dienstleistungen unterschiedlich hohe Gebühren verlangen, sollte man sich vorab nach den finanziellen Bedingungen erkundigen. Die meisten Kirchenbucharchive bieten Forschungsdienste gegen eine Gebühr von 20 bis 80 Euro je Stunde an. Oft hat der Ahnenforscher vorab für die Forschungsresultate, die ihm später zugesandt werden, zu bezahlen.

Eine wesentliche Hilfe bei der Nachforschung bieten die von Genealogen erarbeiteten Ortssippen- bzw. Ortsfamilienbücher (gewöhnlich mit Abschluss des Jahres 1900), in denen die Familien, die in den Kirchenbüchern einer Gemeinde verzeichnet

2 Anschriftenverzeichnis siehe Anmerkung 1.

sind, rekonstruiert, alphabetisch geordnet und die Personen genealogisch zugeordnet sind. Solche Bücher erscheinen meist nur in kleiner Auflage und sind schnell ausverkauft, können aber meist in den örtlichen Gemeindebüros, Bibliotheken und Archiven eingesehen werden.

Original-Kirchenbucheinträge waren vor der Einführung der Standesregister (und bleiben seither in manchen Fällen) zweifellos die besten Datenquellen für die Familiengeschichtsforschung in allen deutschsprachigen Gebieten Europas.

Das Personenstandswesen in Deutschland

Mit wenigen Ausnahmen vergingen zwei Jahrhunderte nach Beginn der Kirchenbuchüberlieferung, bis auch von Seiten des Staates Geburts-, Heirats- und Sterbeaufzeichnungen in deutschen Gebieten Europas schriftlich verzeichnet wurden. Die ersten Aufzeichnungen dieser Art wurden von den Franzosen während der napoleonischen Besetzung eingeführt. Örtliche Personenstandswesen (*etat civil*) wurden 1793 in allen besetzten Groß- und Kleinstädten Deutschlands (in der Pfalz, im Rheinland, in Westfalen, in vielen Teilen Hannovers und in Großstädten wie Bremen) eingeführt. Kirchenbeamten wurde mitgeteilt, dass ihre Tätigkeit als Schreiber für Geburts-, Heirats- und Sterbeaufzeichnungen nicht länger gebraucht wurde. Viele stellten diese Tätigkeit bis zum Ende der französischen Regierungszeit ein. In einigen norddeutschen Städten wurden Pfarrer als Beamte des Personenstandes verpflichtet.

Die ersten Personenstandsaufzeichnungen wurden in französischer Sprache geschrieben und bestanden aus langen Einträgen. In vielen Personenstandsregistern wurde eine vollständige Seite für einen einzigen Eintrag verwendet. Während Kirchenbuchaufzeichnungen oft Taufen, Hochzeiten und Beerdigungen aufweisen, befasste sich der Personenstandsbeamte gewöhnlich nur mit Geburts-, Heirats- und Sterbefällen. Da die Religion unter französischer Herrschaft keine Rolle spielte, wurden Katholiken, Protestanten, Anabaptisten (Wiedertäufer),

Juden, Zigeuner – kurz: jeder, der innerhalb des Gebietes lebte – aufgenommen. Jedermann in Deutschland lebte innerhalb eines bestimmten Personenstandsbereichs.

Als die Truppen Napoleons aus Deutschland abgezogen waren, befreiten sich die Menschen schnell von den französischen Orts- und Standesbeamten. In den meisten Fällen wurde das Personenregistriersystem noch vor 1813 schlagartig beendet, doch wurde es in einigen Gebieten von deutschen Beamten weitergeführt. Diese Gebiete schlossen Elsass-Lothringen, die Pfalz, das Rheinland und wenige Großstädte ein. Im allgemeinen ersetzten die Beamten bis etwa 1820 die französische durch die deutsche Sprache bei Geburts-, Hochzeits- und Sterbeaufzeichnungen. Nach 1813 begannen fast alle Geistliche erneut, Geburts-, Heirats- und Sterbefälle aufzuzeichnen, wodurch in diesen Gebieten Deutschlands parallele Urkunden existieren.

Eine andere Entwicklung, die während der napoleonischen Besatzungszeit (besonders nach 1808) in den deutschen Ländern zum Vorschein kommt, war das Erstellen von Kirchenbuchduplikaten. So forderten z.B. die örtlichen Regierungen – oft auf Kreis-, Bezirks- oder Oberamtsebene – Kirchenbeamte auf, ein Duplikat von Geburts-, Heirats- und Sterbeaufzeichnungen anzufertigen und dem Amtmann auszuhändigen. Die Duplikate wurden gewöhnlich im Januar eines jeden Jahres eingereicht oder abgeholt. In manchen Regionen fertigten die Regierungsbeamten ihre eigenen Kopien von Kirchenbuchoriginalen an. Bis 1848 hatte sich die Praxis der Kirchenbuchduplikate über fast ganz Deutschland ausgebreitet.

Mit dem Entstehen des Deutschen Kaiserreichs im Jahre 1871 sprachen Reichsbeamte sich für eine rasche Einführung eines landesweit einheitlichen Registrierungssystems für Geburts-, Heirats- und Sterbefälle aus. Dies fand in den preußischen Provinzen schon am 1. Oktober 1874 statt. Ein entsprechendes Gesetz trat am 1. Januar 1876 in ganz Deutschland in Kraft.[3] Seither – und ohne Unterbrechung – ist der Personenstandsbeamte für die Aufzeichnung von Geburts-, Heirats- und Sterbedaten zuständig. Das Gesetz vom 3. November 1937 erweiterte den Tätigkeitsbereich der Standesbeamten. Mit dem

---

3 Wolfgang Schütz: *100 Jahre Standesämter in Deutschland,* S. 7.

1. Juli 1938 musste ein Familienbuch für den Ehemann und seine Ehefrau am Tag der Hochzeit begonnen werden.

Mit einigen Inhaltsabweichungen werden heute die gleichen vier Arten von Aufzeichnungen von Standesbeamten in der Bundesrepublik Deutschland aufbewahrt: Geburts-, Heirats- und Sterbeurkunden sowie Familienbücher. Formulare für diese Urkunden sind nahezu in ganz Deutschland identisch und beinhalten gewöhnlich mehr Einzelheiten über die Familiengeschichte als Kirchenbuchaufzeichnungen.

Aufgrund des Datenschutzgesetzes wird einzelnen Personen der Zugang zu Personenstandsregistern, die seit 1876 erstellt werden (1874 im damaligen Preußen), nur dann gewährt, wenn sie nachweisen können, dass sie direkte Nachkommen der in Frage kommenden Person(en) sind. Gilt die Verbindung als erwiesen, so hat der Forscher bzw. sein rechtmäßiger Bevollmächtigter einen rechtsgültigen Anspruch auf die Daten, die man ihm nicht verweigern kann.

Die meisten Personenstandsregister werden noch immer dort, wo sie erstellt wurden, aufbewahrt. Einige wenige sind an Staatsarchive weitergegeben worden. Sehr wenige Personenstandsregister sind mikroverfilmt worden, wobei nahezu alle diese Aufzeichnungen aus der Zeit vor 1874 stammen. Gewöhnlich wird keine Gebühr von Personen erhoben, die ihr Recht auf die Einsicht in Personenstandsregister glaubhaft machen können. Fotokopien (wo es erlaubt ist) werden üblicherweise vom Forscher bezahlt. In Fällen, wo der persönliche Einsatz der Standesbeamten und ihrer Kollegen erforderlich ist, wird eventuell eine kleine Gebühr erhoben. Um Forschungen in einem Standesamt durchzuführen, ist es ratsam, vorher anzurufen oder zwecks einer Terminvereinbarung das Standesamt anzuschreiben, den genauen Ort und womöglich die Daten der gewünschten Aufzeichnung anzugeben.

Das Archivwesen in Deutschland

Wer sich in Deutschland eingehend mit Familiengeschichtsforschung beschäftigt, wird ohne die Hilfe von Archiven kaum auskommen. Obwohl Kirchenbücher und Standesregister anfangs immer vor Ort geführt wurden, hat inzwischen aus vielen Gründen eine beträchtliche Anzahl von Kirchenbüchern und Standesregistern den Weg in Archive gefunden. Daher muss sich der Forscher über das Archivwesen informieren. Man muss beispielsweise feststellen, wo die gesuchten Register sind und unter welchen Bedingungen sie eingesehen werden können.

Kirchenbuchoriginale können nur eingesehen werden, solange sie noch im Pfarramt aufbewahrt werden. Heutzutage sind aber manche Originale an Kirchenarchive, Rentämter, und Diözesanarchive abgegeben worden. Da eine wesentliche Anzahl der Register im Zweiten Weltkrieg den Kriegseinwirkungen zum Opfer gefallen ist, sorgt man heute dafür, dass die Originale möglichst sicher verwahrt werden.

Seit 1945 sind zahlreiche Kirchenarchive[4] errichtet worden. Manche Kirchenverwaltungen auf Landes- oder Diözesanebene haben verordnet, dass Kirchenbücher ins Archiv geliefert werden mussten. Häufig sind die Bücher auch auf Mikrofilm aufgenommen und dann in die Heimatpfarrei zurückgeschickt worden. In solchen Fällen hat man den örtlichen Geistlichen angewiesen, Anfragen von Forschern ans Archiv zu schicken, statt persönlich in den Büchern zu forschen oder Besuchern die Originale vorzulegen. Dabei gilt es, die Kirchenbücher vor dem Ruin zu schützen - nicht aber, den Forschern Schwierigkeiten zu bereiten. Andernfalls bleiben die Originale im Archiv. In manchen Fällen darf der Familienforscher sie durchsehen, d.h. selbst in die Hand nehmen. Wo die Kirchenbücher mikroverfilmt worden sind, dürfen grundsätzlich nur Mikrofilme bzw. Mikrofiches eingesehen werden.

Zuerst gilt es also festzustellen, wo sich die Originale befinden. Eine diesbezügliche Anfrage kann an die Heimatpfarrei gerichtet werden. Weiß man, wo das zuständige Archiv ist, so wird man sich an das dortige Archivpersonal wenden. Neuer-

[4] Anschriften bei Eike Pies, siehe Anmerkung 1.

dings verfügen die meisten Archivare über Email-Anschriften und einige über Webseiten. Im Internet kann man häufig erfahren, wo es sich günstig - oder überhaupt - forschen lässt. Kirchenbücher können nur eingesehen werden, wenn und wie es das Archiv erlaubt. Eine vorherige telefonische oder schriftliche Anmeldung ist dabei immer notwendig.

Unter Umständen darf im Archiv ein Kirchenbucheintrag vom Original abgelichtet werden; in vielen Fällen wird das aber nicht gestattet. Normalerweise dürfen von Filmseiten oder Mikrofiches Kopien gemacht werden. In allen Kirchenarchiven werden im Lesesaal Gebühren erhoben. Benutzervorschriften und Gebühren sind angeschlagen. Lesehilfe kann in manchen Archiven nicht angeboten werden, denn das Archivpersonal ist häufig mit schriftlichen Anfragen überfordert.

Das Standesamtsregister befindet sich im Regelfall im örtlichen Standesamt. In den wenigsten Fällen hat man die ältesten Bücher auf Mikrofilm aufgenommen oder sie aber zur ständigen Verwahrung ins Kreis- oder Staatsarchiv gebracht.

Wie bei Kirchenbüchern gilt es auch hier zu erfragen, wo sich die Standesregister befinden. Der Familienforscher richtet die erste Anfrage an das örtliche Standesamt. Man lässt sich dann einen Termin geben, wann die Bücher eingesehen werden können. Bundesweit herrscht die Vorschrift, dass dem Forscher lediglich Daten über seine unmittelbaren Vorfahren ausgehändigt werden dürfen. Der Zuständige Beamte bestimmt, was abgelichtet werden darf und was nicht.

Falls die Standesregister im Archiv an einem fremden Ort aufbewahrt sind, erkundigt man sich, wann und wie sie eingesehen werden können und welchen Einschränkungen sie unterliegen. In Stadt- oder Kreisarchiven werden andere, für den Familiengeschichtsforscher interessante Dokumente aufbewahrt, beispielsweise Bürger- und Grundbücher, Auswanderungskonsense, Ansässigkeitsmachungen, Militärverzeichnisse, Heiratsverträge, Testamente, und vieles andere mehr.

In den Staatsarchiven der Bundesländer[5] findet man oft Kirchenbuchduplikate, die vom zuständigen Pfarrer der Behörde ausgehändigt worden sind und in das Eigentum der Regierung übergegangen sind. Fast alle Landes- und Staatsarchive

---

[5] Anschriften bei Eike Pies, siehe Fußnote 1.

verfügen über Webseiten im Internet. Der Familienforscher sollte sich informieren, ob die Register oder Kirchenbuchduplikate eines bestimmten Pfarramts zu den Beständen des Archivs gehören. Per Email kann man sich einen Termin im Lesesaal geben lassen oder eine kurze Anfrage an das Archivpersonal richten.

I. Handschriften im deutschen Sprachraum Ein geschichtlicher Überblick

Handschriften von den Anfängen bis zum Ende des Mittelalters

Bis zur Mitte des 20. Jahrhunderts hat die Geschichte der Handschriften in Deutschland mit verschiedenen Alphabeten - von unterschiedlichen Sprachen im parallelen oder gleichzeitigen Gebrauch - zu unterschiedlichen Ergebnissen geführt. Die Aussage, dass es eine einheitliche deutsche Sprache vor 1900 gab, ist ebenso unzutreffend, wie die Theorie, dass vor Jahrhunderten ein einheitliches Alphabet oder eine Handschriftenart in den deutschsprachigen Regionen Europas angewandt wurde.

Die ältesten deutschen Schriftstücke sind vorchristlich und erlauben keine Verallgemeinerung.[6] Das *Runenalphabet* war das erste, dem germanischen am ähnlichsten Alphabet und wurde von germanischen Völkern ungefähr im 4. Jahrhundert n. Chr. geschrieben. Die Runenschrift wurde in 28 Belegstellen gefunden. Es wird angenommen, dass diese im nördlichen Italien entstanden ist. Dieses Alphabet hatte keine Nachfolger. Im Jahre 800 n. Chr. waren Handschriftarten, die ihren Ursprung in Südeuropa hatten, für alle praktischen Zwecke die einzigen, die von deutschen Schriftgelehrten benutzt wurden. Während der Regierungszeit Karls des Großen wurden zahlreiche Handschriftarten unter den Klerikern und Bürokraten Deutschlands angewendet. Dies führte dazu, dass es Bestrebungen gab, Handschriften zu standardisieren. Die um 780 zuerst auftretende *Karolingische Minuskel* vereinigte Eigenschaften von verschiedenen Alphabeten und wurde bald in den Gebieten des heutigen Frankreichs, Deutschlands und Norditaliens bekannt.

---

[6] Eine ausführliche Beschreibung von jedem Alphabet kann in Adolf Bach, Abschnitte 29b und 39 entsprechend gefunden werden. Der *Helm von Negau* und *das Horn des Gallehus* haben Gelehrte für nahezu 200 Jahre beschäftigt.

König beschreibt die *Minuskel* mit den Worten „einfach und klar".[7] Dieses Alphabet prägte die deutsche Handschriftenszene für fast 300 Jahre.

Im 12. Jahrhundert wurde ein neues Alphabet in Deutschland entwickelt, das schnell an Popularität gewann: Die sogenannte *Gotische Kursive.* Sie nimmt eine senkrechtere Orientierung im Gegensatz zur *Karolingischen Minuskel* ein. Die gotischen Buchstaben neigen dazu, eher getrennt als verbunden zu sein, wurden aber eng aneinander geschrieben. Gotische Zeichen wurden als Groß- und Kleinbuchstaben geschrieben. Zusätzlich dekorative Schläge waren alltäglich. Die Anfangsschläge waren sehr ausgeprägt, während die Nebenschläge absichtlich schwach waren.[8] Bis zum 14. Jahrhundert hatte sich der gotische Schreibstil zu einer *Fraktur*-Handschrift entwickelt, welche die Eigenschaft besaß, eher scharfe Kurven als gerundete Schläge zu haben. Ebenso war die Verbindung von Buchstaben innerhalb von Wörtern einbezogen.

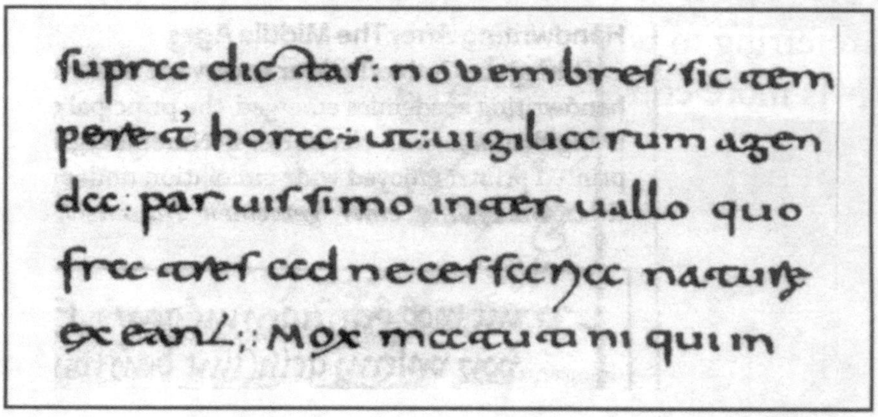

(1) Karolingische Minuskel (8. oder 9. Jahrhundert)

Crous und Kirchner stimmen nicht mit modernen Autoren überein, die den Begriff „Gotische Handschrift" benutzen, um alle vor 1900 existierenden Handschriftenarten zu beschreiben. Die Bezeichnung „Gotische Schrift" ist ebenso sinnlos wie der aus der Kunstgeschichte bekannte Ausdruck „Gotik". Er hat mit dem Volk der Goten nichts zu tun, ist vielmehr ein schon

[7] Siehe *dtv-Atlas zur Deutschen Sprache* 33 ff.

[8] Crous & Kirchner, S. 10-11.

im 16. Jahrhundert nachweisbarer, spöttisch herabsetzender Ausdruck der Italiener für eine Kunstform, die von ihnen als minderwertig empfunden wurde.[9]

Nun könnte man den Begriff *Fraktur* im Beschreiben dieses Alphabetes verwenden. Da jedoch der Begriff *Gotisch* dominierend ist und der Begriff *Fraktur* in letzter Zeit an Bedeutung zugenommen hat, würde es nicht sinnvoll sein, so vielen Autoren, die sich mit dem Thema befasst haben, zu widersprechen.[10] Ich werde den Begriff *Gotisch* in den folgenden Aufzeichnungen weiterverwenden, da dieser Begriff bezugnehmend auf das, woran Kirchner und auch ich glaube, eine korrektere Bezeichnung ist, als der Begriff *Fraktur.*

(2) Beispiele gotischer Schriftzeichen

Gotische und *Fraktur*-Handschriften wurden die Grundlage für die meisten Handschriftenarten in Mitteleuropa, wenn-

[9] Crous und Kirchner, S. 8. Ribbe schreibt den Humanisten diese verkehrte Umbenennung zu: „[die Schrift, die] dann von den Humanisten auch als gotisch bezeichnet wurde, um ihre ‚Minderwertigkeit', ihr ‚barbarisches Wesen' zu kennzeichnen." (Seite 435).

[10] Der Begriff *Fraktur* wird häufig in Bezug auf das gedruckte Alphabet benutzt, das in deutschsprachigen Gebieten bis kurz nach dem 2. Weltkrieg angewandt wurde. Der Begriff wird auch bei kunstvoll gestalteten Tauf- oder Heiratsurkunden in der nordamerikanischen Kolonialzeit angewandt, und zwar zumeist unter den sogenannten „Pennsylvania Dutch" [Pennsylvanien-Einwohner deutscher Herkunft].

gleich es auch keine erfolgreichen Unternehmungen im Einführen offizieller Richtlinien gab (wegen des vorherrschenden Mangels an politischer Einheit in den deutschsprachigen Gebieten darf dies nicht überraschen.) Der Beginn des Baus von Druckerpressen Mitte des 15. Jahrhunderts trug zu einem bedeutenden Ausmaß an Popularität und der Bewahrung der Gotischen/*Fraktur*-Schrift bei. Leider ist eine Erörterung über die Druckvermittlung zu aufwendig, um hier berücksichtigt zu werden.

Handschriften der Neuzeit

Während der Gotik entstanden mehrere wichtige Handschriftakademien. Die Hauptakademie war die von Johann Neudörfer in Nürnberg. Seine Druckvorlage unter dem Titel *Anweysung einer gemeinen Hanndschrift* erfreute sich einer weiten Verbreitung. 1553 verfasste er eine ausführlichere Arbeit, die Anleitungen zu den lateinischen, griechischen und hebräischen Alphabeten einbezog.[11] Es kann angenommen werden, dass alle, die eine abgeschlossene Ausbildung an einer Handschriftakademie abgelegt hatten, ihre fachliche Kompetenz den nachfolgenden Generationen von Schreibern, wo immer sie auch lebten und arbeiteten, weitergegeben haben.[12]

Mit dem Beginn der Aufbewahrung von wichtigen (meist religiösen) Aufzeichnungen im 16. Jahrhundert erhöhte sich die Anzahl von Dokumenten sowie die von Schreibern außerordentlich. Das Aufzeichnen von Geburts-, Heirats- und Sterbedaten wurde überall in den Gemeinden des Hl. Römischen Reiches nach den Erlässen von Landes- und Kirchenfürsten zwischen 1520 und 1700 eingeführt. Katholische Priester, Mönche und Gemeinderegistratoren neigten dazu, ihre Eintragungen in lateinischer Sprache über viele Jahre bis zur Reformationszeit hinweg zu schreiben. Anfangs gab es zumeist nur allgemeine Vorschriften für diese Verfahrensweise. Forscher stoßen heute hin und wieder auf katholische Aufzeichnungen,

11 Crous & Kirchner, S. 23.

12 Gladt, S. 15

in denen das Lateinische von früh an durch die deutsche Sprache und deutsche Handschriftarten ersetzt wurde.[13]

Demgegenüber würde man vielleicht annehmen, dass die lateinische Sprache durch die deutschsprachigen Grundelemente dort ersetzt wurde, wo der evangelische Glaube den Katholizismus ersetzte. Aber auch hier gibt es Ausnahmen. Häufig neigten die Registratoren dazu, deutsche und lateinische Schriftzeichen in einem Text zu verwenden, wobei Deutsch die vorherrschende Sprache war.[14]

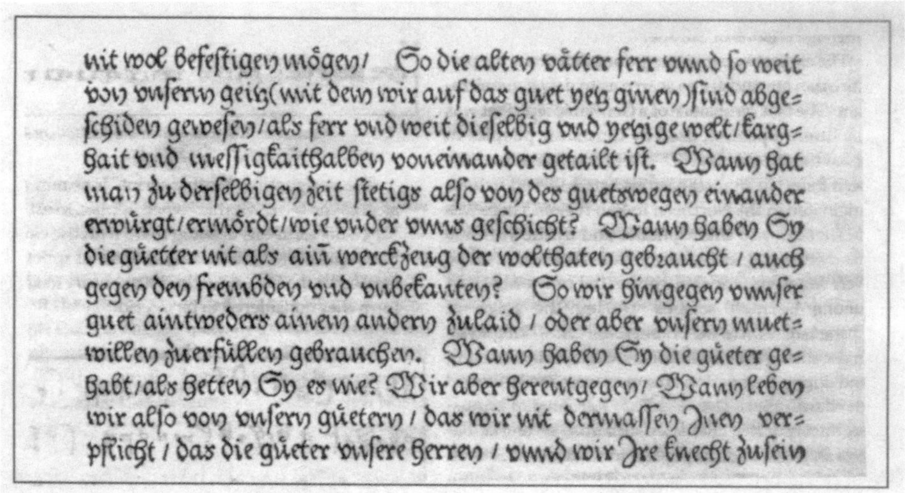

nit wol befestigen mögen/ So die alten vätter ferr vnnd so weit
von vnserm geitz(mit dem wir auf das guet yetz gimen)sind abge=
schiden gewesen/als ferr vnd weit dieselbig vnd yetzige welt/karg=
hait vnd messigkaithalben voneinander getailt ist. Wann hat
man zu derselbigen zeit stetigs also von der guetswegen einander
erwürgt/ermördt/wie vnder vnns geschicht? Wann haben Sy
die güetter nit als ain werckzeug der wolthaten gebraucht / auch
gegen den frembden vnd vnbekanten? So wir hingegen vnnser
guet aintweders ainem andern zulaid / oder aber vnsern muet=
willen zuerfüllen gebrauchen. Wann haben Sy die güeter ge=
habt/als hetten Sy es nie? Wir aber herentgegen/ Wann leben
wir also von vnsern güetern / das wir nit dermassen Inen ver=
pflicht / das die güeter vnsere herren / vnnd wir Ire knecht zusein

(3) Ein Beispiel der Gotischen (eigentlich Fraktur-) Handschrift

Obwohl Kirchenführer in manchen Fällen von ihren Untergebenen forderten, Aufzeichnungen mit bestimmtem Inhalt und einheitlichem Format zu gestalten, gibt es wenige Nachweise, dass bestimmte alphabetischen Zeichen oder Handschriftarten vorgeschrieben waren.

Der diesbezügliche Einfluss der kaiserlichen Kanzlei wird durch Gladt hervorgehoben: „Die Schriftstücke der kaiserlichen

13 In dem Bestreben, Bewerber für die Wehrpflicht zu bestimmen, stellte Kaiser Joseph II. 1783 einen Erlass auf, dass alle Kirchenaufzeichnungen in Österreich nunmehr in deutscher Sprache zu führen seien, damit Regierungsbeauftragte diese angeblich leichter lesen könnten. Das ist nur ein Beispiel davon, wie sich die Politik in die Kirchenwelt eindringen konnte.

14 Genaue Übersichten zur Überprüfungen von speziellen deutschen Alphabeten sind in *Deutsche Schreibschrift* von Süß und in *Unsere Schrift* von Sturm zu finden.

Kanzleien aus der ersten Hälfte des 16. Jahrhunderts zum Beispiel lassen das Bestreben nach Vereinheitlichung deutlich erkennen. Vollständig gelang die Unterdrückung der Individualschrift natürlich niemals."[15]

Offensichtliche Tendenzen zur Vereinheitlichung der Handschrift gab es vor 1618, aber laut Gladt bewirkten die katastrophalen Folgen des Dreißigjährigen Krieges sowohl eine „Sprachverwilderung" wie auch eine „Schriftverwilderung."[16] Ribbe schreibt: „In der zeitlichen Wandlung der Schriftcharaktere sind Perioden des Aufstieges und des Absinkens zu beobachten, die in der Regel den Erscheinungen des kulturellen und politischen Lebens parallel verlaufen."[17]

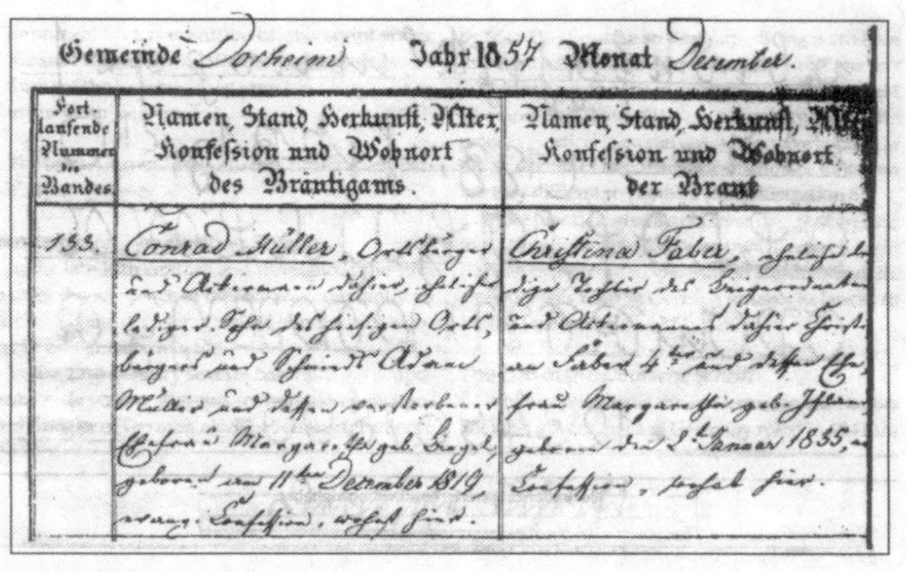
Gemeinde Dorheim Jahr 1857 Monat December.

Fortlaufende Nummer des Bandes.	Namen, Stand, Herkunft, Alter, Konfession und Wohnort des Bräutigams.	Namen, Stand, Herkunft, Alter, Konfession und Wohnort der Braut
133.	Conrad Müller, [illegible] geboren [illegible] 11ten December 1819, evang. Confession, wohnt hier.	Christina Faber, [illegible] geboren den 2ten Januar 1835, [illegible] Confession, wohnt hier.

(4) Ein Heiratseintrag mit sowohl lateinischen und als auch gotischen Schriftzeichen (Dorheim, Hessen)

Süß schreibt, dass der erste Versuch, eine vereinheitlichte Handschrift an deutschen Schulen vorzustellen, 1747 in Preußen erfolgte und dass eine Wiedergabe dieses Alphabetes (ursprünglich Hilmar Curas zugeschrieben) in mehreren Veröffentlichungen zu finden ist.[18] Aufgrund des sich ausdehnenden

15 Gladt, S. 11.
16 Gladt, S.12
17 Ribbe und Henning, S. 433.
18 Süß, S. 11.

territorialen Besitzes und des politischen Einflusses von Preußen im 18. Jahrhundert wurde das Curas'sche Alphabet auch außerhalb Preußens populär. Über dieses Alphabet schrieb Sturm: „*Die deutsche Kurrentschrift*, als schulmäßige Zusammenstellung nach dem 1538 gedruckten Schreibbuch Johann Neudörffers wiedergegeben, ist für die weitere Schriftentwicklung insofern von Bedeutung, als sie die Übergangs- und eigentlichen Grundformen der noch in unserer Generation geläufigen Kurrentschrift enthält."[19] Der Begriff „Kurrent" wies auf die „laufende" oder „kursive" Art der Buchstaben hin.[20]

(5) Die Kurrent-Handschrift nach Süß
(Abgedruckt mit freundlicher Genehmigung des Augustus Verlages)

---

19 Sturm, *Unsere Schrift*, S. 129.

20 Der Terminus *Kurrent* ist noch heute in Österreich die allgemein gängige Bezeichnung der altdeutschen Schriftart.

Die Vereinheitlichung der deutschen Handschrift

Seit dem späten 18. Jahrhundert und während des gesamten 19. Jahrhunderts nahm die Schreib- und Lesefähigkeit in den deutschen Ländern stetig zu. Der Bedarf für ein einheitliches Schreibmuster erlebte eine immer größere Nachfrage. Im 19. Jahrhundert versuchten mehrere Sprachforscher und Schulbeamte, ein nationales deutsches Alphabet – ein genormtes Schriftbild - einzuführen. Einige Entwürfe solcher Alphabetmuster berücksichtigen, dass Schriftführer und Schüler eine Unmenge von unterschiedlichen Schreibinstrumenten verwendeten.[21] Ein weiterer wichtiger Vorteil eines landesweit geltenden Schriftbildes war die deutlich zunehmende Ansicht unter deutschen Intellektuellen und Politikern – besonders nach der Gründung des Deutschen Kaiserreiches im Jahre 1871 – dass landesweite Normen für die Aussprache und die Grammatik der deutschen Sprache nötig seien und dass es widersprüchlich sei, solche Normen ohne ein offizielles Alphabet zu verordnen.

(6) Das Sütterlin-Alphabet nach Süss
(Abgedruckt mit freundlicher Genehmigung des Augustus Verlages)

21 Auf genauere Angaben diesbezüglich kann an dieser Stelle nur kurz eingegangen werden: die Schriftbreite, die durch den Tintendruck einer bestimmten Schlagrichtung entstand, war offensichtlich der entscheidende Faktor. Ausführliche Beschreibungen davon bietet Süß.

Im frühen 20. Jahrhundert förderten Schreibkünstler wie Rudolf von Larisch aus Österreich sowie Rudolf Koch und Ludwig Sütterlin aus Deutschland mit Erfolg eine Schreibreform in den jeweiligen Regionen ihres Landes. In der Tat wurde das Alphabet Sütterlins überall an öffentlichen Schulen in Preußen eingeführt und wurde derart populär, dass der Begriff „Sütterlin" oft unpassend zu allen Schulalphabeten in dieser Epoche angewandt wurde.[22] Die ursprünglichen, genau senkrecht stehenden Sütterlin'schen Zeichen waren in Wirklichkeit schlicht als Normschrift für Schreibanfänger beabsichtigt und waren schwer zu erlernen. Praktischere Zeichen wurden 1927 durch Koch gestaltet und werden als „Offenbacher Handschrift" bezeichnet. Überarbeitet durch Kochs Schüler Martin Hermersdorf wurde dieses Alphabet an deutschen Schulen bis in die späten Fünfziger Jahre gelehrt und benutzt.[23]

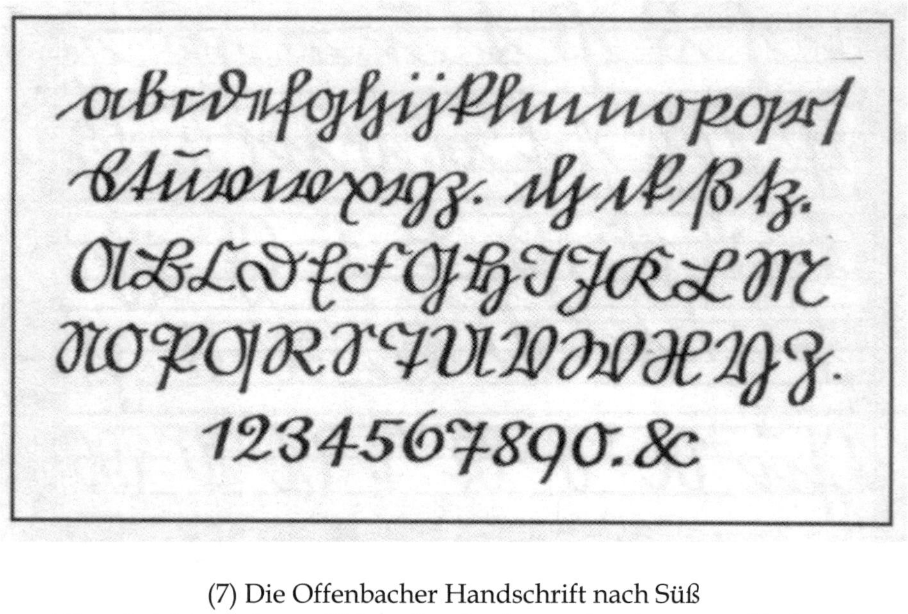

(7) Die Offenbacher Handschrift nach Süß
(Abgedruckt mit freundlicher Genehmigung des Augustus Verlages)

[22] Sütterlin entwarf auch ein genormtes Schriftbild für das lateinische Alphabet.

[23] Süß, S. 15.

Das Ende des Zeitalters der Gotischen Handschrift

Als im Dritten Reich fast alles Germanische verherrlicht wurde, herrschte eine erregte Diskussion zum Thema Rechtschreibreform. Nach Meinung vieler Sprachforscher sollte die deutsche Schrift durch das lateinische Alphabet und die Fraktur-Druckschrift durch die Antiqua („Normalschrift“) ersetzt werden.[24] Mitten im Krieg konnte das Vorhaben tatsächlich durchgeführt werden: Das Reichserziehungsministerium erließ am 1. September 1941 die entsprechende Verordnung, die allerdings in vielen Schulen und Büros in Deutschland wenig Gefallen fand. Diese Regelung - verbunden mit anderen, die von den alliierten Besatzungsmächten ab 1945 eingeführt wurden - sorgte für das endgültige Verschwinden des Alphabets, das heutzutage in Deutschland als die *deutsche Schrift* bekannt ist.[25]

Heute wird die historische altdeutsche Schrift nur noch selten von Schullehrern in Deutschland gelehrt. Die wenigen, die sich damit befassen, wollen Ihren Schülern eine historische Perspektive davon bieten, wie die Vorväter schrieben. Eine Beherrschung dieser Schrift wird nicht angestrebt. Ein populäres Grundbuch darüber ist vom Verlag Brause erhältlich und verwendet im Wesentlichen die Koch-Hermersdorfer Schreibschrift vom Jahre 1950.[26] Einige Schulbücher für Deutsch als Fremdsprache bringen Beispiele der *deutschen Schrift* als Anhang, doch diese Besonderheiten sind in den letzten Jahrzehnten so gut wie verschwunden. Meines Erachtens - aufgrund langjähriger Aufenthalte in Deutschland und Österreich und Gesprächen mit den dortigen Bürgern - kann man voraussetzen, dass heute die wenigsten Deutschen in der Lage sind, ohne weiteres Handschriften oder Urkunden zu lesen, die vor 1900 verfasst wurden.

---

24 Birken-Bertsch, Hanno: *Rechtschreibreform und Nationalsozialismus: Ein Kapitel aus der politischen Geschichte der deutschen Sprache*. Ein sehr detaillierter Bericht über den langwierigen Streit, der im Jahre 1941 zur Abschaffung der deutschen Schrift in den Schulen führte.

25 Gladt, S. 9.

26 Brause: *Übungsheft für die Deutsche Schrift*.

Der Archivar und Paläograph Gladt bereute 1976 diese Entwicklung: „Die nachteiligen Folgen, die sich durch den Wegfall der Kurrentschrift im Elementarunterricht besonders für Studierende der deutschen Sprache und der Geschichte ergeben haben, liegen auf der Hand. Jene Generationen, die nach der ominösen Verordnung durch die Schule gingen, sind kaum mehr imstande, den Frakturdruck zu lesen; vollkommen hilflos stehen sie für gewöhnlich der gotischen Handschrift gegenüber."[27] Wer sich heutzutage das Lesen oder sogar das Schreiben der deutschen Schrift aneignen möchte, muss sich praktisch selbst schulen. Außerhalb des Universitätsbereichs, des Standesamtswesens und der Ausbildung von Archivaren wird nur wenig Schulung geboten. Vermutlich wird das Interesse an den alten Schriftarten nur durch die steigende Anzahl von Familienforschern in Deutschland erhalten bleiben.

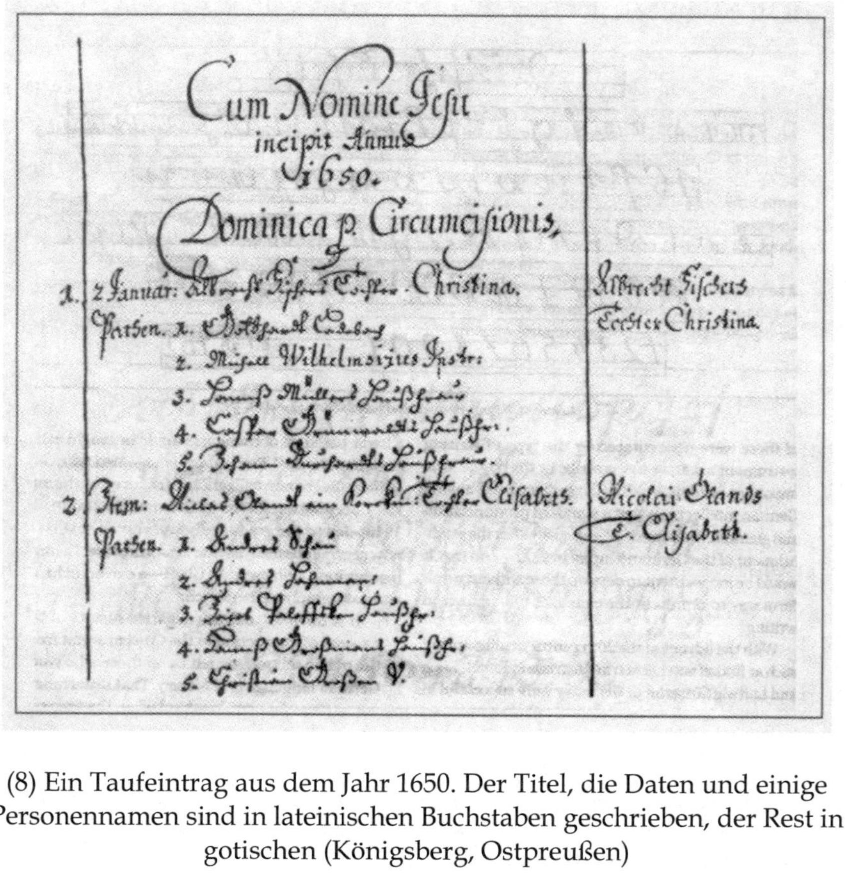
Cum Nomine Jesu
incipit Annus
1650.
Dominica p. Circumcisionis.
1. 2 Januar: ... Christina. | ... Christina
Wilhelm...
2 ... Elisabeth. | Nicolai ... Elisabeth.

(8) Ein Taufeintrag aus dem Jahr 1650. Der Titel, die Daten und einige Personennamen sind in lateinischen Buchstaben geschrieben, der Rest in gotischen (Königsberg, Ostpreußen)

27 *Gladt*, S. 4. Man bemerke hier den klaren Unterschied zwischen Fraktur als Druckschrift und Gotisch als Handschrift.

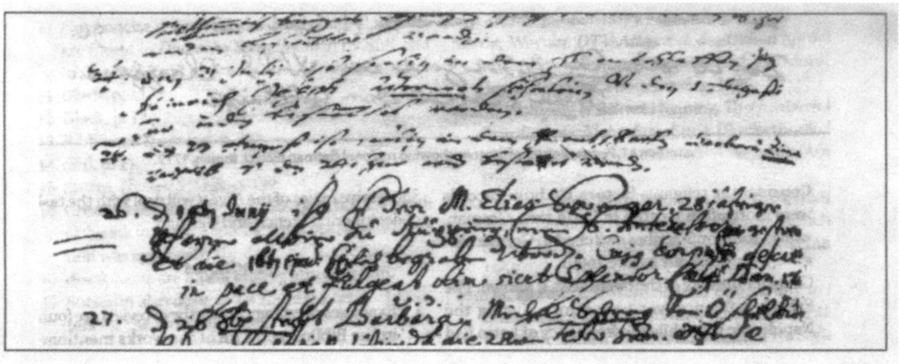

(9) Dieses Kirchenbuch aus dem Jahr 1690 in Württemberg lässt die Schreibstile von zwei Pfarrern erkennen: der erste Eintrag vom neuen Pfarrer ist der Todeseintrag seines Vorgängers

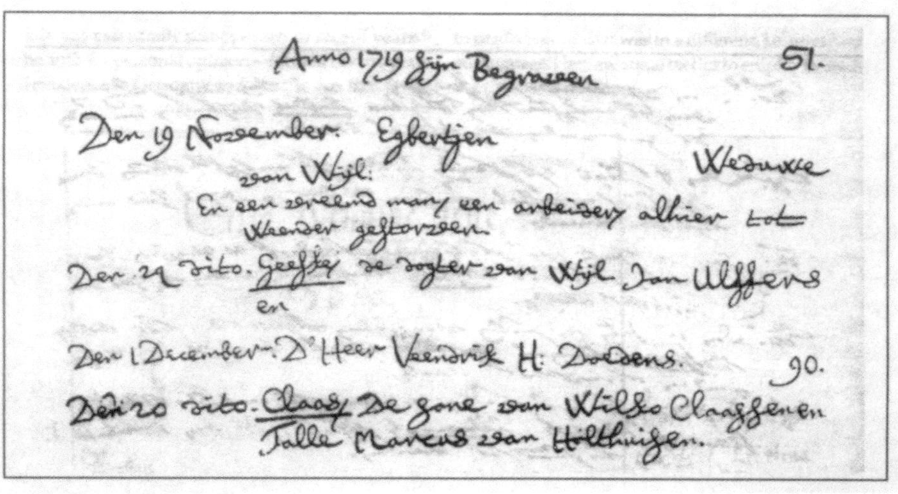

Anno 1719 Zijn Begraaven 51.

Den 19 November. Egbertjen van Wijl: Weduwe
En een vreemd man/ een arbeider/ alhier tot Weener gestorven.
Den 24 dito. Geeske de dogter van Wijl. Jan Ulffers
en
Den 1 December. D' Heer Veendrik H: Doedens. 90.
Den 20 dito. Claas/ de zone van Wilko Claassenen Talle Marcus van Holthuizen.

(10) Dieses Gemeinderegister wurde in Niederländisch geschrieben (Weener, Hannover)

II. Das Entziffern von Handschriften in deutschen Manuskripten

Einführung

Da die Aufzeichnung von Geburts-, Heirats- und Sterbeeinträgen in verschiedenen Sprachen vorgenommen wurde, sollte die Ermittlung der Sprache, die der Schriftführer benutzte, zur ersten Aufgabe beim Entziffern der Kirchenbuch- und Personenstandsregistereinträge gehören. Begriffe wie Zeit und Ort, in denen die Aufzeichnungen geschrieben worden sind und die von Archivaren aufgegliederte Zuordnung sind bei der Ermittlung der benutzten Sprache im jeweiligen Text hilfreich.

Wenn die Sprache nicht Lateinisch oder Französisch war, war sie in den meisten Fällen Deutsch oder ein identifizierbarer deutscher Dialekt. In diesem Kapitel werden wir uns mit der Entzifferung deutschsprachiger Einträge beschäftigen, die in gotischer Handschrift aufgezeichnet worden sind. Dabei werden wir individuelle Klein- und Großbuchstaben untersuchen. Zuerst werden die Buchstaben allein, dann in Wörtern, Sätzen und vollständigen Einträgen besprochen. Andere Sprachaspekte wie Zahlen und Daten, Grammatik, Satzbau/Syntax und Vokabular werden in einer Aufbereitung vorgestellt, die bei der Entzifferung hilfreich sein werden. Am Ende werden Abbildungen von Einträgen aus Kirchenbüchern und Personenstandsregistern untersucht und jeweils mit einer detaillierten Beschreibung versehen in der Absicht, die Elemente der Handschriftenanalyse klar zu veranschaulichen.

Das Gotische Alphabet oder die Deutsche Schrift

Nachfolgende Abbildung 11 zeigt einen Taufeintrag, der in einer fast schulbuchartigen Ausführung des gotischen Alphabetes geschrieben worden ist. Sowohl große wie auch kleine Buchstaben erscheinen gleichmäßig und können mit Vorlagen von Standardbuchstaben abgestimmt werden. Leider sind solche kunstvollen Handschriftbeispiele nur selten in deutschen Geburts-, Heirats- und Sterbeaufzeichnungen zu finden.

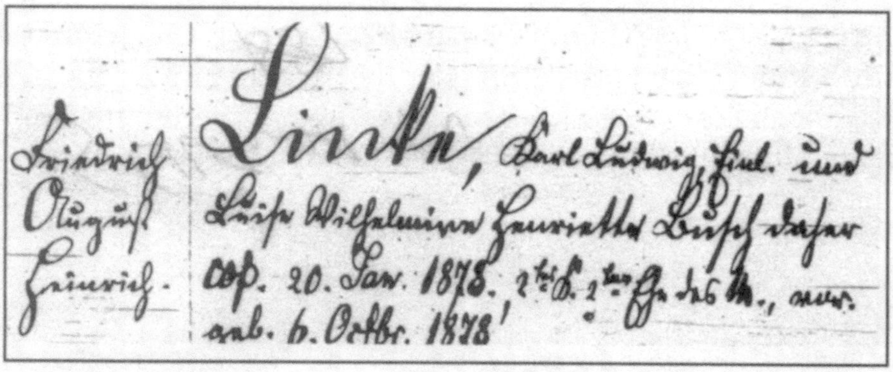

(11) Taufeintrag aus dem Jahr 1881 (Schötmar, Lippe-Detmold). Dies ist eine der gleichmäßigsten Handschriftarten, die dem Verfasser in deutschen Aufzeichnungen begegnet ist

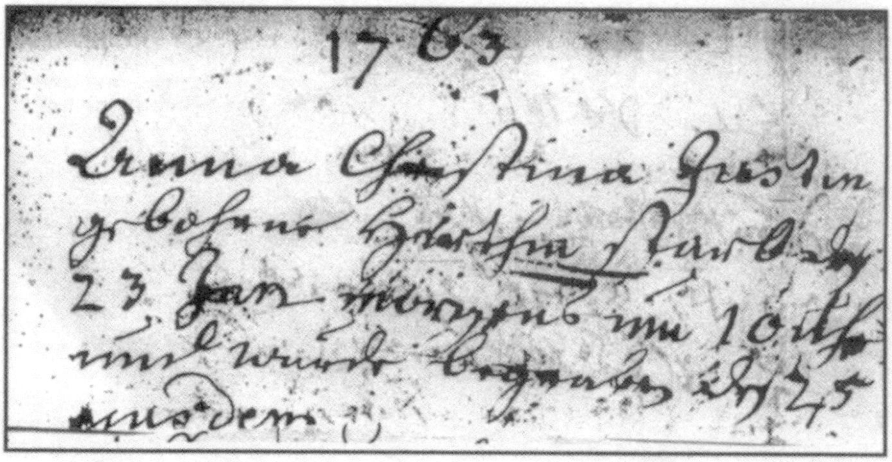

(12) Der Sterbeeintrag von 1763 in Schönborn zeigt ungleichmäßige Buchstabengrößen, schräge Linien und Tintenkleckse

Da wir uns gegenwärtig mit den Eigenschaften des gotischen Alphabetes, das zwischen 1500 und 1900 entstanden und eingesetzt wurde, beschäftigen, sollten Forscher sich daran erinnern, wie der größte Teil der Buchstaben inmitten dieser Epoche gestaltet wurden (Abb. 13).

Im Gotischen Alphabet gibt es 31 Kleinbuchstaben und 29 Großbuchstaben. Zwei herausragende Eigenschaften des Alphabetes sind die Buchstaben mit ihren geraden Strichen und den scharfen Winkeln, die aber oft durch ihre leicht gewölbte Art (eine natürliche Tendenz der meisten Schreiber) aufgelockert waren.

Im folgenden Teil über individuelle Zeichen werden die Begriffe „Grundlinie“ und „Mittellinie“ benutzt. Die „Grundlinie“ ist die Linie (tatsächlich oder theoretisch) auf der die Zeichen oder Wörter geschrieben stehen, wobei die rein theoretische „Mittellinie“ gerade über den Kleinbuchstaben *a, c, e, i, j, m, n, o, p, q, r, u, v, w, x, y, z* und durch die Mitte bei *b, d, f. h, k, l, s, t* verläuft.

Gotische Kleinbuchstaben:

Doppelbuchstaben und Abkürzungszeichen:

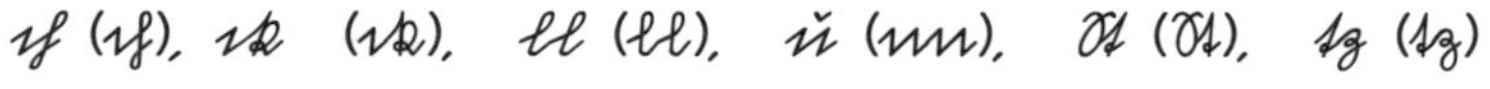

Gotische Großbuchstaben:

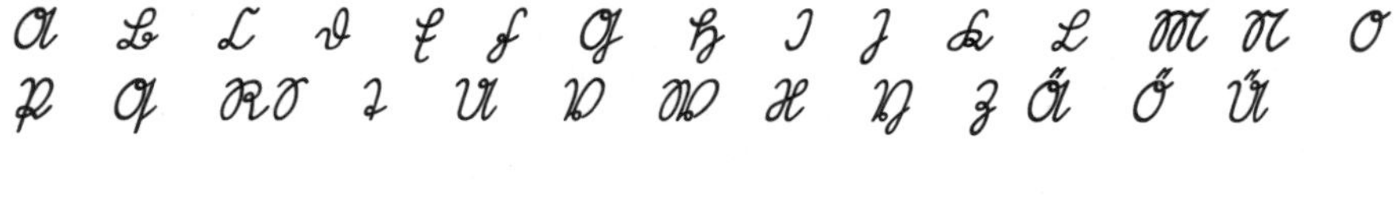

Die oben gezeigte *Sütterlin* Computerschrift wird auf den folgenden Seiten benutzt, um Standardzeichen darzustellen.

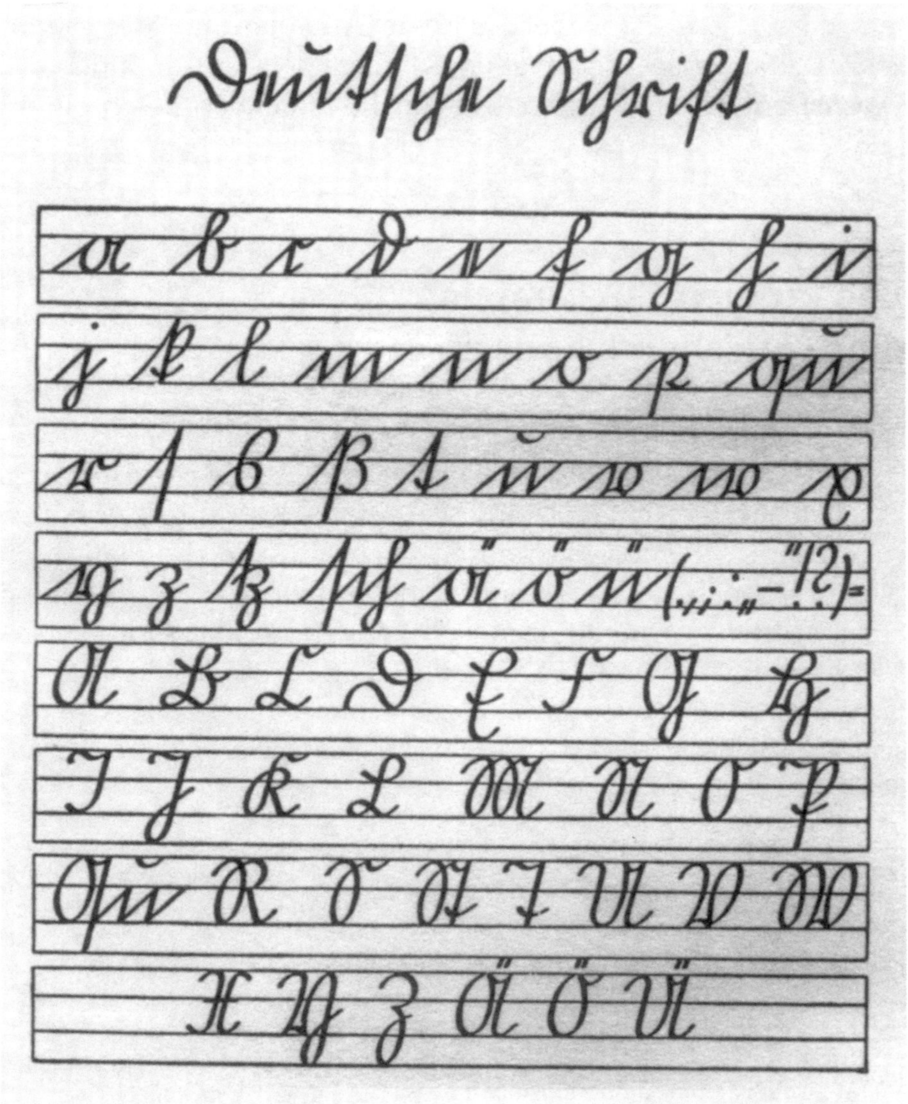

(13) Das Gotische Alphabet, wie es von Koch-Hermersdorf vorgestellt wurde, ist wahrscheinlich das Beste für unsere Zwecke (nach Süß, abgedruckt mit freundlicher Genehmigung des Brause Verlages)

Die computergedruckten Zeichen wurden wie folgt benutzt.[28] Da die eigentliche Schrift eine 90-Grad-Orientierung zur Grundlinie hat (zum Beispiel im Wort Taufe = Taufe, wird die nach rechts abgeschrägte *Kursivschrift* benutzt, um eine Standardschreibschrift (Taufe) nachzubilden. Leser sollten beach-

[28] Dank gilt dem emeritierten Professor Donald A. Becker von der University of Wisconsin-Madison, dass er mir die Computer-Druckschriften als „shareware" verschafft hat.

ten, dass dieses Alphabet nur eine Annäherung der Handschrift sein kann, die in alten Kirchenbüchern zu finden ist. Dies ist zurzeit eine Alternative für die folgenden Beschreibungen.

Die kleinen Buchstaben der Gotischen Handschrift

Die Gotischen Buchstaben *b, i, j, l, m* und *n* sind den entsprechenden Buchstaben des traditionellen lateinischen Alphabetes gleich: *b* = *b*, *i* = *i*, *j* = *j*, *l* = *l*, *m* = *m*, *n* = *n*. Natürlich können sogar diese scheinbar harmlosen Buchstaben in der Hand von weniger begabten, nachlässigen, oder übermäßig kunstvollen Schriftführern variieren. Dennoch können sie meist mit Sicherheit identifiziert werden. Die Buchstaben *b* = *b*, *i* = *i*, *j* = *j*, *l* = *l*, *m* = *m*, *n* = *n* können auch doppelt auftreten (siehe unten). In diesem Kapitel bedürfen diese Kleinbuchstaben daher keiner eingehenden Behandlung.

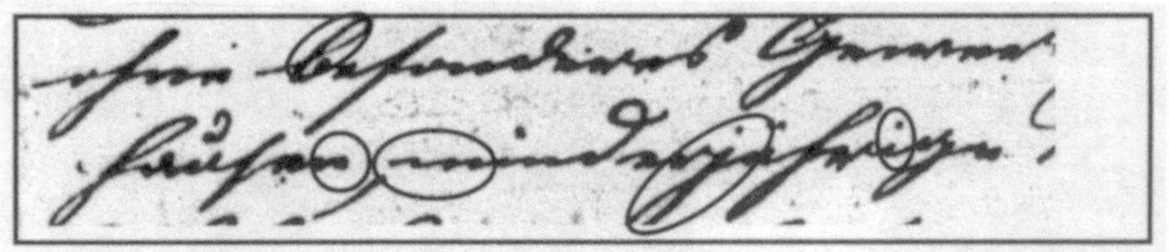

(14) Die gotischen Kleinbuchstaben b = *b*, i = *i*, j = *j*, l = *l*, m = *m*, n = *n* sehen den entsprechenden lateinischen Buchstaben sehr ähnlich

a = *a*

Dieser Buchstabe hat links oben einen Bogen und ist mit einem seitwärts und abwärts laufenden Strich an der rechten Seite abgeschlossen; eigentlich klar unterschiedlich vom o = *o*. Jedoch kann bei lässiger Handschrift dieser Buchstabe dem o = *o* ähneln. Der Bogen oben auf dem a = *a* wird zeitweise als geschlossen gesehen. In einigen Familiennamen und Ortsnamen ist dieser Buchstabe – allerdings sehr selten – doppelt zu sehen.

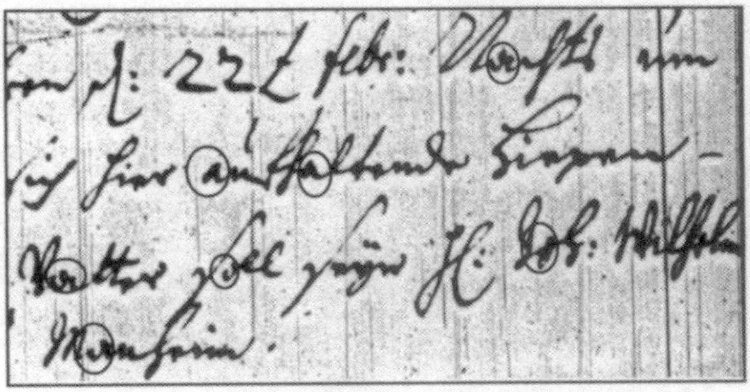

(15) Der kleine Buchstabe a = ist ziemlich leicht zu identifizieren. Der abgeschlossene Strich sollte nach unten oder zur Grundlinie führen – im Gegensatz zur Struktur des o = , wo der letzte Strich sich seitwärts zur Mittellinie bis zum nächsten Buchstaben bewegt. Die eingekreisten Wörter sind *Nachts, aufhaltende, Vater, soll, Joh. (Johann), und Man(n)heim*

c =

Dieser Buchstabe ist fast identisch mit dem i = , hat aber zwei kennzeichnende Eigenschaften: Es gibt keinen Punkt wie bei dem i = und er wird manchmal eine kleine Linie haben, die sich nach unten und oben zur rechten Seite wölbt c = . Dieser Buchstabe tritt als Konsonant nur selten allein auf und ist gewöhnlich ein Teil der Konsonantenverbindung ch = , ck = oder sch = . Allerdings ist das c = (neben dem x =) der am wenigsten benutzte Anfangskonsonant in modernen deutschen Wörterbüchern.[29] Doppel cc = kommt äußerst selten vor (z.B. in Namen wie *Rebecca*).

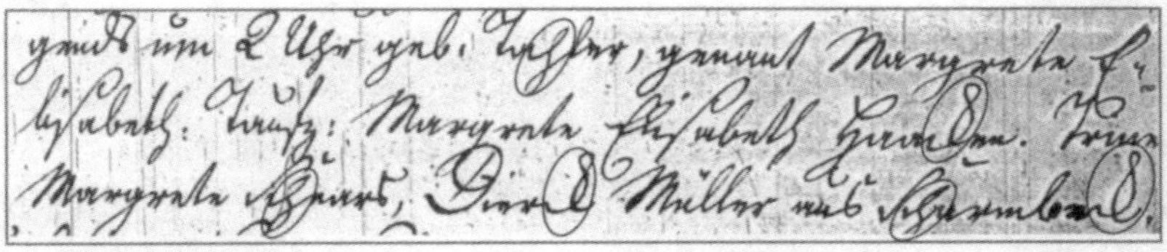

(16) Der Kleinbuchstabe c = tritt im Deutschen fast immer in einer Verbindung mit h = oder k = auf. In diesem Kirchenbucheintrag aus der Provinz Hannover sehen wir drei Konsonantenverbindungen. Eingekreist sind *Tochter, Haacken, Schnars, Dierck und Scharmbeck*

29 Wörter, die mit „c" anfangen, nehmen im modernen Wörterbuch nur ein Paar Seiten ein. Fast alle solche Wörter sind fremden Ursprungs.

d = ϑ

Die Elemente dieses Buchstaben sind schlicht - eine schräge Bewegung herauf (zur Mittellinie) und wieder herunter (zur Grundlinie), dann eine Rückwärtsschlaufe über die Mittellinie.

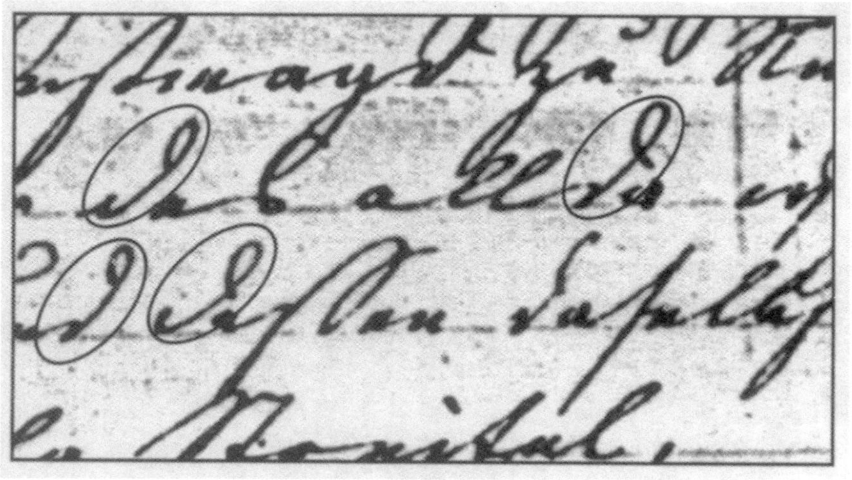

(17) Der typische Kleinbuchstabe d = ϑ verbindet sich selten mit dem darauffolgenden Buchstaben. Die eingekreisten Wörter sind *des, allda, und* und *dessen*

Bei einigen Schreibern sind diese zwei Elemente ein wenig auseinander (breiter) geschrieben und den Buchstaben cl = ıl ähnlich (eine Kombination, die im Deutschen kaum vorkommt). Im Gegensatz zu den meisten Kleinbuchstaben wird dieser gewöhnlich nicht mit den darauffolgenden Buchstaben verbunden. Doppel dd = ϑϑ kommt nur gelegentlich vor.

e = n

Zwei von der Mittellinie abwärts laufende Striche sind die Grundlage dieses Buchstabens. Es gibt drei wichtige Varianten: einige Schreiber benutzen zwei parallel hoch/abwärts laufende Striche mit einer Verbindungslinie (im Wesentlichen ein dünnes n = ɯ), die von dem unteren linken Strich zum oberen rechten Strich verläuft. Viele Schreiber verbinden parallele Striche nicht miteinander, andere dagegen verbinden die Spitzen der parallelen Linien mit einer sich abwärts wölbenden Linie. Dieser Vokal kommt sehr oft doppelt in Familiennamen und Ortsnamen vor.

(18) Variationsbeispiele des Kleinbuchstaben e = eines Lübecker Heiratseintrages: *Zetzing, der* und *Grauen* sind eingekreist

f =

Dieser Buchstabe ähnelt dem entsprechenden lateinischen Buchstaben und führt unter die Grundlinie. Der Kreuzstrich, der durch den Stamm führt, ist entscheidend und unterscheidet das f = vom Buchstaben s = . Dieses Zeichen hat gewöhnlich eine Schlaufe über der Grundlinie und wird oft doppelt gesehen.

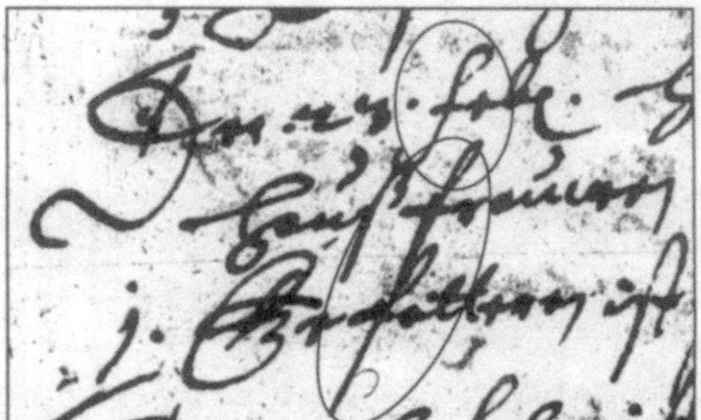

(19) In diesem Eintrag sehen wir den Kleinbuchstaben f = in *Haussfrau* (Hausfrau) und *Gefattern* (Gevatter), wie auch den Großbuchstaben F = in *Feb.* (Februar). (Aus dem Kirchenbuch der Reformierten Pfarrei Lippe-Detmold)

g =

Die Anfangsschlaufe und die seitlichen hoch/abwärtsführenden Striche sind mit denen des a = identisch, aber der letzte Strich führt unter die Grundlinie um eine Vorwärtsschlaufe zu formen, die fast immer wieder hoch zur Grundlinie bzw. zum darauffolgenden Buchstaben führt. Varianten ähneln oft dem lateinischen Zeichen. Dieser Konsonant tritt doppelt auf. In solchen Fällen werden die gg = Buchstaben ähnlich, aber nicht unbedingt identisch sein.

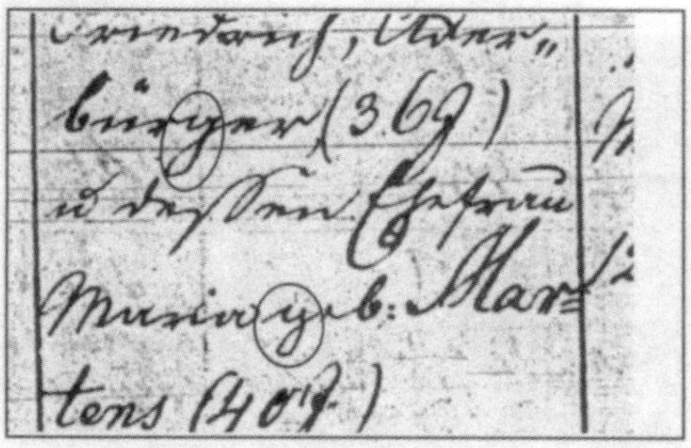

(20) Der Kleinbuchstabe g = ist gewöhnlich leicht zu erkennen. In diesem Taufeintrag aus Pommern sehen wir ihn in *Acker* = *bürger* und *geb.[orene]*

h =

Dieses Zeichen besteht aus einer Rückwärtsschlaufe über der Mittellinie, gefolgt von einer Vorwärtsschlaufe nach oben, die zurück zur Grundlinie führt. Das h = ist mit dem ersten lateinischen *s* in einer Doppel-s- (ss = s) Kombination (siehe dazu Kapitel III) identisch. Ein Doppel hh = erscheint nur dort, wo zwischen den Buchstaben eine Silbentrennung erfolgt, d.h. mit einem *h* in jeder Silbe (*Fleisch-hacker*).

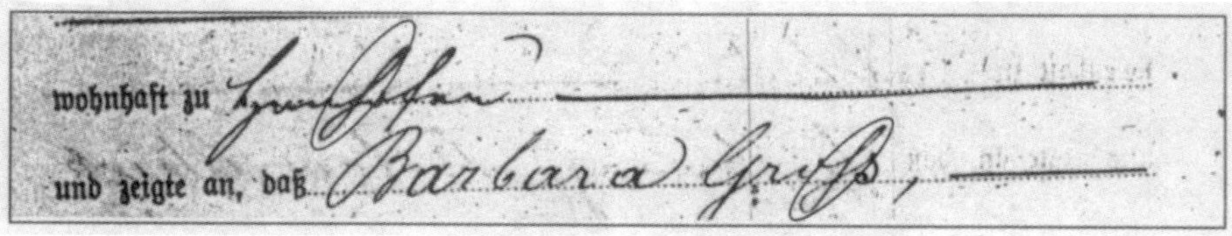

(21) Der Gotische Kleinbuchstabe h = (*Hanhofen*) und der lateinische Kleinbuchstabe s = (*Gross bzw. Groß*)

k =

Dieser Buchstabe wird gewöhnlich mit einer Rechtsschlaufe auf dem Stamm über der Mittellinie und einem Kreuzstrich durch den unteren Stamm geschrieben. Dabei kommen zahlreiche Variaten vor. Wie schon erwähnt, folgt dieser Buchstabe oft dem c = , vor allem am Ende eines Wortes oder einer Silbe, kann aber auch doppelt auftreten, etwa in *Becker* = *Bekker*. Wenn am Ende der Linie getrennt werden muss, werden aus den Buchstaben *ck* die Buchstaben *k-k*, z.B. *Wickert* = *Wik-kert*.

(22) Der Familienname *Ficken* (links) kann auch *Fikken* (rechts) geschrieben werden. Der Eintrag stammt aus der Provinz Hannover

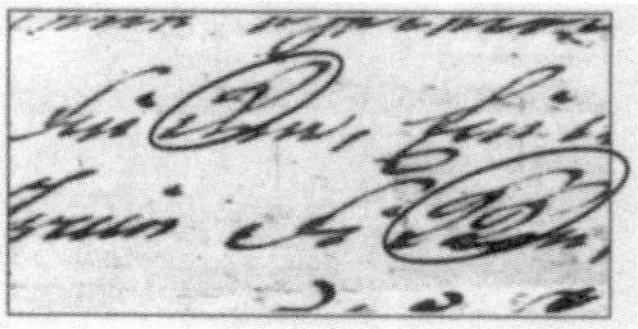

o = *o*

Dieser Buchstabe ist im allgemeinen oben offen. Manchmal kann er aber auch geschlossen geschrieben worden sein. Der Einführungsstrich kann hoch von der Grundlinie aus beginnen, aber der Ausgangsstrich wird selten bis zur Grundlinie führen. Wenn dies vorkommt, kann er wie a = *a* aussehen, trotzdem kann das o = *o* in den meisten Fällen davon unterschieden werden. Das a = *a* sollte einen horizontalen rechten Haken vor dem Abwärtsstrich haben. Der Buchstabe o = *o* kann doppelt auftreten und kommt dann fast ausschließlich in Familiennamen und Ortsnamen vor.

(23) Der weniger benutzte deutsche Vokal o = *o* tritt in einigen bekannten Vornamen wie *Johann* und *Dorothea* auf

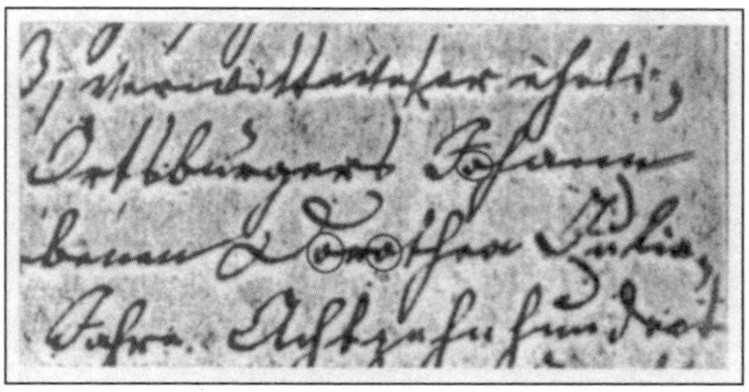

p = *p*

Dieses Zeichen besteht aus einem anfänglichen Auf/Abwärts-Strich, dann einer Rückwärtsschlaufe unter der Grundlinie, die zu einer Vorwärtsschlaufe aufwärts zur Grundlinie führt. Es gibt einige Gemeinsamkeiten zwischen dem p = *p*, dem q = *q* und dem x = *x*, wobei die letzten zwei weitaus weniger häufig sind. Dieses Zeichen kann doppelt auftreten.

(24) Kleinbuchstabe p = *p* und Großbuchstabe P = *P* in einer Schweizer Aufzeichnung. Die eingekreisten Namen sind *Prattelen* und *Niederbipp*

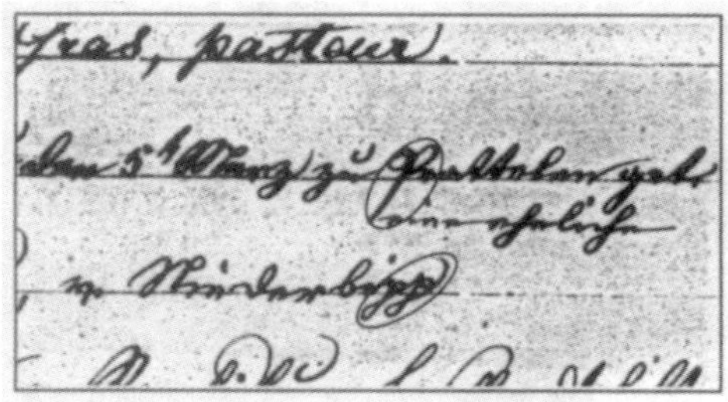

q = *q*

Wie bei a = *a* und g = *g* sollte dieser Buchstabe keine Schlaufe unter der Grundlinie haben - nur einen einfachen geraden Schwanz. Natürlich kann von einer schnellen oder lässigen Hand eine Schlaufe erscheinen, aber der nachfolgende Gotische Buchstabe kann zuverlässiger Weise nur ein u = *u* sein und damit alle Zweifel ausschließen. Dieser Buchstabe ist im Deutschen selten und kommt in Verdoppelung nicht vor.

r =

Dieser Buchstabe ist durch einen Auf/Abwärts-Strich zur Mittellinie, dann einer unteren Kreislinie auf/abwärts und vorwärts, dann durch einen Aufwärtsstrich zur Mittellinie, gefolgt von einem Ausgangsstrich nach rechts geformt. Eine entspannte Version dieses Buchstaben kann dem e = oder dem n = ähneln. Da diese die drei häufigsten Kleinbuchstaben sind, werden Forscher oft unter diesen entscheiden müssen. Das doppelte rr = ist eine häufige Erscheinung.

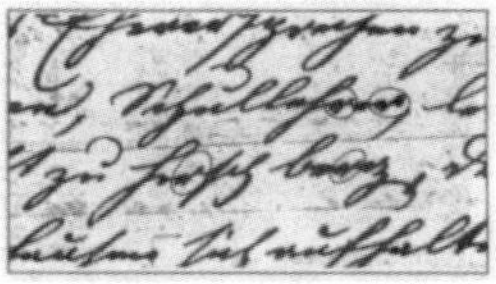

(25) Der Kleinbuchstabe r = ist einer der meistbenutzten Zeichen in der deutschen Sprache. Typische Beispiele hier: *Schullehrer* und *Herschberg*

s =

Von diesem Buchstaben gibt es drei Varianten, wobei jeder einen spezifischen Zweck hat, wenn der Schreiber vorherrschende Rechtschreibekonventionen einhält. Allerdings war die deutsche Rechtsschreibung (Orthographie) bis ins späte 19. Jahrhundert nicht vereinheitlicht. Die Benutzungsmuster unter diesen drei Symbolen waren konsequent. Das s = ist ein großer und tiefer Auf/Abwärts-Strich, wobei der Stamm nicht gekreuzt wird (wie beim f =). Es war damals nur am Anfang eines Wortes oder Silbe zu verwenden, wie in dem Wort = *sieben* oder dem Familiennamen = *Jansen*.[30]

[30] Sprachwissenschaftler beschreiben das Anfangs-s als „vokalisiert", das Ausgangs-s hingegen als „unvokalisiert." Das doppelte s (ob ss = oder ß =) gilt als „unvokalisiert."

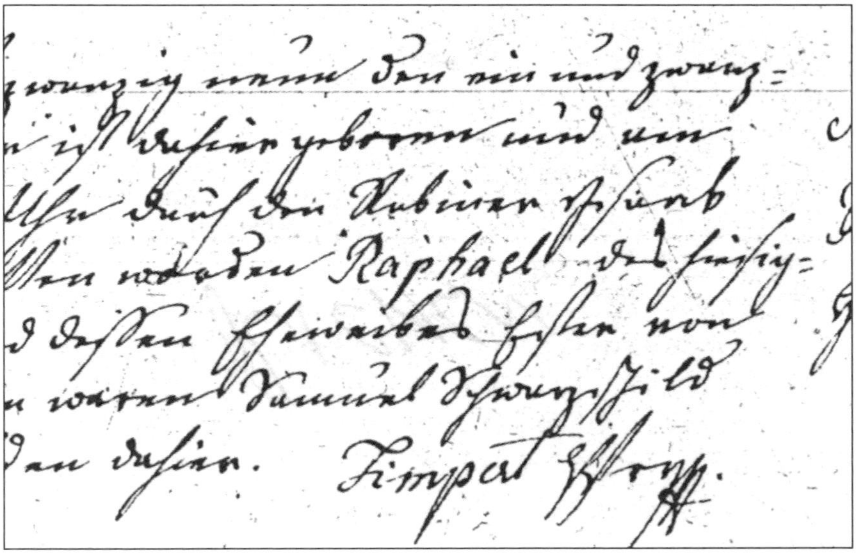
zwanzig [illegible] den ein und zwanz-
ist dahier geboren und ein
Uhr durch den Rabiner Isaak
[illegible] Raphael des hiesig-
dessen Eheweibes Ester von
[illegible] Samuel Schwarzschild
dahier. [illegible]

(26) Dieser Geburtseintrag wurde 1829 in einer jüdischen Gemeinde in Baden aufgezeichnet. Man bemerke das Anfangs-s“ = ſ im Namen *Isaak* am Ende der dritten Zeile und in *hiesig* am Ende der vierten Zeile. Das „Ausgangs-s“ = s steht am Ende von *Eheweibes* in Zeile 5. Das Doppel-s = ß erscheint im ersten Wort in Zeile 5 (*dessen*) und die Verbindung st = ſt im dritten Wort in Zeile 5 (im Personennamen *Ester*). Die Verbindung sch = ſch kommt zweimal im Familiennamen *Schwarzschild* in Zeile 6 vor, wo wir auch – wie im Vornamen *Samuel* – den Großbuchstaben S = S sehen

Das Symbol *s* = s hat eine Vorwärtsschlaufe unter der Mittellinie mit einem abschließenden Schwung über der Mittellinie nach rechts hinauf, gewöhnlich mit einer abschließenden Abwärtsbiegung. Diese s = s Variante kann am Ende eines Wortes oder einer Silbe stehen wie im Wort Geburtstag = *Geburtstag*. Die zwei s-Zeichen (ſ und s) können in zusammengesetzten Wörtern geschrieben werden, z. B. Geburtsſtadt = *Geburtsstadt*.

Das Doppel-ss = ß (*s-zet* oder *scharfes s*) entstand vor eintausend Jahren aus der Kombination der Zeichen s = ſ und z = z = ſz = ß.[31] Es beginnt mit einem großen und tiefen Auf/Abwärts-Strich, gefolgt von zwei Vorwärtskreisen, die übereinander über der Grundlinie stehen. Es sollte nie am Anfang eines Wortes oder einer Silbe erscheinen und wird selten auftreten, wenn die Silben des Wortes zwischen den ss = ſſ wie in

31 Der Buchstabe S-zet stellt die Zusammensetzung von s = ſ und z = z dar. Ursprünglich stellte das Zeichen den Laut ss = ß dar. Es liegt auf der Hand, dass eine flotte Hand zur Rundung diesen Buchstaben eher rund als gespitzt schreibt.

Wasser = *Was-ser* getrennt sind. Dennoch kann man in alten Urkunden auf ss = ß in Wörtern wie *Waßer* stoßen, aber die Abschrift müsste *Wasser* sein.

t = t

Der Buchstabe t = t ist sehr einfach. Beginnend mit einem Auf/Abwärts-Strich folgt nach einer kurz eingelegten Pause ein niedrig am Stamm hinzugefügter Kreuzstrich. Dieser ermöglicht eine Fortführung zum nächsten Buchstaben. Bei manchen Schreibern wird der Kreuzstrich durch eine rückwärts Auf/Abwärtsschlaufe nach dem Hauptabwärtsstrich, der die Grundlinie berührt, zu erkennen sein. Hin und wieder wird das t = t dem l = l ähnlich sehen. Dieser Buchstabe tritt häufig doppelt tt = tt innerhalb eines Wortes oder am Wortende auf.

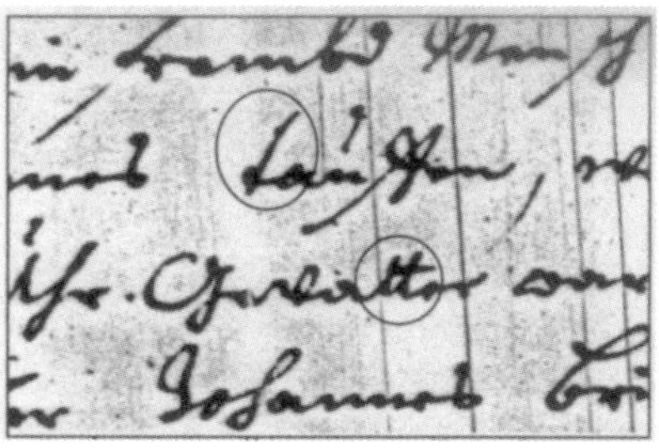

(27) Das einfache t = t und das doppelte tt = tt. Im Wort *tauffen* (*taufen*), ist der Stamm nahe der Grundlinie gekreuzt, während im Wort *Gevatter* (Pate) sich die Kreuzglieder über der Mittellinie befinden

u = u

Das u = u ist mit dem n = n identisch und muss daher den sogenannten *U-Bogen* über dem Buchstaben haben, um den Unterschied zu kennzeichnen. Der *U-Bogen* ist in alten Dokumenten sehr konsequent geschrieben. Dennoch wird man von Zeit zu Zeit den *U-Bogen* hoch über dem Buchstaben oder etwas rechts darüber vorfinden (letzterer wurde häufiger von Schreibern benutzt, welche die Gewohnheit hatten, das Wort vor dem Hinzufügen des *U-Bogen* zu beenden). Ein Unterschied zwischen dem *U-Bogen* und dem ü = ü kann bei einigen Schreibern sehr dünn wirken und somit zu Verwirrungen führen. Das Auftreten des doppelten uu = uu kommt im Altdeutschen kaum vor.

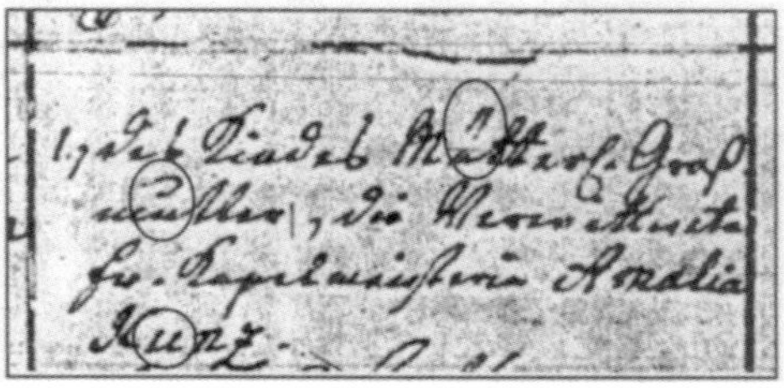

(28) Die Zeugin in diesem Taufeintrag ist die Großmutter des Kindes von mütterlicher Seite. Zu bemerken sind *Mütterl.* und der U-Bogen über *Großmutter.* Das lateinische *u* (ohne Kennzeichen) ist im Namen *Kunz* zu sehen

v =

Dieser Buchstabe ähnelt sehr dem r = , aber der vorletzte Strich ist eine Vorwärtsschlaufe, der zur Grundlinie zurückführt. Ein doppeltes vv = existiert kaum.

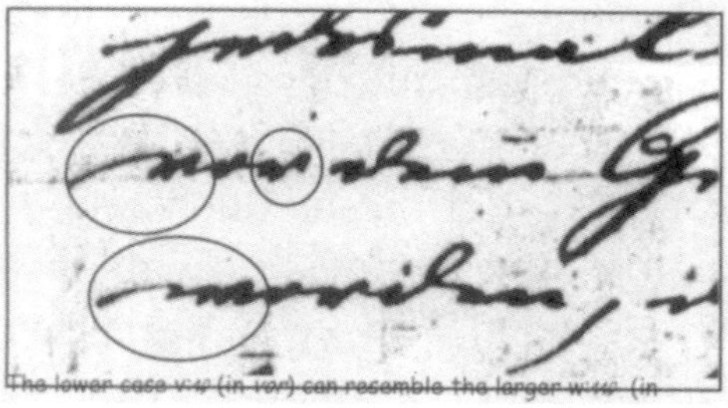

(29) Der Kleinbuchstabe v = (in *vor*) kann dem größeren w = (in *worden*) ähnlich sehen, hin und wieder sogar dem r = (in *vor*); bei den meisten Schreibern weisen diese deutliche Unterschiede auf

w =

Der einzige Unterschied zwischen einem w = und einem v = ist der zusätzliche Auf/Abwärts-Strich am Anfang. Dieser zusätzliche Strich trägt aber dazu bei, dass das w = an Schriftbreite zunimmt und damit kaum mit dem v = verwechselt werden kann. Dieser Buchstabe kommt nicht gedoppelt vor.

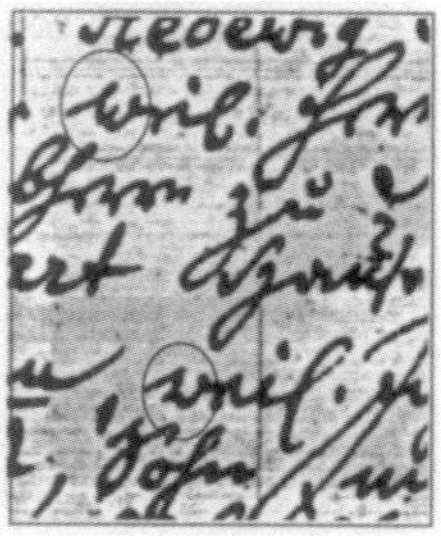

(30) Der Kleinbuchstabe w = hat mindestens zwei Varianten in dieser, aus Hannover stammenden Hochzeitsaufzeichnung von 1788. Der abgekürzte Begriff ist *weiland* = verstorben

x =

Dieser Buchstabe gleicht dem p = , aber das Ende schlingt sich eher vorwärts als rückwärts zur Grundlinie. Das x = ist selten und wird fast ausschließlich in Substantiven wie im Vornamen *Maximilian* oder im Ortsnamen *Höxter* auftreten. Ein Doppel-xx = xx ist im Deutschen undenkbar.

(31-32) Beispiele für den Kleinbuchstaben x = x im Familiennamen *Bixler,* aus einem Kirchenbuch in einer pfälzischen Stadt

y = y

Angefangen mit den selben Strichen wie beim v = v, führt der Schreiber den Strich wie beim g = g einfach bis zum Schluss fort. Obwohl dieser Buchstabe in der deutschen Sprache nicht als ein Konsonant existiert, hat er zwei Hauptvokalfunktionen und erscheint in zwei Varianten: wenn das y = y nach einem Konsonanten auftritt, wird er wie ein ü ausgesprochen (wie in *Sylke*) oder phonetisch i wie in *Eggly.* Erscheint er als ÿ, so wird er wie der Doppellaut *ei* oder *ai* ausgesprochen, wie etwa *Lorel-ey* = Loreley.

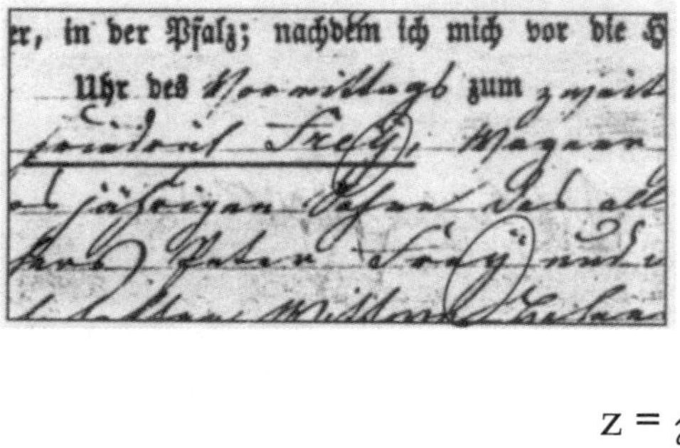
er, in der Pfalz; nachdem ich mich vor die

Uhr des … zum

(33) In deutschen Aufzeichnungen ist der Buchstabe y = y nicht sehr häufig. In den meisten Fällen kommt er als ÿ vor, wie in dieser aus dem Jahr 1844 stammenden bayerischen Aufzeichnung. Der Familienname ist *Frey*

z = z

Dieser Buchstabe beginnt mit einer Vorwärtsschlaufe, die auf der Grundlinie endet und wird von einem Schwanz, der ebenfalls aus einer Vorwärtsschlaufe besteht, gefolgt. Es gibt eine geringfügige Ähnlichkeit mit dem Buchstaben p = p, der eine Rückwärtsschlaufe vor dem nach unten führenden Schwanz hat. Ein doppeltes zz = zz wird relativ selten vorkommen, ist aber phonetisch möglich.

(34) Der Familienname *Zetzing* beinhaltet die typischen Groß- und Kleinbuchstaben Z =
z =

ä =

Das ä = ist mit dem a = identisch, hat aber die *Umlautstriche* über dem Buchstaben. Ein doppeltes ää = ist nicht bekannt.

(35) Für die meisten Schreiber ist das a = mit dem ä = ohne die *Umlautstriche* identisch. Die eingekreisten Wörter sind *dahier, rechtmäßiger, Franz* und *Bauer*

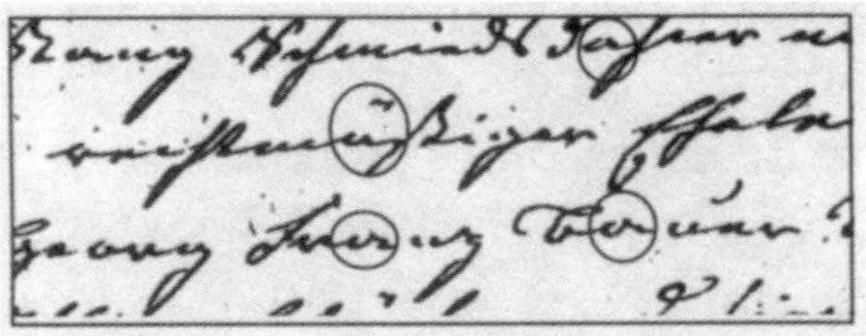

ö =

Dieser Buchstabe ist mit dem o = identisch, hat aber auch *Umlautstriche* über dem Buchstaben. Familiengeschichtsforscher sollten die Ähnlichkeit mit dem ä = beachten. Ein doppeltes öö = existiert nicht.

(36) Der Kleinbuchstabe o = und ö = sind im Wesentlichen ohne die *Umlautstriche* gleich

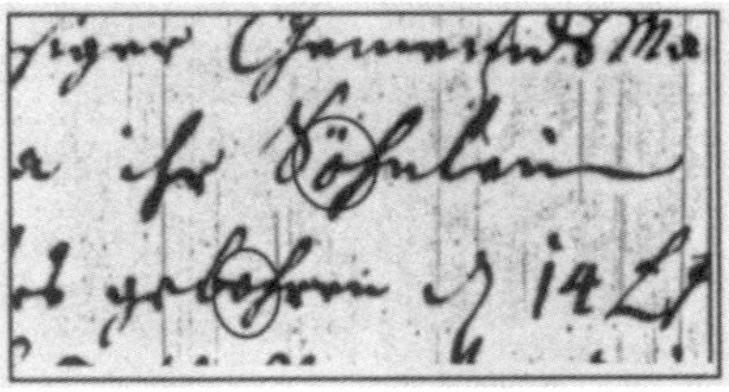

ü =

Das ü = gleicht dem Buchstaben u = , wobei der *U-Bogen* durch die *Umlautstriche* ersetzt ist. Allerdings wird das Grundzeichen u = ausnahmslos die eine oder die andere Markierung darüber (oder oben links oder rechts in der Nähe) haben. Wie erwähnt, haben einige Schreiber nicht sehr genau zwischen dem *U-Bogen* und den *Umlautstrichen* unterschieden. Es ist hilfreich – wenn nicht sogar erforderlich – die geschriebenen *Umlautvokale* mit dem ü = von demselben Schreiber zu vergleichen.

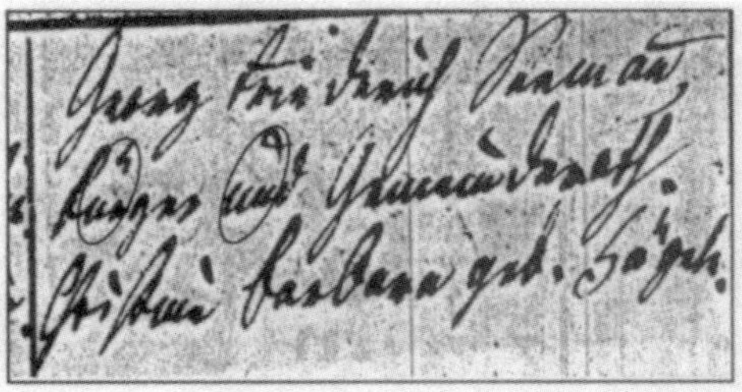

(37) Die Wörter *Bürger, und* in der zweiten Zeile zeigen entsprechend die kritischen Unterschiede zwischen dem umgelauteten ü = und dem normalen u = mit dem *U-Bogen*

Forscher sollten niemals Gleichmäßigkeiten in der Struktur der Kleinbuchstaben im Gotischen Alphabet (die es unter den Schreibern geben könnte) voraussetzen. Sie sollten eher daran denken, dass es eine große Anzahl von möglichen Buchstabenvariationen gibt. Etliche Versuche sind unternommen worden, verschiedene Versionen von jedem Buchstaben aus zahlreichen Aufzeichnungen aus mehreren Jahrhunderten zu sammeln und daraus gemeinsame Bestandteile zu ermitteln. Eine dieser Sammlungen zeigt Abbildung 38.

Die Beispiele von der Grundgestaltung der Kleinbuchstaben sind als Normen bestimmt. Es ist zu empfehlen, die unendlichen Variationen - speziell die in einem umfassend beteiligten zeitlichen und geografischen Rahmen - von Kleinbuchstaben nicht in Betracht zu ziehen. Wenn es erforderlich ist, Zeichen für Zeichen in Wörtern zu entziffern, was sogar Experten hin und wieder machen müssen, mag es helfen, die Kleinbuchstaben nach ihrer Größe und jeweiligen Ausrichtung zur Grundlinie und Mittellinie zu unterteilen:

1) Zeichen, die im allgemeinen zwischen der Grundlinie und der Mittellinie geschrieben werden:
   a = , c = , e = , i = , m = , n = , o = , r = ,
   u = , v = , w = , ä = , ö = , ü =
2) Zeichen mit einem Strich, der über die Mittellinie führt:
   b = , d = , k = , l = , Schluss-s = , t =

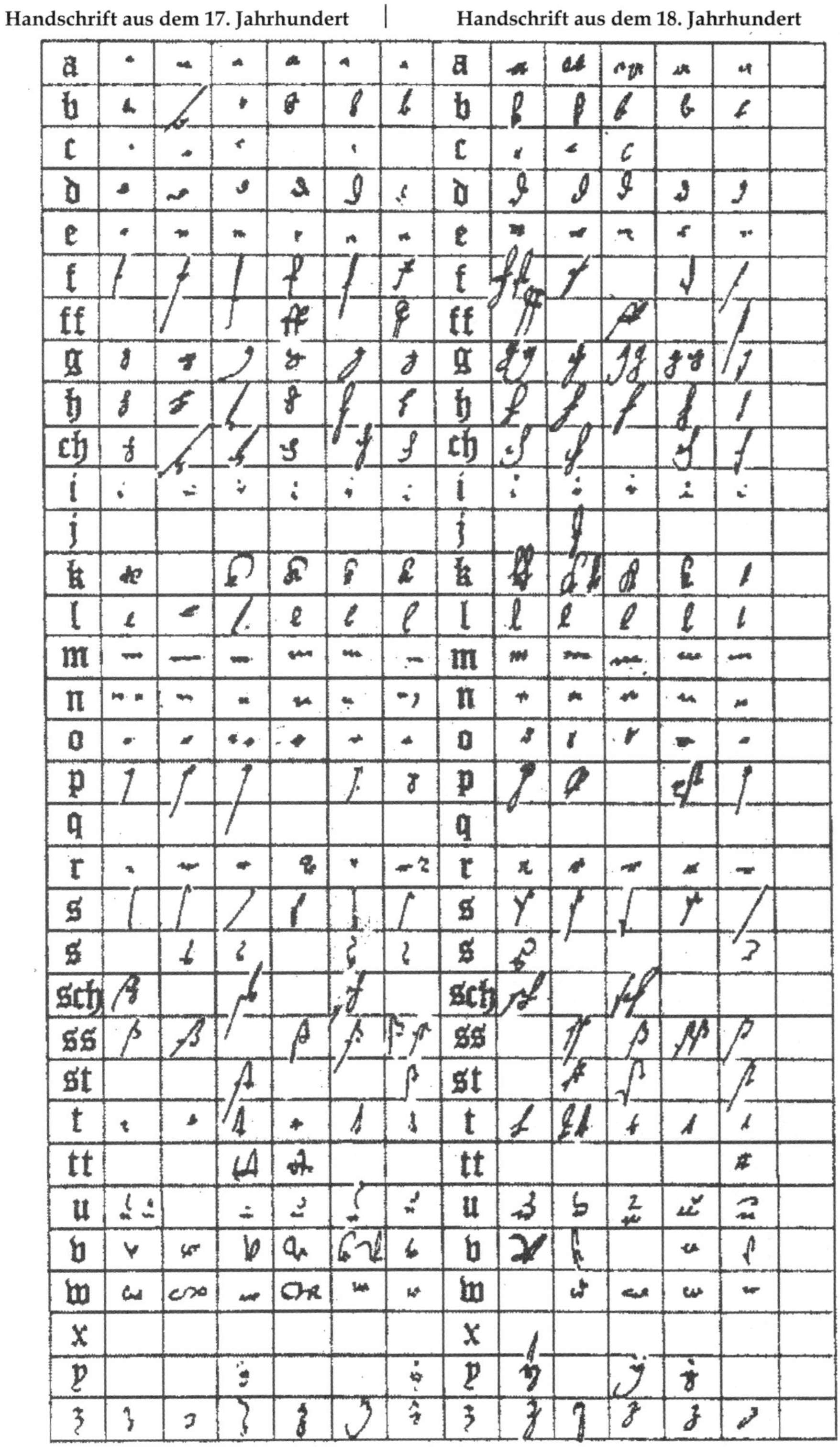

(38) Muster der Gotischen Kleinbuchstaben aus der Selbsthilfeliteratur, die von der Family History Library zusammengestellt wurde

3) Zeichen mit einem Strich, der unter die Grundlinie führt:
g = *g*, j = *j*, p = *p*, q = *q*, x = *x*, y = *y*, z = *z*

4) Zeichen mit einem Strich, der über die Mittellinie und einem Strich, der unter die Grundlinie führt:
f = *f*, h = *h*, Anfangs-s = *s*, Doppel-ss = *ss*

Die großen Buchstaben der Gotischen Handschrift

Obwohl das lateinische und das gotische Alphabet im Charakter unterschiedlich sind, gibt es einige Großbuchstaben, die sich gleichen. Die folgenden Buchstaben scheinen von der gleichen Struktur wie die des lateinischen Gegenparts zu sein:

E = *E*, F = *F*, J = *J*, L = *L*, O = *O*, R = *R*, T = *T*, X = *X*

Der Grad der Ähnlichkeit oder Veränderlichkeit von diesen und anderen Großbuchstaben wird immer von dem individuellen Schreiber abhängen.

Mehrere Großbuchstaben sind mit ihren entsprechenden Kleinbuchstaben nahezu identisch, nur (aber nicht immer!) größer:

A = *A* = *a*, B = *B* = *b*, G = *G* = *g*, Q = *Q* = *q*,
V = *V* = *v*, W = *W* = *w*, Z = *Z* = *z*, Ä = *Ä* = *ä*,
Ö = *Ö* = *ö*, Ü = *Ü* = *ü*

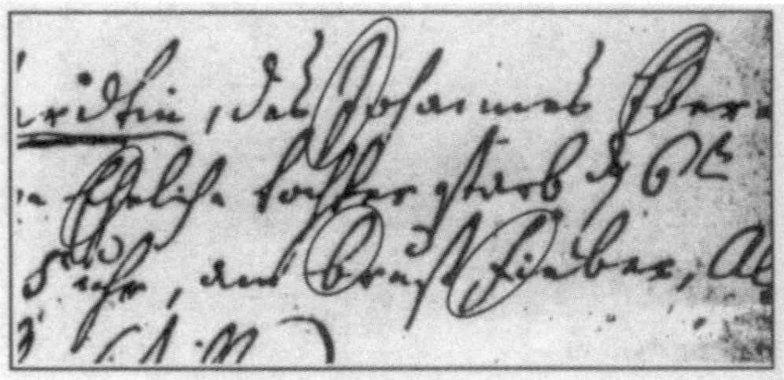

(39) Einige gotische Großbuchstaben teilen Ähnlichkeiten mit deren Entsprechungen im lateinischen Alphabet, wie das hier in den Worten *Johannes, Eber[hard], Eheliche, Brust* und *Fieber* zu sehen ist

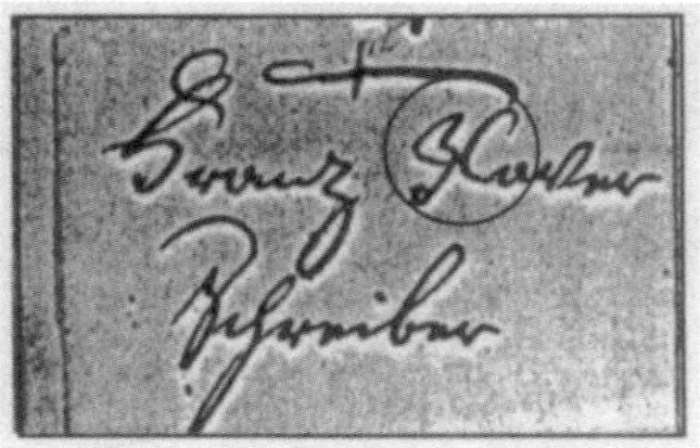

(40) Der Großbuchstabe X = *X* in Franz Xaver Schreiber

(41) Der Schreiber des Standesamts in Düsseldorf benutzte für jedes Substantiv und manch anderes Wort Großbuchstaben (im Lateinischen für Eigennamen). Wir können sie in den Wörtern *Zeugen, Vorgelesen, Beurkundet* und *Daß* sehen

C = *C*

Dieser Buchstabe würde leserlich erkennbarer sein, wenn man sich die Schlaufe an der unteren linken Seite „wegdenkt“. Dieser eher seltene Konsonant im Deutschen erscheint meist in ausländischen Namen. Er wird in Verbindung mit dem kleinem h = *h*, aber niemals mit dem k = *k* gesehen. Vor der im 20. Jahrhundert eingeführten Rechtschreibereform wurden die Namen von mehreren deutschen Großstädten mit einem C = *C* anstatt eines K = *K* geschrieben (Koblenz = *Coblenz* und Köln = *Cöln*).

(42) In den Vornamen *Carl* und *Christian* können wir zwei Varianten des Großbuchstaben C = *C* sehen – einmal mit einem oberen Extrastrich; die andere führt direkt zum folgenden h = *h*. Unten rechts steht der Name *Christina*

D = *D*

Das D = *D* besteht aus zwei Bewegungen, einem einfachen Auf/Abwärts-Strich zur Mittellinie, gefolgt von einem Strich über die Mittellinie hinweg, der ab- und rückwärts zur Schlaufe wird. Diese Bewegungen können sich zeitweise (ähnlich wie beim Kleinbuchstaben) ausbreiten.

(43) Beide, Mutter und Tochter heißen *Dorothea* – die Mutter mit einem lateinischen D und die Tochter mit einem deutschen D = 𝔇 geschrieben

G = 𝔊

Das gewöhnliche G = 𝔊 sieht seinem Kleinbuchstaben sehr ähnlich. Wenn nicht die „Standardversion" geschrieben wird (was eher die Regel als die Ausnahme ist), kann das G = 𝔊 mehreren anderen Großbuchstaben täuschend ähnlich sehen, vor allem B, H, K und R. Der Vergleich (aufgezeichnet von demselben Schreiber) von häufigen Vornamen oder Familiennamen mit B, H, K und R, kann entscheidend mithelfen, ob der in Frage kommende Buchstabe ein G = 𝔊 ist.

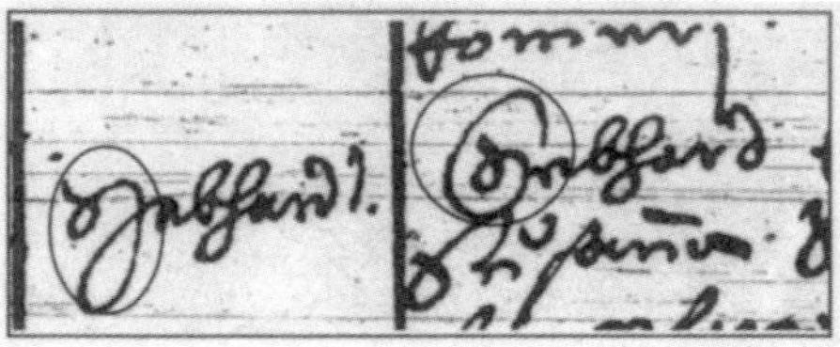

(44) Zwei Varianten vom Großbuchstaben G = 𝔊 in einer von 1627 stammenden Schweizer Aufzeichnung. Der Familienname ist *Gebhardt*

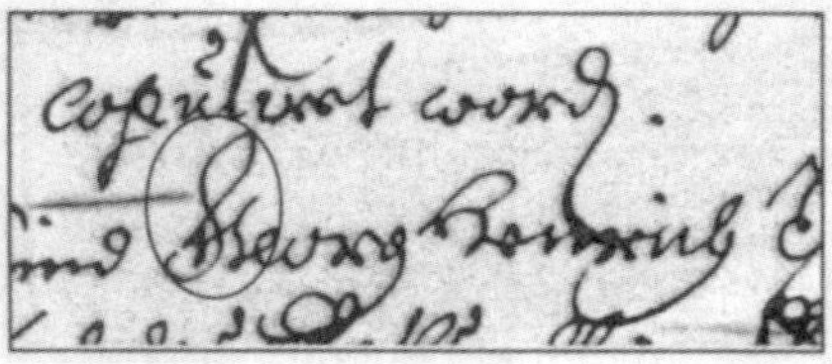

(45) Eine sehr häufige Art des Großbuchstaben G = 𝔊 in *Georg*

H = 𝔋

Einhergehend mit dem G = 𝔊 gibt es unter diesem Großbuchstaben bei den gotischen Schreibern voraussichtlich mehr Varianten als bei jedem anderen Buchstaben des Alphabets. Erfahrene Forscher werden Varianten vom H = 𝔋 begegnet sein, die wie B, G, K und R aussehen. Das Standard-H = 𝔋 beginnt mit einer entgegengesetzten Schlaufe über der Mittellinie, fällt danach unter die Grundlinie zu einer Rückwärtsschlaufe, die dann zur Grundlinie zurückführt.

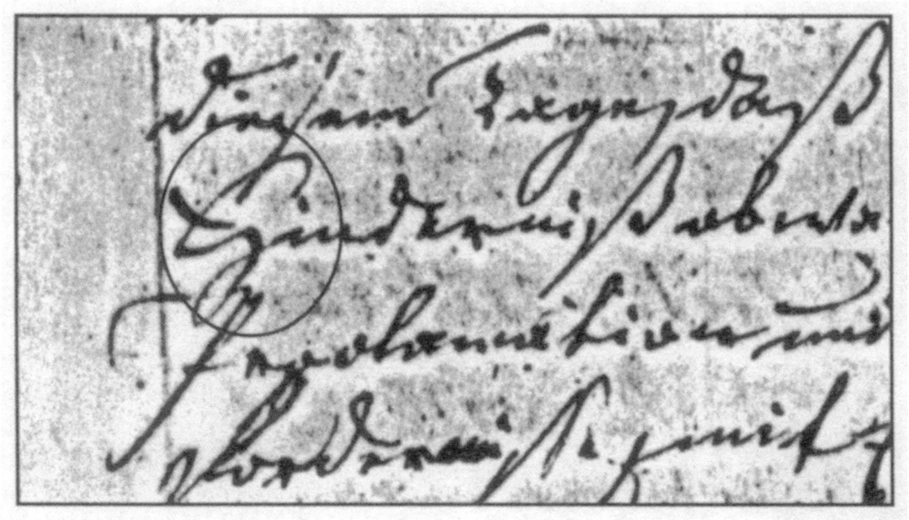

(46) Häufig verziert ist der Buchstabe H = ℌ, wie er in dem Wort *Hinderniß* in diesem Heiratseintrag aus dem Jahr 1843 zu sehen ist

K = 𝔎

Dieser Buchstabe ähnelt dem R = ℜ, aber das typische K = 𝔎 hat eine schmale, auf dem oberen Hauptstamm nach rechts verlaufende Wölbung. Eine Verwechslung wird jedoch seltener auftreten, wenn der Forscher sich vor Augen hält, dass das R = ℜ als Anfangsbuchstabe relativ selten im Gegensatz zu dem sehr häufigen K = 𝔎 erscheint.

(47) In diesem Mecklenburger Kirchenbucheintrag sieht der obere Kleinbuchstabe k = 𝔨 in *Warncke* aus wie der zu erwartende Großbuchstabe K = 𝔎 im Namen *Kröchers* unten

M = *M*

Die Hauptunterschiede zwischen diesem Buchstaben und seiner lateinischen Entsprechung sind die Schlaufen am Ende der ersten zwei Stämme und der schmale Haken auf der oberen Rechten vor dem letzten Abwärtsstrich. Dieser Buchstabe ist im Deutschen sehr häufig und gut erkennbar.

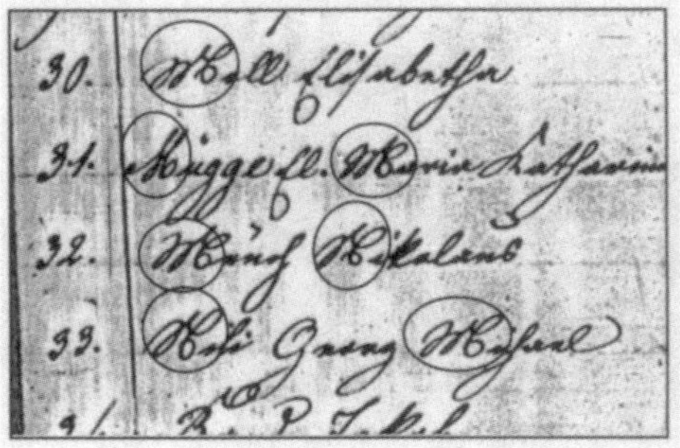

(48) Dieses alphabetische Verzeichnis zeigt deutlich die Ähnlichkeiten zwischen den Großbuchstaben M = *M* und N = *N*. Der letztere hat nur eine Anfangsschlaufe. Die eingekreisten Familiennamen sind *Moll, Mügge, Münch* und *Nili*. Die Vornamen sind *Maria, Nikolaus* und *Michael*

N = *N*

Der Großbuchstabe N = *N* ist dem M = *M* ähnlich, hat aber nur eine Anfangsschlaufe. Er wird oft mit den zusammengesetzten Anfangsbuchstaben (Ligatur) St = *St* verwechselt, dessen unterscheidendes Merkmal der kreuzende Strich auf dem unteren Stamm des t = *t* ist.

P = *P*

Dieser Buchstabe hat zahlreiche Varianten. Die allgemeinen Bestandteile beinhalten eine große Vorwärtsschlaufe über der Mittellinie und einen Strich, der merklich den Stamm unter der Mittellinie kreuzt. Das Ende hilft gewöhnlich diesen Buchstaben zu bestimmen und erkennen.

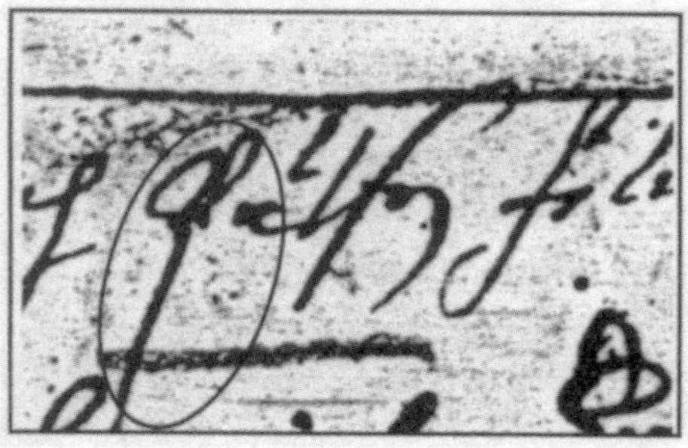

(49) In diesem Heiratseintrag streckt sich der Großbuchstabe P = *P* in dem Familiennamen *Pulfen* weit unter die Grundlinie aus

S =

Der Großbuchstabe S = ist einfach zu schreiben. Er besteht aus einer langen und schmalen Schlaufe, die über der Mittellinie beginnt, zur Grundlinie herunter und dann wieder aufwärts nach rechts führt, wo sie einen kleinen Abwärtsbogen macht. Von dieser Lage aus kann er nur mit dem Kleinbuchstaben t = (wie in der Ligatur St =) verbunden werden. Im allgemeinen aber wird der Buchstabe alleine stehen.

U =

Das U = weist eine offene und schmale Wölbung über dem Buchstaben auf, die auf der Grundlinie sitzt. Von seinem oberen rechten Punkt führt eine schmale Schlaufe vorwärts und verschlingt sich. Die gerade Linie fällt zur Grundlinie zurück und wölbt sich zum nächsten Buchstaben vorwärts. Mit Ausnahme, dass der Buchstabe oben offen ist, sieht er dem Großbuchstaben A = ähnlich.

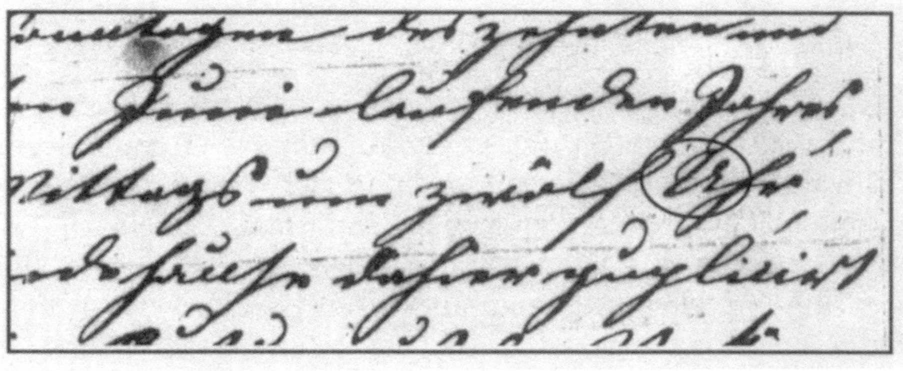

(50) Der Großbuchstabe U = kann dem A = ähneln. Glücklicherweise haben wir in dieser Heiratsproklamation textabhängige Anhaltspunkte für die Entzifferung dieses Buchstaben zur Verfügung: *um zwölf Uhr*

W =

Wie sein Kleinbuchstabe ist der Großbuchstabe W = mit dem V = zum Teil identisch, hat aber wiederholte Anfangsbestandteile - in diesem Fall eine größere Abwärtsschlaufe. Aus der „Feder" von verschiedenen Schreibern, ähnelt er einem umgekehrten M = .

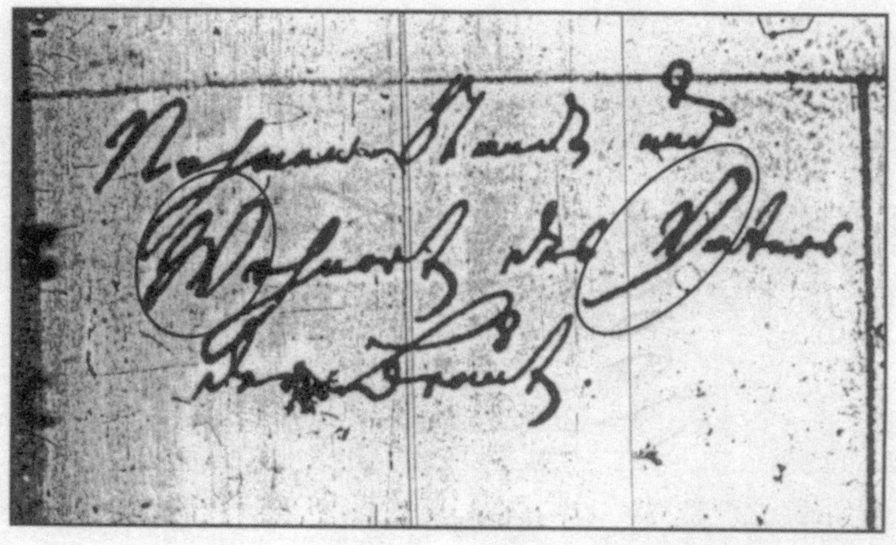

(51) Die Titelspalte dieses evangelischen Kirchenbuchs im Rheinland zeigt *Nahmen, Standt und Wohnort des Vaters der Braut.* Unser Blick richtet sich hier auf die Ähnlichkeit des Großbuchstaben W = 𝔚 und des V = 𝔙. Man beachte auch die Schreibweisen *Nahmen* für *Namen* und *Standt* für *Stand*

Y = 𝔜

Dieser Buchstabe ist ähnlich wie das U = 𝔘 geformt, nur der Endabwärtsstrich führt unter der Grundlinie weiter, um einen Schwanz mit einer Rückwärtsschlaufe, der wieder zurück zur Grundlinie emporsteigt, zu formen. Aufgrund der seltenen Erscheinung des Y = 𝔜 in der deutschen Sprache werden die meisten Forscher wohl kaum auf diesen Großbuchstaben treffen.

(52) Ein Modell der Gotischen Großbuchstaben aus der Selbsthilfeliteratur, die von der „Family History Library" in Salt Lake City entwickelt wurde

Konsonantenverbindungen und doppelte Konsonanten

Zwei oder mehrere zusammengeschriebene Konsonanten, die ein Phonem (einen Klang) darstellen, werden als Konsonantenverbindungen bezeichnet. Im Gotischen Alphabet mag es zeitweise erscheinen, dass ein Bestandteil einer solchen Verbindung oder beide ein wenig anders von jedem einzelnen Buchstaben geformt sind. Die deutschen Konsonantenverbindungen, denen der Forscher häufig begegnet, sind ch = , ck = , pf = , sch = , St = und tz = . Die meisten Ligaturen sind relativ leicht zu erkennen, aber in einigen Fällen scheint es, dass der Schreiber eine Abkürzung benutzt hat. Zum Beispiel fehlt in der Ligatur sch = oft das mittlere Glied (c) und wird daher eher wie ein sh = aussehen. Das lässt eine „schnelle Hand" im Schreibprozess vermuten und muss immer als sch = interpretiert werden. Im Allgemeinen dürfen *s* und *h* in der deutschen Sprache nur in der Reihenfolge auftreten, wenn dazwischen die Silben getrennt werden, z. B. bei *bisher* und *deshalb*. In solchen Fällen aber wird das Schluss-s = , wie oben beschrieben, benutzt.

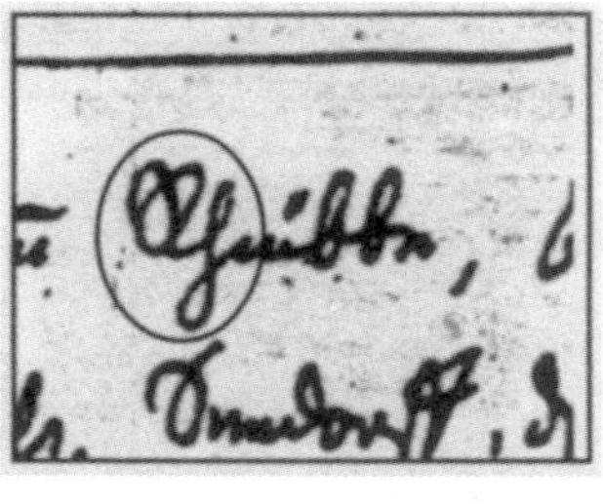

(53) Die Ligatur Sch = im Familiennamen *Schnibbe* ist hier ohne das c = zu erkennen. Dieses Phänomen tritt bei vielen Schreibern von Kirchenbucheinträgen auf

Doppelte Konsonanten kommen oft vor, z. B.: ff = , kk = , ll = , ss = und tt = . Auch bei diesen Verbindungen darf man voraussetzen, dass ein bestimmter Buchstabe nicht immer gleich aussieht. Grun erklärt, dass in den Verdopplungen ff = und ss = der Anfang des ersten Buchstabens oder das Ende des zweiten Buchstabens fehlen kann. Es gibt ausreichende Beweise, die diese Angaben bestätigen.[32]

32 Grun, *Leseschlüssel zu unserer alten Schrift*, S. 36.

(54) In diesem doppelten Konsonanten ff = *ff* hat der zweite Buchstabe keine, unter die Grundlinie führende, Verlängerung *(Kieffer-Meister)*

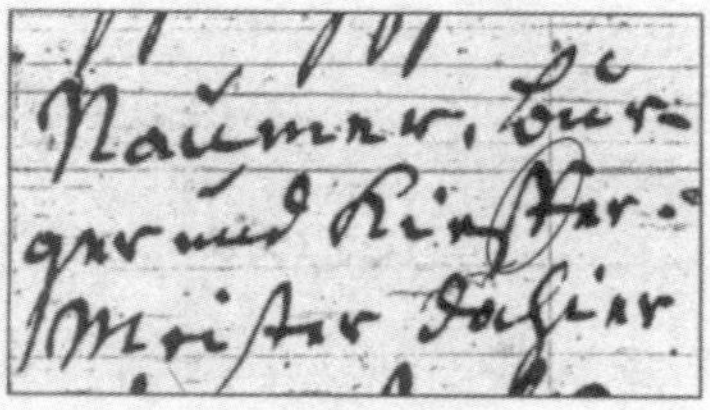

Aufgrund der Uneinheitlichkeit der Schreibkunst, die über die Jahre hinweg unter den Schreibern und deren Schreibinstrumenten herrschte (einschließlich derjenigen unter uns, die noch gelegentlich einen Stift zur Hand nehmen), sollten wir nicht annehmen, dass doppelte Konsonanten als identische Buchstaben auftreten werden.

Diakritische Zeichen und Zeichensetzung

Das diakritische Zeichen, das im deutschen Gotischen Alphabet am häufigsten benutzt wird, ist der *Umlaut* (siehe Beschreibungen für die Buchstaben *ä*, *ö* und *ü*). Das ursprüngliche *Umlaut*-Symbol war der Vokal e = *n*. Dieser erschien über den Vokalen *a*, *o* und *u* (und manchmal *y*). Nach und nach nahm es allgemein die Form von zwei kurzen, parallel und diagonal aufwärts und nach rechts führenden Linien an. Im Volksmund werden sie oft als „Striche“ bezeichnet. Die zwei Punkte, die von der Schreibmaschine erzeugt oder dem Schriftsetzer verwendet werden, sind eine vereinfachte Form der „Striche“ und werden nur selten in handschriftlichen Dokumenten zu sehen sein. Forscher sollten nicht voraussetzen, das *Umlaut*-Symbol direkt über dem betreffenden Vokal zu finden. Gewöhnlich sieht man es eher rechts über dem Vokal. Eilige Schreiber benutzten oft nur einen Strich als Umlaut (eine Auf- und-Ab-Wellenlinie gegensätzlich die des *U-Bogens*). Da der Umlaut über einem Vokal einen anderen Klang darstellt als derselbe Vokal ohne Umlaut, ist dieses Symbol entscheidend und wird nur selten von Benutzern des Gotischen Alphabetes bewusst weggelassen.

Das andere – im Germanischen weit verbreitete – diakritische Zeichen, das seit dem Beginn von Geburts-, Heirats- und Sterbeaufzeichnungen in Deutschland benutzt wurde, ist der *U-Bogen* (beschrieben beim Kleinbuchstaben u = *ŭ*). Hin und wieder wird dieses Symbol eher als eine aufwärtsführende Wölbung als eine typische Abwärtswölbung zu sehen sein. Dies kann zu Verwirrungen mit dem *Umlaut* (wie oben beschrieben) führen. Gelegentlich kann ein Betonungszeichen auftreten, und zwar in Verbindung mit einem Personennamen oder Ortsnamen aus dem Ausland (hauptsächlich Frankreich).

Vor der Zeit der einheitlichen deutschen Rechtschreibung und Zeichensetzung endeten Sätze gewöhnlich mit einem Punkt. Beim Lesen von alten Dokumenten kann das aber nicht vorausgesetzt werden. Zeitweise gibt es keine Zeichensetzung am Ende eines Satzes, doch die meisten Schreiber benutzten ein Komma, einen Bindestrich oder ein Semikolon. In abgetrennten Wörtern benutzten die Schreiber am Ende einer Zeile des Textes und dem Anfang der neuen Zeile das Symbol = gleich = wie in *Schlede=hausen* = . Dieses Symbol wurde oft auf oder sogar unter der Grundlinie geschrieben.

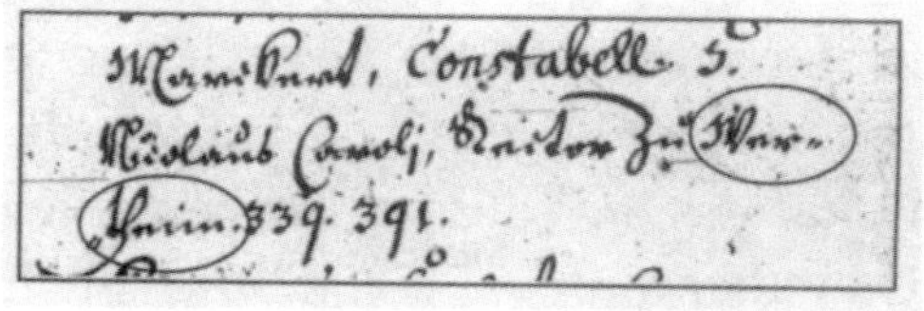

(55) In diesem Frankfurter Verzeichnis ist der Ortsname *Wertheim* auf zwei Zeilen in *Wer=* *=theim* abgetrennt

Es hat den Anschein, dass einige Schreibprobleme nicht auf eine bestimmte Kultur oder auf ein Zeitalter begrenzt sind. Forscher, die alte deutsche Kirchenbücher oder Personenstandsregister untersuchen, werden viele Beispielen von dem Buchstaben t = vorfinden, die nicht gekreuzt sind und demzufolge dem l = ähneln. Ebenso wird der Forscher, der meint, dass jedes i = einen Punkt hat oder dass der Punkt genau über dem i = an seiner erwarteten Stelle steht, viele sonderbare Buchstaben zu erklären haben. Der Buchstabe i = ohne den Punkt ist häufig und sieht dem Kleinbuchstaben c = ähnlich; doch jede daraus entstehende Verwechslung sollte nur von kurzer Dauer sein. Beachten Sie die folgenden Beispiele: Ein c = wird hauptsächlich vor einem k = oder einem h = auftreten und sollte sorgfältig darauf geprüft werden. Andererseits wird das i = vor einem k = oder h = nicht üblich sein.

Selbstverständlich können fast überall Abweichungen in einfachen Zusammensetzungen von individuellen Buchstaben auftreten. Man muss auf die „großen" oder „kleinen" Buchstaben, die nicht als „kleine“ oder „große“ Buchstaben erwartet werden, Acht geben. Zum Beispiel könnte der Aufwärtsstrich des f = , l = , s = oder t = nicht sehr viel über die Mittellinie reichen, während der Schwanz des f = , g = , h = , j = , p = , q = , x = oder z = nicht sehr weit unter die Grundlinie führen könnte. Einige Großbuchstaben können zu klein und Kleinbuchstaben zu groß erscheinen. Solche Uneinheitlichkeiten sind zu erwarten.

Abkürzungen

Wie in jeder Sprache benutzten deutsche Schreiber Abkürzungen im Gotischen Alphabet. Es ist eindeutig, dass diese in Schreibschulen unterrichtet wurden, da deren Benutzung fast im ganzen Sprachraum allgemein gültig ist. Die unten beschriebenen Abkürzungen werden Forscher in Geburts-, Heirats- und Sterbeaufzeichnungen häufig antreffen:

1) Die einfache Abkürzung eines Wortes wurde durch einen Punkt, ein Komma, einen Doppelpunkt oder ein Semikolon angegeben, wie in *Darmstadt* = *Darms:* = *Darms,* = *Darms.* Ohne Zweifel wurden auch Wörter ohne Zeichensetzung, wie in *Darms,* abgekürzt.
2) Ein doppeltes *n* oder *m* wurde oft mit einer geraden Linie über einem einzelnen m = oder n = angegeben (von dem lateinischen Brauch übernommen): mm = , nn = wie in = Emma, = Johannes und = Stammheim.

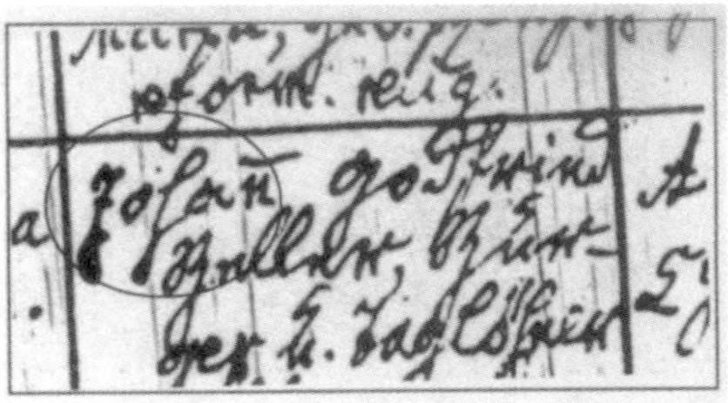

(56) Einer der beliebtesten deutschen Männervornamen ist *Johann,* hier mit nn = geschrieben. Der vollständige Name lautet *Johann Godfried Beller* (man beachte den Schwanz am großen B =)

(57) Das ABC-Verzeichnis dieses Sterberegisters zeigt eine hohe Anzahl von Bewohnern mit dem Nachnamen *Zimmermann*. In fast jedem Fall wurden *mm* durch *m̄* und *nn* durch *n̄* geschrieben

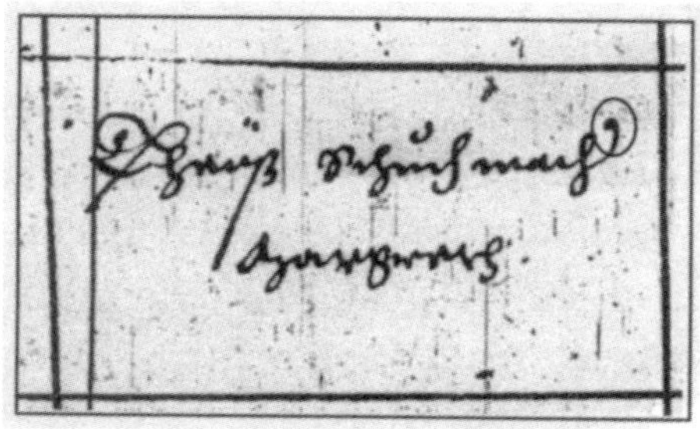

(58) Ein klassisches *-er*-Symbol beendet den Familiennamen *Schuchmacher* in diesem Württemberger Taufeintrag

3) Die Endsilbe –er = -*er* (eine häufige Endung für Adjektive und Familiennamen) wurde oft als umgedrehte Schlaufe – aufwärts führend und vom vorangehenden Buchstaben ausgehend – dargestellt. Grun deutet an, dass diese Abkürzung schon vor dem ähnlichen Abkürzungssymbol der Endsilbe en = *en* ausgestorben ist, seine Benutzung sei immerhin bis ins späte 19. Jahrhundert zu sehen.[33]
4) Die Endsilbe -en = -*en* ist der häufigste Schluss von deutschen Substantiven, Adjektiven und Verben, und wurde als solcher zu einer vereinfachten Einzelbewegung. Das Symbol kommt entweder als eine Abwärtsschlaufe, die unter die Grundlinie führt, oder einfach als eine herunterführende und nach rechts oben verlaufende Linie (sogar nach links) vor. Grun ist der Ansicht, dass dieses Symbol bis ins späte 19. Jahrhundert verwendet wurde.[34]

33 Grun, S. 36.
34 Grun, S. 18 und S. 20.

(59) Süddeutsche Schreiber lassen vermuten, dass sie die häufige *-en* „Schwanz"-Abkürzung gern benutzten. In dieser Württemberger Eintragung können wir die Wörter *begraben worden* sehen

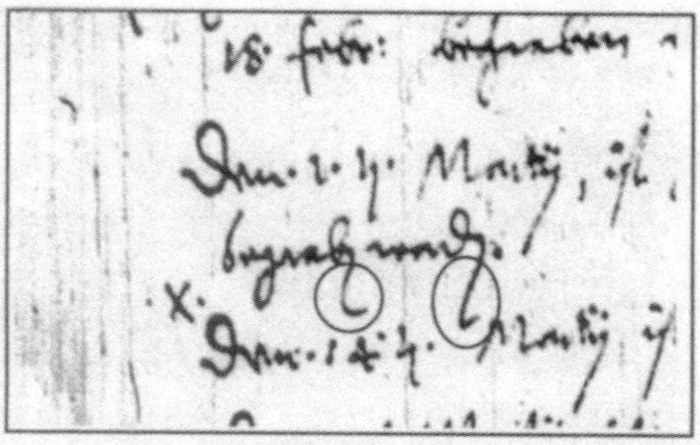

5) Eine andere Version der *-en* Abkürzung kann in dem Wort *den* = gesehen werden. Dieses Wort wurde ständig benutzt, um Eingangsdaten in Kirchenbucheinträgen auszudrücken und war deshalb ein wichtiger Bestandteil für Abkürzungen durch die Abwärtsbewegung (wie in der oberen Abbildung für *-en* gezeigt wird).

(60) Jeder dieser drei Sterbeeinträge beginnt mit dem „d-plus-Schwanz"-Abkürzungssymbol für das deutsche Wort *den* =

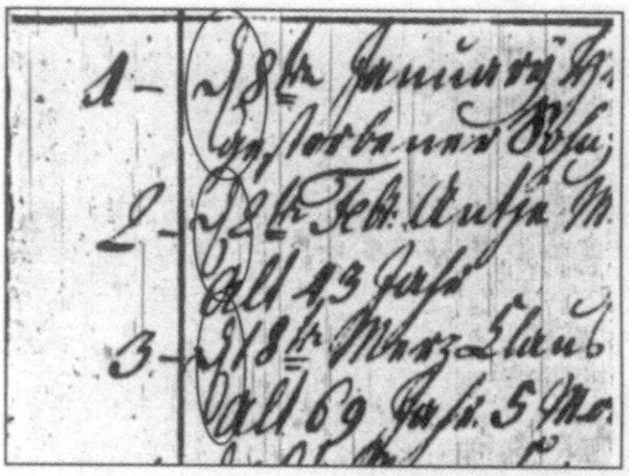

6) Zum Abkürzen aller langen Wörter wurde ein Symbol benutzt, das dem langen l = ähnlich ist, aber gewöhnlich unter die Grundlinie führt. In Kirchenbüchern sieht man es im Titel *Herr* = bzw. . Es wurde auch oft für lange Ortsnamen angewandt.

(61) In diesem Eintrag der Pfarrei in Hessen-Nassau ist der Ortsname *Sachsenhausen* mit einem langen Symbol, das nach dem h = folgt, abgekürzt worden

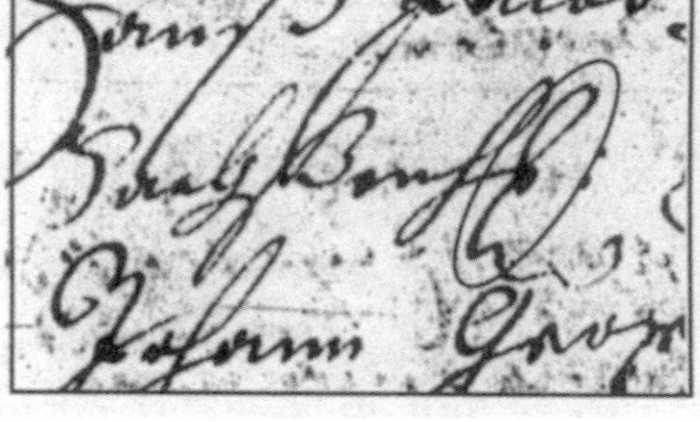

7) Natürlich waren Namen einer hohen Anzahl von Abkürzungen ausgesetzt. Zum Beispiel bedeutete „J" fast immer *Johann* oder *Johannes*, „M" vertrat *Maria* und „A" *Anna*. Diese Abkürzungen können von Gemeinde zu Gemeinde unterschiedlich sein, aber die meisten Schreiber sind einheitlich in der Benutzung von Kurzformen der Vornamen.

(62) In dieser Württemberger Taufeintragung vom Jahre 1714 ist der Vorname des Vaters *Hans Bernhard* als *Hbernh.* abgekürzt

Ähnliche und verwirrende Buchstaben

Die folgenden Beispiele sind Paare von Buchstaben, welche die meisten Verwirrungen unter den Forschern von deutschen Geburts-, Heirats- und Sterbeaufzeichnungen verursachen. Nachfolgend werden Vorschläge angeboten, um diese Verwirrungen aufzulösen:

1) Der Kleinbuchstabe u = verglichen mit ü =
   Da jeder Kleinbuchstabe u = entweder einen *Umlaut* oder einen *U-Bogen* haben sollte, kann dies von Wichtigkeit sein. Wie beschrieben, kann ein einfacher Strich als *Umlaut* dem *U-Bogen* sehr ähnlich sehen. Die beste Lösung, dies herauszufinden, ist zu untersuchen, wie derselbe Schreiber die *Umlaute* über dem ä = oder ö = geschrieben hat (siehe Abbildung unter „Kleinbuchstaben u").
2) Der Kleinbuchstabe u = verglichen mit n = oder doppel-nn =
   Wo das n = nicht verdoppelt ist, wird über dem u = entweder ein *Umlaut* oder ein *U-Bogen* stehen. Das Doppel-nn = , das eine waagerechte Linie darüber hat, kann zu Verwirrungen führen. Das Doppelsymbol, das gewöhnlich über dem m = oder dm n = steht, ist eine ziemlich wagerecht laufende gerade Linie. Hingegen sind der einfache *Umlautstrich* und der *U-Bogen* fast immer durch eine Wölbung gekennzeichnet.

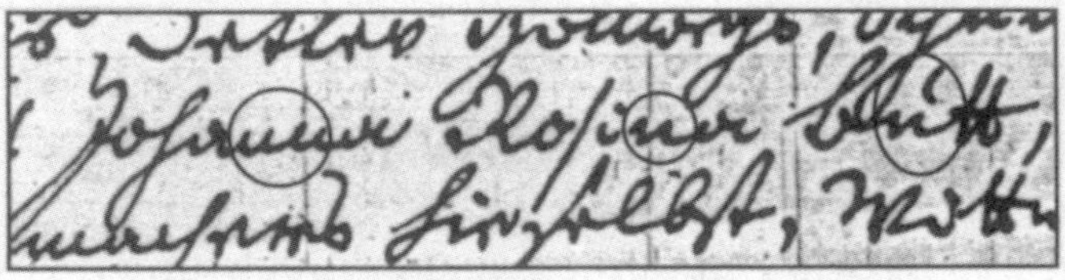

(63) Dieser Name zeigt die Ähnlichkeit der Kleinbuchstaben u = ŭ, n = n und nn = n̆. Beachten Sie die Abwärtswölbung von nn = nn in *Johanna*. In diesem Heiratseintrag heißt die Braut *Johanna Rosina Butt*

3) Der Kleinbuchstabe l = ℓ verglichen mit t = t
Diese beiden Buchstaben bestehen aus einem Aufwärts/ Abwärts-Strich. Wenn beim l = ℓ die zu erwartende Schlaufe fehlt, kann es dem t = t ähnlich sehen. Wenn beim t = t der Kreuzstrich in der unteren Hälfte des Stammes fehlt, kann es dem l = ℓ ähneln. Eine Verwirrung kann gewöhnlich durch den Standort des l = ℓ oder des t = t in Wörtern oder Namen, die gebräuchlich oder andererseits leserlich erkennbar sind, geklärt werden.

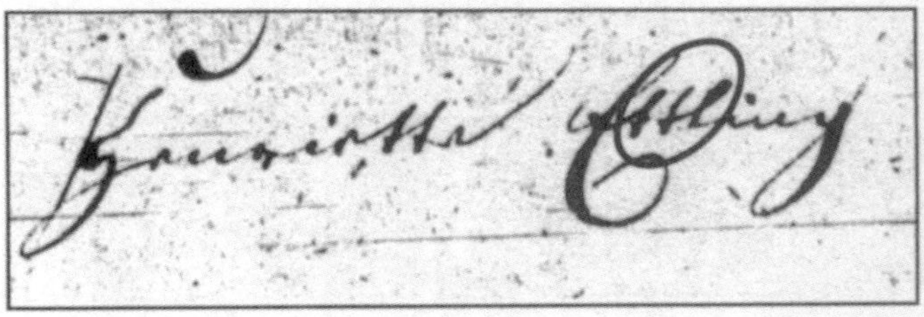

(64) In diesem Dokument aus Hessen-Darmstadt schrieb der Pastor beide Buchstaben l = ℓ und t = t so, dass der Endstrich von der Grundlinie zum nachfolgenden Buchstaben hinaufführt. Ohne das Kreuz in t = t würden die Buchstaben sich sehr ähnlich sehen. Der Familienname ist *Ettling*

4) Der Kleinbuchstabe f = f verglichen mit s = ſ
Diese Buchstaben sind sich, wie oben beschrieben, in ihrer Größe und ihrem Aussehen ähnlich. Die Schlaufe, die über beim f = f maßgebend sein sollte, ist manchmal flach, während das Kreuz im Stamm des f = f gelegentlich nicht deutlich ist. Es gibt auch Varianten vom s = ſ, die den Anschein haben, im Stamm gekreuzt zu sein, da der Schreiber dazu neigt, beim Zurückführen vom Schwanz zur Grundlinie nach links zu biegen. Des Weiteren können sich diese Buchstaben in verdoppelter Art aus dem gleichen Grund ähnlich

sehen. Der beste Weg, den Unterschied zwischen f = und s = festzustellen ist der, dass man das eine oder das andere Symbol in leserlich erkennbaren Wörtern - die an anderer Stelle von demselben Schreiber geschrieben wurden - ausfindig macht und mit den fraglichen Buchstaben vergleicht.

(65) In dem Familiennamen *Westfahlen,* wie er 1670 von einem evangelischen Pfarrer geschrieben wurde, finden wir, dass das st = und das f = sich ähneln

5) Großbuchstabe (Ligatur) St = verglichen mit N =
Die Anfänge der Buchstaben sehen sich außerordentlich ähnlich, daher sehen wir am Ende des letzten Striches einen entscheidenden Unterschied: der Großbuchstabe N = sollte von der Grundlinie mit einer Aufwärtswölbung, die nach rechts verläuft, zum nächsten Buchstaben folgen. Das Ende des t = sollte eine entgegengesetzte Bewegung aufweisen, die den Stamm vor dem Fortführen zum nächstfolgenden Buchstaben kreuzt.

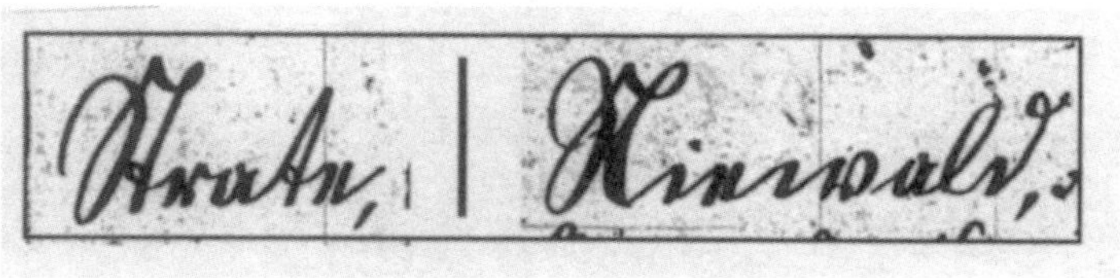

(66-67) In dieser Eintragung von 1888 ist die Ähnlichkeit von St = und N = auffallend. Die Familiennamen sind *Strate* und *Niewald*

6) Der Kleinbuchstabe e = verglichen mit n =
Beide Buchstaben bestehen aus zwei parallel auf/abwärts laufenden Strichen mit einer Vorwärtsneigung zwischen der Grund- und Mittellinie. Die Linie, welche die Striche des n = verbindet, sollte am Ende des ersten Striches und am Anfang des zweiten Striches beginnen. Mit anderen Worten: der Stift wurde während des Schreibens vom Papier genommen. Das e = besteht aus einzelnen parallelen Strichen, wobei der Stift vom Papier genommen wird. Es gibt zwei Arten von Strichen, die das e = miteinander verbinden: eine Verbindung beginnt halbwegs am linken Stamm und führt zum Anfang des rechten Striches hinauf, während

der andere Strich (die seltener vorkommende Variante) die Anfänge der beiden Stämme mit einer abwärts gewölbten Linie verbindet. Es sollte klar sein, dass eine Unterscheidung schwierig sein kann, wenn die Buchstaben e = *n* und n = *u* klein oder hastig geschrieben wurden. Für Forscher, die Erfahrungen mit Ausspracheanalysen haben, mag es helfen, sich daran zu erinnern, dass das e = *n* ein Vokal und das n = *u* ein Konsonant ist. Bestimmte Vokal-Konsonant-Verbindungen sind in der deutschen Sprache einfach nicht möglich.

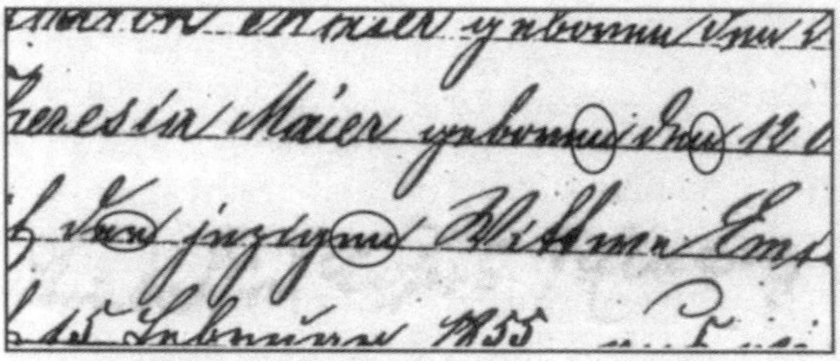

(68) Die Handschrift von einigen Schreibern neigt dazu, dass die kleinen Buchstaben sich ähnlich sehen. Hier sehen wir *geboren den* (obere Linie) und *der jezigen Witwe* (untere Linie), wobei das e = *n* und das n = *u* tatsächlich identisch sind, wie auch das r = *r* in *der* (links)

7) Der Kleinbuchstabe e = *n* verglichen mit r = *r*

Viele Schreiber benutzten ähnliche Bewegungen, um diese Buchstaben zu formen. Der Hauptunterschied liegt darin, dass der Strich, der beim e = *n* die parallel laufenden Stämme verbindet, größer ist als beim r = *r*. Der Stift wiederum wird beim Schreiben des e = *n* vom Papier genommen, wobei das r = *r* ohne Unterbrechung geschrieben wird. Die Stämme des r = *r* sind mehr gewölbt als beim e = *n*. Letzten Endes bedenke man, dass das e = *n* ein Vokal und das r = *r* ein Konsonant ist, das soll eine wichtige Erwägung für Forscher sein, die mit den deutschen Ausspracheprinzipien vertraut sind.

(69) Die Ähnlichkeit der Kleinbuchstaben e = *n* und r = *r* ist in dem Namen *Heinrich Scheerers* in dieser Pfälzer Urkunde offensichtlich

8) Der Kleinbuchstabe r = verglichen mit v =
Da beide Buchstaben kurz sind und gewölbte Linien haben, kann dies zu Verwirrungen führen. Die Schlaufe im v = ist hier der entscheidende Teil. Es sollte auch daran erinnert werden, dass die Häufigkeit des Kleinbuchstaben r = in der deutschen Sprache viel größer ist als die des Buchstaben v = .

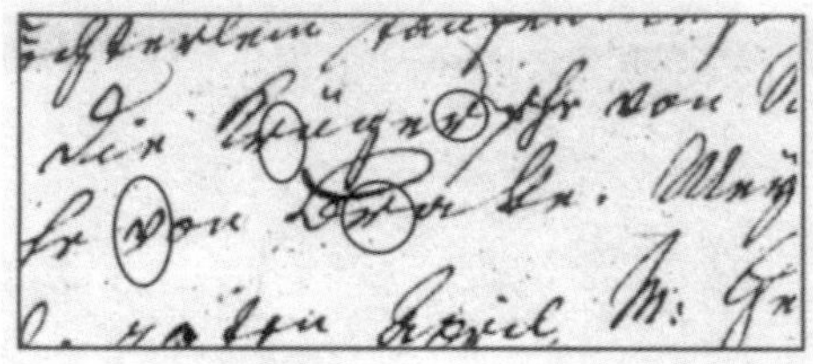

(70) In dieser evangelischen Pfarrei in Westfalen finden wir klassische Formen von den Kleinbuchstaben v = und r = in der Präposition *von* und in den Familiennamen *Krüger* und *Brake*

9) Der Kleinbuchstabe v = verglichen mit w =
Der Unterschied zwischen diesen beiden Buchstaben ist der zusätzliche Auf/Abwärts-Strich am Anfang beim w = , das in der deutschen Sprache häufiger auftritt als das v = .

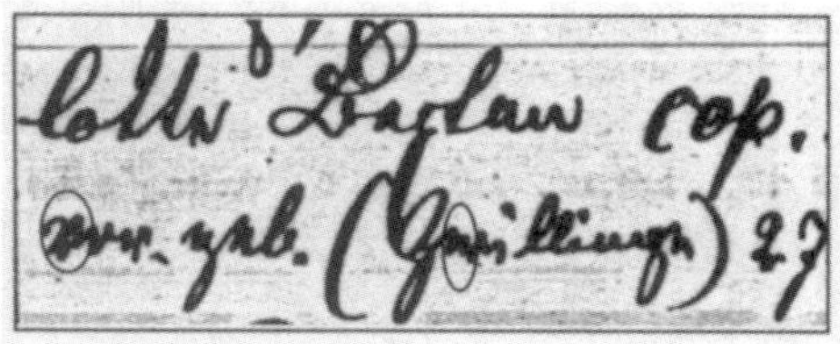

(71) Der Unterschied zwischen dem Kleinbuchstaben v = und w = ist hauptsächlich eine Extralinie am w = . Die eingekreisten Wörter sind *vor.* = *voriges* und *Zwillinge*

10) Der Großbuchstabe I = verglichen mit J =
I = und J = sind eines der meist benutzten Paare von identischen Buchstaben, die hauptsächlich in Vornamen – wie z. B. *Iohann* = *Johann* – auftreten. Es gibt eine einfache Erklärung, die diese Verwirrung auflöst: wenn ein Vokal folgt, ist der Buchstabe ein J = , wogegen das I = von einem Konsonanten gefolgt wird.

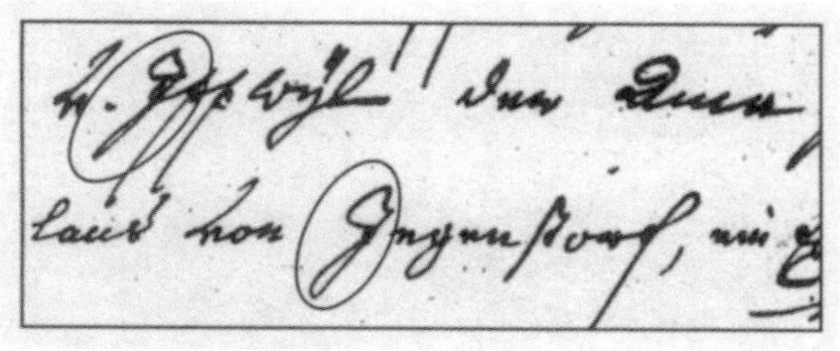

(72) Der Großbuchstabe I = und J = waren vor vielen Jahren für viele deutsche Schreiber gleich. Hier sehen wir die Schweizer Stadtnamen *Iffwÿl* bzw. *Iffwil* und *Jegenstorf* mit den selben Anfangsbuchstaben geschrieben

Wer über die Entwicklung von Buchstaben des gotischen Alphabetes liest, die von deutschen Schreibern zwischen dem 15. und dem 20. Jahrhundert benutzt wurden, muss daran erinnert werden, dass alle Darstellungen bestenfalls Allgemeingültigkeit besitzen (oftmals sogar dominieren). Die Begriffe „typisch" und „gewöhnlich" gelten zwar, doch Abweichungen von jeder Norm sind stets möglich. Jeder Forscher, der diese Normen in allen Fällen voraussetzt und die hier aufgeführten Handschriftbeispiele zu streng befolgt, wird wohl dann und wann Fehlannahmen zum Opfer fallen.

Zahlen und Datumsangaben

Selten wird es vorkommen, dass in Geburts-, Heirats- und Sterbeeinträgen keine Daten vorgefunden werden. Es kann davon ausgegangen werden, dass wenigstens das Jahr des Ereignisses angegeben ist oder das es aus anschließenden Eintragungen errechnet werden kann. Die große Mehrheit der Geburts-, Heirats- und Sterbeeinträge beinhalten Tag, Monat und Jahr der Ereignisse. Seltener in alten Aufzeichnungen, aber fast immer in neueren Geburts-, Heirats- und Sterbeeinträgen (19. Jahrhundert) werden ausführliche Angaben in Bezug auf Zeiten und Daten der Ereignisse vorgegeben sein. Nachstehend sind Beschreibungen von Daten und Nummern aufgeführt, die der Forscher in deutschen Dokumenten antreffen wird.

Zahlen

Zum größten Teil werden die arabischen Zahlen, die von gotischen Schreibern benutzt wurden, von Forschern erkannt, wenngleich ungewohnte Varianten schwierig sein können. Drei von zehn Zahlen bedürfen besonderer Beachtung:

Die Zahl 1

Die Zahl *1* hat gewöhnlich einen Aufwärts/Abwärts-Strich. Der Aufwärtsstrich ist generell kürzer, ungefähr an der Mittellinie beginnend, wohingegen der Abwärtsstrich bis zur Grundlinie führt. Natürlich kann man die Zahl auch mit einem längeren Aufwärts- als Abwärtsstrich sehen. Die *1* kann durch das lateinische *i* ersetzt werden.

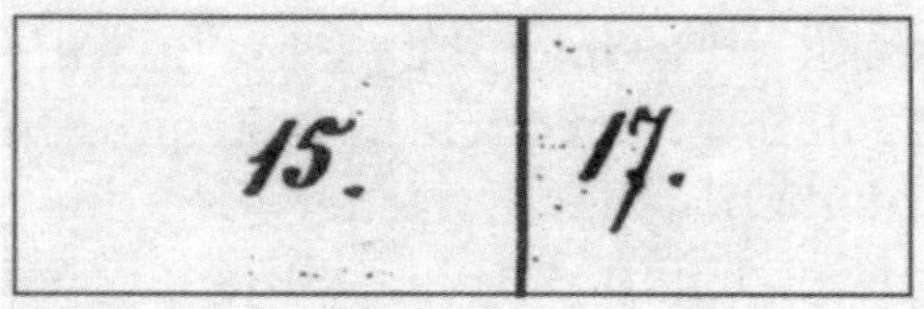

(73-74) Die typische Zahl *1* kann als ein einfacher Stamm oder als ein Stamm mit einem Haken, der von oben nach links abwärts führt, gesehen werden

Die Zahl 7

Die meisten Menschen in der Welt schreiben noch heute die Zahl *7* mit einem waagerechten Strich durch den Stamm. Der Strich dient dazu, die *7* von der *1* unterscheiden zu können. Viele Schreiber beginnen die *7* mit einem kurzen Aufwärtsstrich, bevor sie mit dem oberen Waagerechtstrich zur Rechten fortfahren. Es gibt viele Varianten der Zahl *7*, aber die meisten davon sind erkennbar.

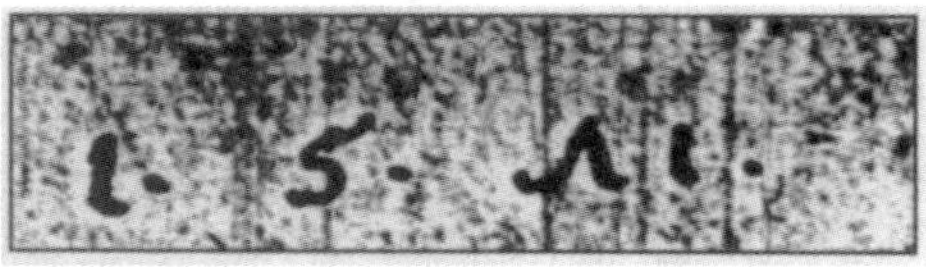

(75) Die Zahl *7* in der Jahresangabe *1571* sieht völlig anders aus als die Zahl *1*

Die Zahl 8

Diese Zahl wird manchmal als „rechtslehnende ∞" geschrieben und ähnelt dem Unendlichkeitssymbol (Das Symbol ∞ wird allgemein zur Darstellung von „Heirat" - siehe Anhang H - verwendet). Dies kann verwirrend sein, aber gewöhnlich gibt es genügend zeitliche und kontextabhängige Hinweise, die es dem Forscher ermöglichen, zwischen Zahlen und sonderbaren Symbolen zu unterscheiden. Es gibt letzten Endes nur zehn Zahlen, unter denen man auswählen kann.

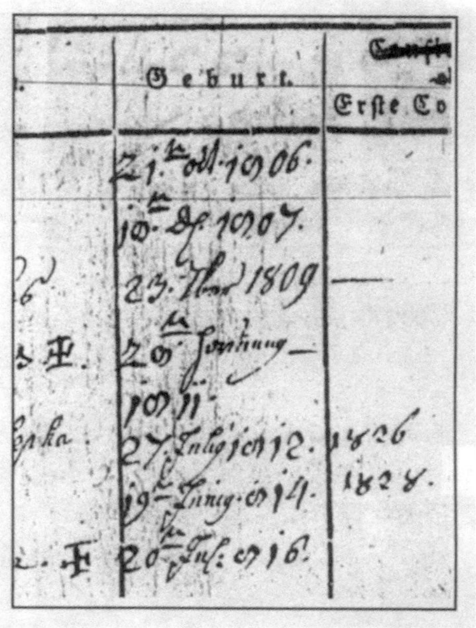

(79) In dieser Liste mit Geburtsdaten von Geschwistern, zeigt nur die dritte Eintragung eine zeitgemäße *8*. Einige dieser *8* Zeichen ähneln einer entstellten *9*

Wie gewöhnlich ist die Vielzahl der Abweichungen bei diesen Zeichen völlig unbegrenzt. Bei einigen Schreibern können sich die 3 und die 5 ähnlich sehen, während sich bei anderen die Ziffern 4 und 9 trügerisch gleichen. Man sollte berücksichtigen, dass die meisten Geburts-, Heirats- und Sterbeaufzeichnungen einheitlich in zeitlicher Reihenfolge aufgeführt sind. Zum Beispiel werden die Daten 3. April und 5. April oder 4. November und 9. November, in dieser erwarteten Reihenfolge erfolgen. Andere textabhängige Hinweise können helfen, solche Verwechslungen zwischen Ziffern, wie das Alter zur Zeit des eingetretenen Todes, aufzulösen. Zum Beispiel wurde ein Mann 1717 geboren und verstarb 1771. Das erreichte Alter scheint 54 oder 59 Jahre zu sein. Man errechnet 54 und nicht 59 Jahre. Ein Kind, das am 19. Februar geboren wurde, kann die Taufe nicht am 14. Februar empfangen haben.

Wenn Ziffern als Wörter geschrieben werden, können sie mit verschiedenen Rechtschreibvariationen gesehen werden und müssen beachtet werden:

eins = , eyns = , ein = 
zwei = , zwey = 
drei = , drey = 

(77) Die Schreibweise *zwey* bzw. *zweÿ* (als Ordnungszahl: *zweyte*) kommt sehr häufig in alten deutschen Kirchenregistern vor: *Seine zweÿte Ehefrau.*

Zu den häufigen Varianten zählen:
elf = elf, eilf = eilf
zehn = zehn, zehen = zehen
sechzig = *sechzig*, sechszig = sechszig
siebzehn = siebzehn, siebenzehn = siebenzehn
siebzig = siebzig, siebenzig = siebenzig

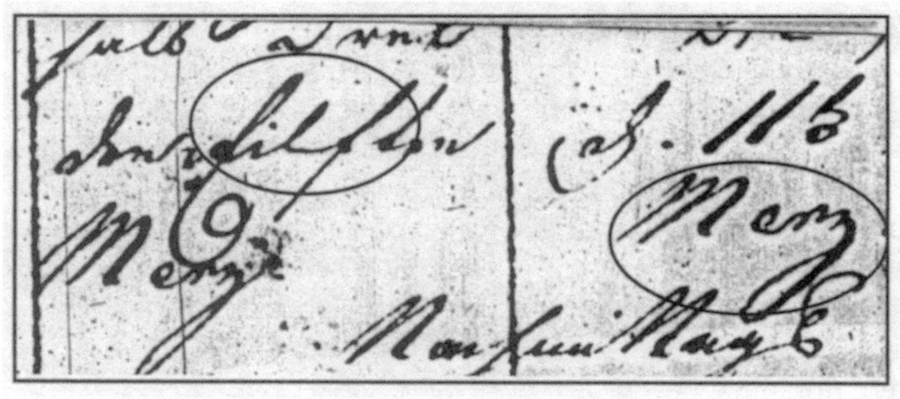

(78) Aufzeichnungen des 19. Jahrhunderts weisen oft Daten sowohl in Wörtern als auch in Zahlen auf. Beachten sie die Schreibvarianten von *eilf* für *elf* und *Merz* für *März*. Dies ist ein lutherischer Taufeintrag aus dem Rheinland

In der ersten Hälfte des 18. Jahrhunderts benutzten viele Kirchenbuchführer römische Zahlen für Jahreszahlen und für Festtagsdaten. Eine nähere Erläuterung dieser Anwendung ist im Kapitel 3 unter dem „Lateinischen Alphabet“ zu finden. Anhang B beinhaltet eine Liste von wichtigen deutschen Begriffen, einschließlich Zahlen und Daten.

Wochentage

Als die Aufzeichnung von Geburts-, Heirats- und Sterbedaten im 16. Jahrhundert begann, waren in den deutschsprachigen Gebieten Europas die sieben Tagesnamen einer Woche genau bekannt. Obwohl einige Rechtschreibevariationen zu sehen sind, bleiben diese Namen vorhersehbar und relativ leicht zu erkennen:

Montag = Montag
Dienstag = Dienstag
Mittwoch = Mittwoch
Donnerstag = Donnerstag
Freitag = Freitag
Samstag = Samstag, Sonnabend = Sonnabend
Sonntag = Sonntag

Monatsnamen

Fast immer können Familienforscher erwarten, dass sie bekannte Monatsnamen in deutschen Kirchenaufzeichnungen sowie in Geburts-, Heirats- und Sterbeaufzeichnungen antreffen werden. Geringfügige Abweichungen von lateinischen Monatsnamen (siehe Kapitel 3), wie zum Beispiel *December* = *Dezember*, *Februarius* = *Februar* oder *Octobris* = *Oktober* sollten bei der richtigen Erkennung kein Hindernis sein.

Einige Forscher finden die Namen von bestimmten Monaten verwirrend, speziell *März* = *Merz*, im Vergleich zu *Mai* = *May*. Die Rechtschreibevariationen von *Juni* = *Juno* = *Juny* und *Juli* = *July* = *Julei* dürften keine großen Probleme darstellen.

Abkürzungen in Monatsnamen sind häufig, aber auch hier gewöhnlich leicht erkennbar. Häufig auftretende Abkürzungen kommen in den letzten vier Monaten des Jahres vor und werden im Kapitel 3 im Detail beschrieben: *7ber* = *September*, *8ber* = *Oktober*, *9ber* = *November*, *10ber* oder *Xber* = *Dezember*. Die Abkürzung *-ber* ist auch als *-bris* wiedergeben.

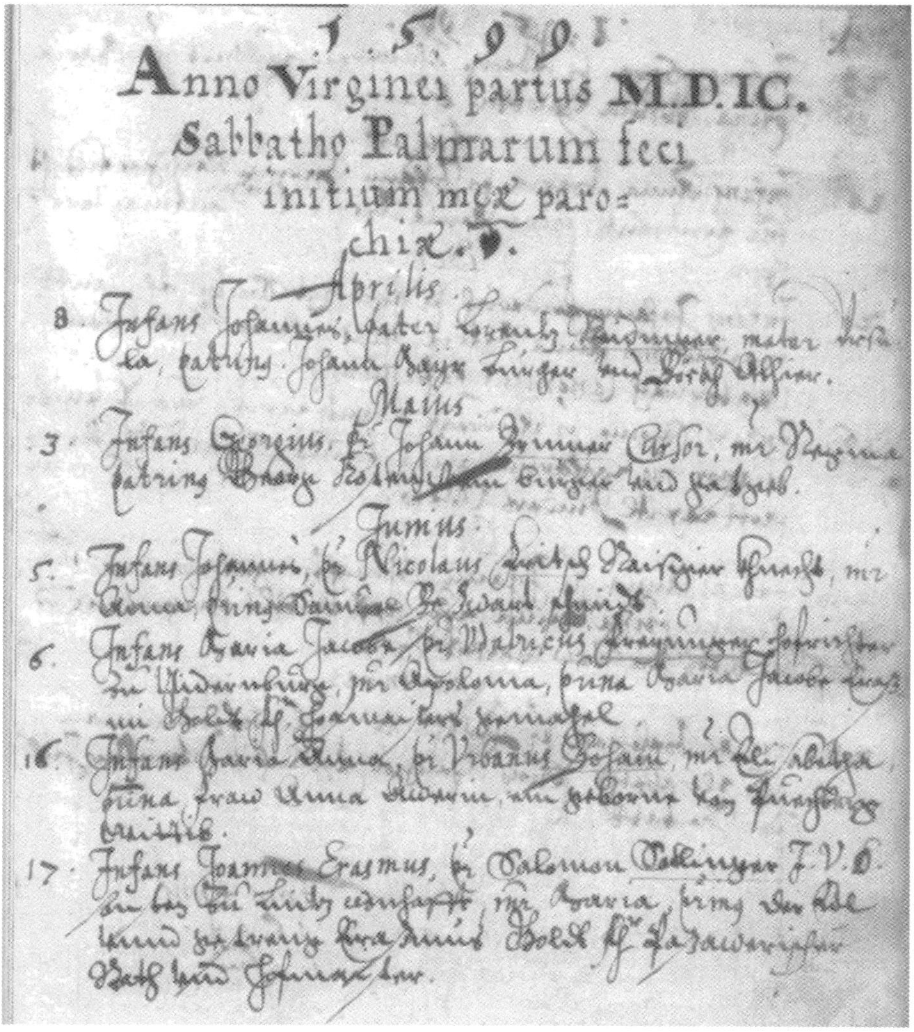
1599.
Anno Virginei partus M.D.IC.
Sabbatho Palmarum feci
initium meæ paro=
chiæ.
Aprilis
Maius
Junius

Erste Seite der Taufmatrikel Sankt Stephan aus Passau (Bayern) von 1599 (Der erste Eintrag lautet: „Aprilis 8, Infans Johannes, patewr Lorentz Reidinger, mater Vrsula, patrinus Johnn Mayr Burger und Böckh alhier")

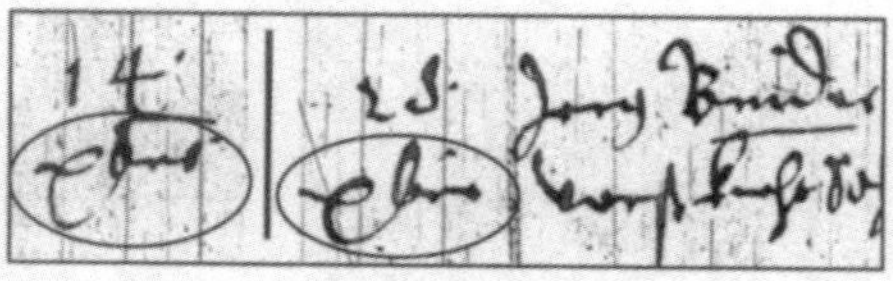

(79-80) Diese Taufeintragungen von 1628 sind auf den *14. Xbris* (December) und *25. Xbris* datiert

Einige alte germanische Monatsnamen wurden in Geburts-, Heirats- und Sterbeaufzeichnungen, aber jedoch nie in Personenstandsregistern benutzt (mit der Ausnahme von *Hornung* = *Februar* in der Schweiz). Diese Namen wurden während der Regierungszeit Karl des Großen als Ersatz für die gebräuchlichen lateinischen Monatsnamen eingeführt.

Januar	Hartung, Eismond	Hartung, Eismond
Februar	Hornung	Hornung
März	Lenzmond, Lenzing	Lenzmond, Lenzing
April	Ostermond	Ostermond
Mai	Wonnemond	Wonnemond
Juni	Brachmond, Brachet	Brachmond, Brachet
Juli	Heumond, Heuert	Heumond, Heuert
August	Erntemond, Ernting	Erntemond, Ernting
September	Herbstmond, Scheiding	Herbstmond, Scheiding
Oktober	Weinmond, Gilbhard	Weinmond, Gilbhard
November	Windmond, Nebelung	Windmond, Nebelung
Dezember	Christmond	Christmond

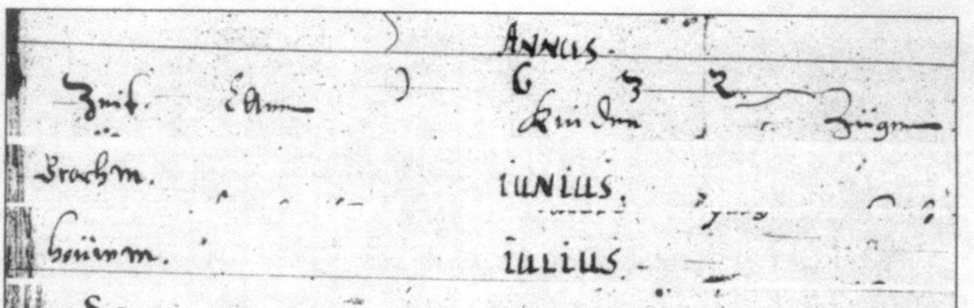

(81) In dieser Schweizer Aufzeichnung sind die Monate Juni bis August als *Brachm.*, *Heum.* und *Augstm.* geschrieben bzw. abgekürzt

Wie gewöhnlich werden geringfügige Schreibvarianten dieser altertümlichen Monatsnamen oder örtlichen Begriffe vorzufinden sein. Daten, die als Zahlen geschrieben werden, treten fast immer in der erwarteten Reihenfolge auf: Tag, Monat, Jahr.

Tages- und Jahreszeiten

In detaillierteren Aufzeichnungen, vor allem in Personenstandsregistern, deutete der Schreiber fast immer an, zu welcher Tageszeit das Ereignis stattfand und wann der Eintrag aufgeschrieben wurde. Die Redensart *„der nächste Tag“* wird oft als *am anderen Tag* oder *am zweiten Tag* beschrieben. Die Namen der Jahreszeiten werden dem Familienforscher vertraut sein, wobei auch hier einige verschiedene Mundarten zu erkennen sind. In den frühen Kirchen-, Geburts-, Heirats- und Sterbeaufzeichnungen (zwischen 1524 und ca. 1800) benutzten Schreiber häufig religiöse Feiertage oder Jahreszeiten, die heutzutage weniger bekannt sind, wie zum Beispiel *Martini* für den 11. November.

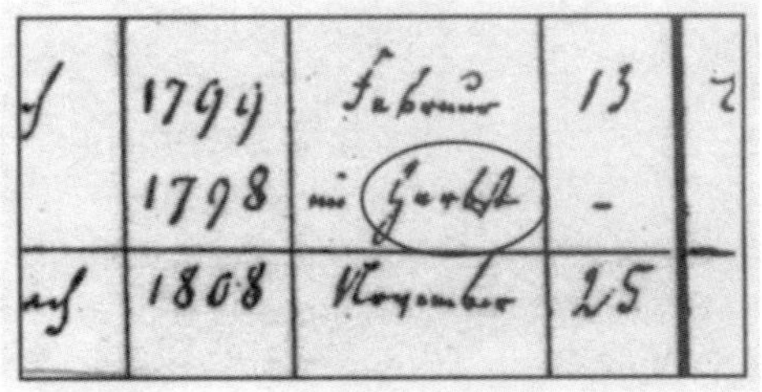

(82) In dieser pfälzischen Familiengemeindeaufzeichnung schrieb der Schreiber *im Herbst* anstatt des genauen Geburtsdatums, da ihm genauere Informationen nicht bekannt waren

Jahresangaben

Während in deutschen Aufzeichnungen das Jahr oft in Ziffern geschrieben wurde, wird es auch in Wörtern ausgeschrieben oder in beiden Formaten zu sehen sein: *1793* oder *siebenzehnhundertunddreiundneunzig*. Wie auch mit anderen Sprachelementen diktiert der persönliche Stil eines Schreibers den Ausdruck der Jahre. Einige schrieben *eintausend achthundert fünfundvierzig* und andere wiederum schrieben *achtzehnhundert fünfundvierzig* oder sogar nach dem englischen Stil *achtzehnhundert vierzig und fünf.* Manche Schreiber fügten *im Jahre unsres Herrn* oder *im . . . ten Jahre nach des Herrn Geburt* den Jahresangaben hinzu.

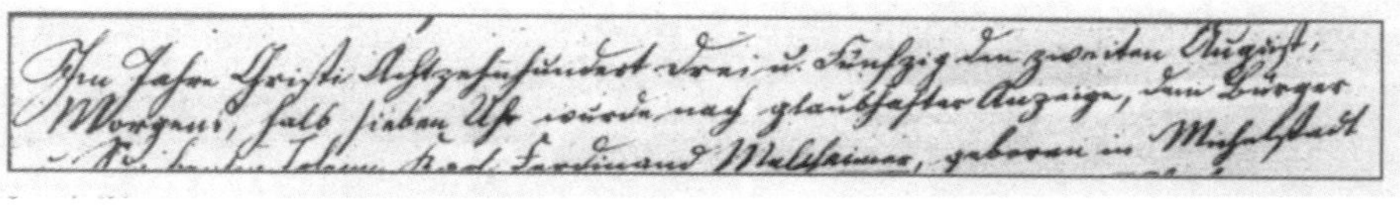

(83) Im frühen 19. Jahrhundert finden wir in Aufzeichnungen präzise Daten in Wörtern geschrieben vor. *Im Jahre Christi Achtzehnhundert drei u. Fünfzig den zweiten August, Morgens, halb sieben Uhr*

Wenn das Jahr in Worten geschrieben wurde, erscheint es meist auch am Anfang einer Seite oder am Seitenrand in Ziffern. Solche Anhaltspunkte können wichtige Hilfen im Entzifferungsprozess sein, sollten aber mit Vorsicht benutzt werden, da sich die Jahresangabe oft in der Mitte einer Seite ändert.

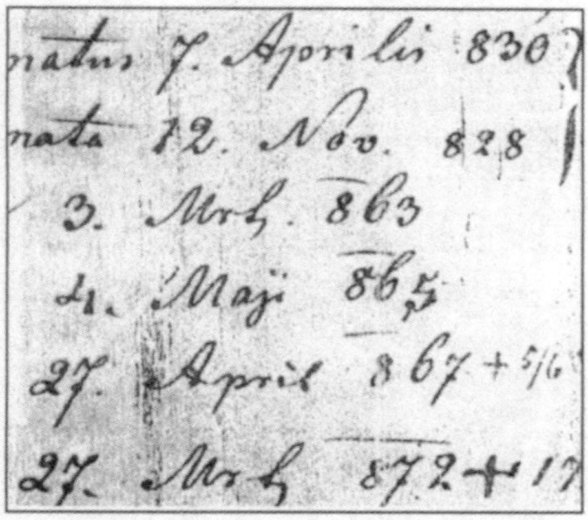

(84) In dieser deutschen Aufzeichnung ließ der Schreiber die Anfangs *1* in den Jahreszahlen weg

Eine bedeutende Änderung im Schreiben von Jahreszahlen kann in österreichischen Aufzeichnungen nach 1783 festgestellt werden. Damals ordnete Kaiser Joseph II. an, dass alle Kirchenbuchaufzeichnungen in deutscher Sprache zu schreiben seien. Die Anfangs *1* wird oft (wie in *826* als 1826 und *889* als 1889) weggelassen. Diese Verkürzung erscheint aber nicht, wenn das Jahr in Wörtern geschrieben wurde.

Kardinal- und Ordnungszahlen

Kardinalzahlen sind die Zahlen, mit denen wir rechnen oder Mengen und Daten bestimmen, wie zum Beispiel *14 Kinder* und *8 Jahre, 2 Monate, 6 Tage*. Ordnungszahlen sind solche Zahlen, welche die Reihenfolge von Ereignissen oder Gegenständen bestimmen, wie zum Beispiel *das 14. Kind* und *das 1675. Jahr nach Christi Geburt.* Im heutigen Hochdeutsch wird die Ordnungszahl durch einen Punkt nach der Ziffer (14.) gekennzeichnet. Mit einigen kleinen Abweichungen verwandeln die zusätzlichen Buchstaben *–ste, -stem, -ster, -stes, -stems* oder *–te, -tem, -ten, -ter, -tes, -tens* die Kardinalzahlen in Ordnungszahlen um: *am fünfzehnten [fünfzehn-ten] Januar* oder *im zehnten [zehnten] Jahr seines Lebens.*

Abkürzungen von Ordnungszahlen können vorkommen, wobei die zusätzlichen Buchstaben gewöhnlich zu den arabischen Zahlen hinzugefügt werden: *2ten = zweiten, 29sten = neunundzwanzigsten, 1776sten = siebzehnhundertsechsundsiebzigsten.*

(85) Das Datum wurde als *27.igsten Octobris* (Oktober) geschrieben. Diese Variation zeigt die letzte Silbe der Zahl *–ig* und die Ordnungsendsilbe *–sten*

Selten werden Forscher die Schreibweise einer römischen Zahl sehen, welche die arabische Zahl ersetzt, wie etwa *viiten* oder *VIIten* als 7ten.

Festsonntage

Innerhalb der katholischen Kirche wurde jeder Sonntag als Festtag bezeichnet, wobei ihm ein besonderer Name beigelegt wurde. Solche Festtagsnamen wurden zum Teil auch in den Dokumenten der evangelischen Pfarreien verwendet. Beispiele sind *3. Advent* und *3. post Trinitatis.* In einschlägigen Nachschlagewerken (z.B. im *Taschenbuch für Familienforschung*) können für solche Festdaten die Gregorianischen Kalenderdaten bestimmt werden (siehe Kapitel III).

Daten des Kalenders der Französischen Republik

In deutschen Gebieten unter französischer Verwaltung in napoleonischer Zeit wurde fast 14 Jahre lang der sogenannte Kalender der Französischen Republik verwendet. Dieser Kalender richtete sich nach den Mondphasen. Die Daten wurden fast ausschließlich in lateinischen Buchstaben geschrieben und lassen sich daher ziemlich leicht umrechnen (siehe Kapitel IV).

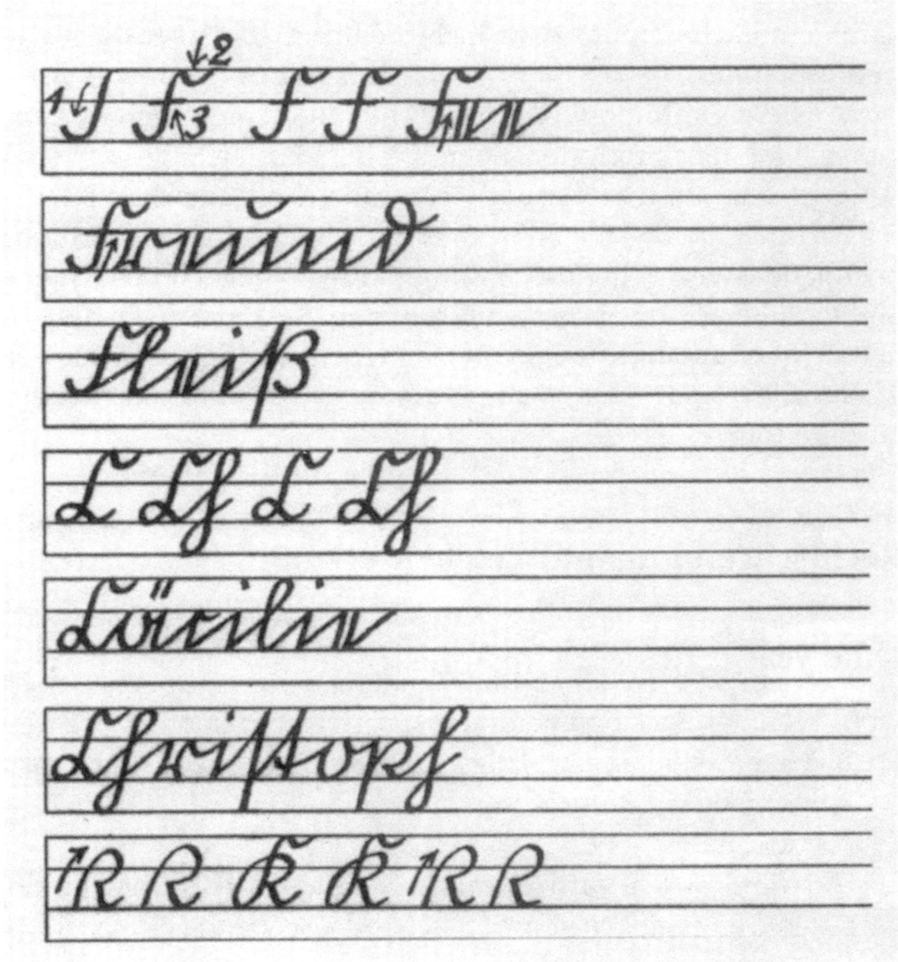

(86) Wer die altdeutsche Schrift lesen will, der soll sie auch schreiben lernen. So kann man sich besser vorstellen, wie Varianten der einzelnen Buchstaben und Ligaturen zustandekommen können. Übung macht den Meister!

Eigentümlichkeiten der deutschen Sprache

Wer Deutsch liest, schreibt, spricht und versteht, der wird auch mit der deutschen Sprache der alten Kirchenbücher und Personenstandsregister ohne Weiteres zurechtkommen – meint man vielleicht. Das ist allerdings nicht immer der Fall. Die Sprache hat sich im Laufe der Zeit verändert. Es kommen also in den alten Geburts-, Heirats- und Sterbeeinträgen manche Satzzeichen, Wörter und Ausdrücke vor, mit denen der Familienforscher heute zwar nicht mehr umgeht aber doch vertraut sein muss.

Was die Grammatik der deutschen Sprache in den vergangenen vier Jahrhunderten angeht, soll man sich dessen stets bewusst sein, dass es vor der Gründung des Deutschen Kaiserreichs im Jahre 1871 weder eine einheitliche Rechtschreibung noch landesweit geltende Grammatikregeln gegeben hat. Wenn der Familienforscher ihm unbekannten Satzbildungen begegnet, neigt er anfangs dazu, von „Fehlern“ zu reden. Statt dessen wären die Ausdrücke „Varianten“ oder „Eigentümlichkeiten“ zutreffender.

Rechtschreibung und Zeichensetzung

Besonders bezüglich der Rechtschreibung und Zeichensetzung findet man in den alten Einträgen manches Fragliche, doch wohl Weniges, was den heutigen Leser verwirren wird:

1) In vielen Fällen vertritt das Komma den Punkt. Manchmal kommt sogar weder Komma noch Punkt vor, wenn ein Satz beendet ist.
2) Der Bindestrich wird ziemlich frei gehandhabt. Ein Bindestrich trennt ein Wort am Zeilenende, wobei das Zeichen (= , -, --, oder _) häufig tiefer liegt.
3) Die Groß- oder Kleinschreibung ist unter Schriftführern nicht einheitlich. Man darf daher nicht voraussetzen, dass etwa die Anfangsbuchstaben bei Namen von Personen und Orten immer groß geschrieben worden sind. Andererseits findet der heutige Leser oft Wörter, deren Anfangsbuchstaben groß geschrieben worden sind, wo es unangebracht

scheint, beispielsweise bei Zahlen mitten im Satz (*Fünf und Zwanzig* – dazu getrennt!) oder Umstandswörtern (*Morgens* und *Abends*). Manchmal begegnen große Buchstaben mitten im Wort.

4) Die altmodische Verwendung oder Verdopplung bestimmter Buchstaben ist inzwischen offiziell abgeschafft worden und dürfte heute kaum Probleme verursachen. Beispiele: *gebohren, Geburthsakt, Heirath, Todte, Märtz, Holtzhacker, Vatter, zwantzig, siebenzehn, mitt, auserhalb.*

5) Mehrere Hauptwörter findet man mit dem veralteten Zusatz-e im Dativ (Wemfall) bei Maskulinum und Neutrum. Wörter wie *Manne, Buche, Sohne, Tage* und *Kinde* stellen bei der Entzifferung keine große Herausforderung dar, aber im Gotischen sind sie anfangs nicht so leicht zu erkennen: Manne, Buche, Sohne, Tage und Kinde. Auch das Pronomen *ihme* = ihme wurde in vergangenen Jahrhunderten häufig verwendet.

Satzbau und Syntax

Auf dem Gebiet der Satzstruktur bzw. Syntax begegnet der moderne Leser auch „Abweichungen" vom heutigen Stil. Beispiele:

1) Das Verb befindet sich nicht immer am erwarteten Platz, wie etwa das Partizip am Ende eines Satzes oder Nebensatzes (*Das Kind wurde getauft am 24.3. morgens um 8 Uhr* oder *Sie wurden ehelich zusammengegeben nach drei Proklamationen*).

2) Das Hilfsverb fehlt manchmal ganz, was in der Dichtersprache durchaus gängig ist: *Hinrich Gerd Tiemann, der gestern früh verstorben [ist].*

Sonstige typische damalige Schreibweisen sind:

1) Einzahl und Mehrzahl werden nicht immer streng unterschieden: *Er hat sein Alter gebracht auf 28. Jahr und 6. Monat.*

2) Häufige Abkürzungen sind an der Tagesordnung: *Die Eltern sind Bart Schnelle u. s. ehel. Hausfrau Engel eine g. Mertelsmann [und seine eheliche ... geborene].*

3) Das Vor- oder Nichtvorkommen des Umlautes wo dieser zu erwarten ist: *der hiesige Ortsburger, den zweÿten Merz.*

4) Die Silbe bzw. Endung *-in* bei Familiennamen von Frauen: Im heutigen Hochdeutsch kann man bei Berufsbezeichnungen, Staatsangehörigkeit, und in anderen Fällen die Buchstaben *-in* hinzufügen, um eine Frau zu kennzeichnen. Der Brauch herrschte bis ins 19. Jahrhundert auch bei Mädchennamen und Familiennamen von Frauen. Dementsprechend war die *Maria Haspelin* die Tochter des *Martin Haspel* und *Helene Dörmännin* die Tochter von *Gerd Dörmann*. Die Ehefrau von Claus Richter hieß in den Kirchenbüchern *Clara Angela Richter geb. Meyerin*. Familienforscher schreiben lieber den eigentlichen Namen als die Frauenvariante, d.h. *Dörmann* statt *Dörmännin*. Im letzteren Fall entfällt der Umlaut, der nur dann in der ausgehenden Silbe entsteht, wenn die Endung *-in* hinzukommt. Allerdings kann es auch vorkommen, dass die Buchstaben *-in* zum eigentlichen Namen gehören, wie im Nordosten des deutschen Sprachraums, wie etwa *Penzlin* (nicht von *Penzel* abgeleitet).

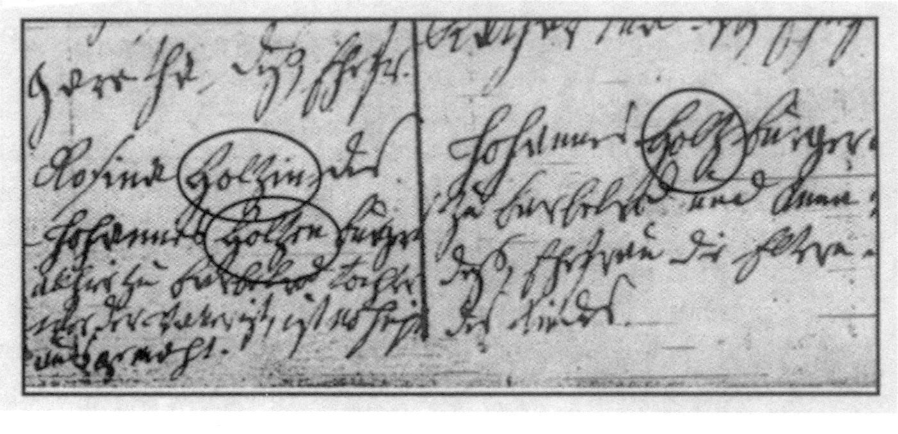

(87) Dieser Eintrag zeigt denselben Nachnamen in drei Varianten: *Holz* ist der eigentliche Familienname, *Holzin* die weibliche Variante, *Holzen* die Possessiv- (Genitiv-) Variante

5) Im Genitiv (Wesfall) fügt man heute meistens *-s* oder *-es* dem Hauptwort hinzu. In Urkunden, die vor 1900 entstanden sind, findet man auch die Letztbuchstaben *-n, -en*, oder *-ens* (selten!) als Genetiv-Zusatz. Folglich findet man Bildungen wie: *des Heinrich Hechten Sohn = der Sohn von Heinrich Hecht; des Clausen Heinke Frau = die Frau des Claus Heinke; des Jakob Zimmern Frau = die Frau von Jakob Zimmer.*

Altertümliche Wörter und Redewendungen

Der Leser im 21. Jahrhundert wird sich kaum wundern, Wörter und Redewendung in den alten Einträgen zu finden, die einem zwar fraglich oder fremd vorkommen, die aber immerhin verständlich sind: *allda, allhier, dahier = hier, hiesig; am andern Tag = am darauffolgenden Tag; Oheim = Onkel,* u. v. a.

Die meisten Redewendungen, die in Kirchenbüchern und Personenstandsregistern vorkommen, sind wenigstens vom Sinn her zu erkennen, wie etwa: *Die Frau des Hinrich Meyer zu Uphausen ist mit einem Kind männlichen Geschlechts nieder gekommen = ... hat ein Kind ... geboren* oder *...[er] wurde tags darauf zur Erden bestättiget = ... wurde ... begraben.*

Manche Ausdrücke kommen nicht mehr im heutigen Wörterbuch vor und müssen in älteren Wörterbüchern nachgeschlagen werden: *weiland = verstorbene; Auszehrung* bzw. *Schwindsucht = Tuberkulose; Pfister = Bäcker.*

Mundart- und Dialektvarianten können dem Leser ebenso Schwierigkeiten beim Lesen und Entziffern alter Einträge bereiten. So ist im Süddeutschen der Terminus *Kirchspiel* als *Pfarre* nicht bekannt. Die wenigsten gebürtigen Norddeutschen wissen, dass das Wort *Griesbaum* im Süden den *Kirschbaum* bezeichnet. Die Bezeichnung des Taufzeugen wird im historischen Sprachraum, d.h., je nach Sprachgebiet, unterschiedlich wiedergegeben, z.B. *Pate, Petter, Göd, Pett, Vatter, Dot, Gevadder, Pfetterich, Valler, Varrer, Det, Dut, Patherr, Patermann.* Im Norden war der Ahnvater vielleicht als *Böttcher/Bödecker* bekannt, im Westen eher *Kiefer/Küfer,* im Südosten *Binder.*[35] Manche Berufsbezeichnungen sind sogar völlig erloschen, wie etwa *Pfragner = Kleinhändler.*[36]

---

[35] König, S. 171.

[36] Pies, S. 223.

Phonetische Schreibvarianten und Dialektverhältnisse

Vor der Einführung einheitlicher Rechtschreiberichtlinien im deutschen Kaiserreich - man denke an die Bestrebungen von Conrad Duden in den 1870er Jahren - waren Varianten in der Schreibweise vieler Wörter eher die Regel als die Ausnahme. Dies betrifft vor allem den Wechsel von Konsonanten und Vokalen zwischen Dialekten, wie die unten aufgeführten Beispiele erkennen lassen:

Wechsel	Beispiele
ä ↔ e	*Heiligenstätt = Heiligenstett, März = Merz*
b ↔ p	*Hapspurg = Habsburg = Habspurg, Bauer = Pauer*
d ↔ t	*Schmidt = Schmid = Schmit, Hohental = Hohendal*
ei ↔ ey/ai/ay	*Main = Mein = Mayn = Meyn*
f ↔ v	*bevor = befor, vier = fier, Föhren = Vören*
f ↔ ph	*Filip = Philipp, Filomena = Philomena*
g ↔ k/c	*Gummersbach = Kummersbach = Cummersbach*
ß ↔ ss/s	*Fußgönheim = Fussgönheim = Fusgönheim*
u ↔ w	*Ehefrau = Ehefraw = Ehefrauw*
v ↔ w	*Werner = Verner*
x ↔ ks/hs	*Fuchs = Fux = Fucks*
ÿ ↔ y/ei	*Speÿer = Speyer = Speier*
z ↔ tz/ts	*Habitzheim = Habizheim = Habitsheim*

Umlaute wurden damals nicht immer wie erwartet geschrieben (*Tagelöhner = Tagelohner* - wie oben beschrieben). Übrigens gehörte der Umlaut gar nicht zum lateinischen Alphabet und musste deswegen ausgeschrieben werden (siehe Kapitel III) oder aber ganz wegfallen. Daher erscheinen die Buchstaben *ä* als *ae* oder *æ*, *ö* also *oe* oder *œ*, und *ü* als *ue* (als Ligaturen bekannt).

Außerdem kommen Umlaut-Varianten vor, die die sogenannte „Rundung/Entrundung" wiederspiegeln:

Wechsel	Beispiele
ö ↔ e	*möchte = mechte. Bönstadt = Behnstadt*
ü ↔ i	*fünf = finf, Kürschner = Kirschner*
eu ↔ äu	*Breutigam = Bräutigam*
ei ↔ eu/äu	*Deutsch = Daitsch, Reiter = Reuter = Räuter*

Um sich nicht verwirren oder ablenken zu lassen, fragt man beim Entziffern alter Handschriften nicht „Warum hat man damals das Wort nicht wie heute geschrieben?" sondern „Wie hat man damals das Wort wohl geschrieben?" Man wird stets auf Schreibvarianten stoßen.

Personennamen

Im Allgemeinen geht es dem Familienforscher um die Erschließung der Namen von Ahnen. Daher ist es unerlässlich, dass bei der Transkription (Umschreibung) die richtige Schreibweise der Vor- und Familiennamen festgesetzt wird. Es gibt eine fast unermessliche Anzahl von Vor- und Familiennamen, wobei viele von ihnen auch als Schreibvarianten erscheinen. Falls das Ermitteln der herrschenden Variante sich als schwierig erweist, empfiehlt es sich, nach ABC-Verzeichnissen zu suchen, die vom Urschriftführer, einem späteren Schreiber, oder einem erfahrenen Forscher erstellt worden sind. Es gibt auch mehrere Nachschlagewerke, die eine Vielzahl von Vornamen (auch aus dem Ausland) mit Varianten - meist nach Geschlechtern geordnet - bieten.

Nachschlagewerke zur Bedeutung und Herkunft von Familiennamen gibt es zahlreiche. Auch liegen Verzeichnisse auf Kreis-, Landes- oder Bundesebene (besonders in der Schweiz) vor. Erfahrene Forscher erkundigen sich diesbezüglich örtlich. Man kann sich auch an das *International Genealogical Index* der Family History Library wenden; dort findet man mehr als 40 Millionen Namen aus deutschsprachigen Ländern. In manchen Fällen kann man feststellen, wo ein bestimmter Nachname bzw. ob ein bestimmter Nachname in einem bestimmten Gebiet vorkommt, z.B. im Rheinland, in Hessen usw. Zu beachten ist jedoch, dass nicht alle in veröffentlichten Verzeichnissen vorkommenden Namen von erfahrenen Forschern eingereicht worden sind.

Ortsnamen

Mit der Zeit gewöhnt man sich an die Personennamen in einer bestimmten Pfarrei oder einer Ortschaft. Daher kann man voraussetzen, wie ein schwer lesbarer Vor- oder Familienname zu lesen ist. Dies trifft allerdings nicht so häufig bei Ortsnamen zu. Namen von Ortschaften sind dem Familienforscher manchmal wichtiger als etwa ein Geburts- oder Heiratsdatum. Wenn man auch schon weiß, dass die in Frage kommende Ortschaft nicht zur örtlichen Pfarrei oder zum Standesamtsbezirk gehört, kann es ungemein schwierig sein, den Ortsnamen zu entziffern. Alte Ortsverzeichnisse und Landkarten können bei der Suche hilfreich sein. Der Name eines Nachbarorts lässt sich oft im Handumdrehen auf der Karte finden. Wesentlich länger dauert das Ermitteln eines solchen Namens, wenn man mühsam Buchstabe um Buchstabe unter Anwendung sämtlicher beschriebener Arbeitsmethoden vorgehen muss.

Ein weiteres gutes Werkzeug zum Entziffern schwer lesbarer Ortsnamen ist ein Verzeichnis, in dem die Ortsnamen rückwärts (computersortiert) aufgeführt sind. Das heißt, dass die Ortsnamen auf –a, -ba, -da usw. am Anfang der Liste stehen. Kann der Forscher daher lediglich die letzten Buchstaben eines Namens entziffern, so liest er „rückwärts" auf den Anfang des Ortsnamens zu., bzw. von rechts nach links. Auf diese Weise erfährt man, welcher Ortsname mit den erkennbaren Buchstaben endet, oder aber man stellt fest, dass beispielsweise nur zwei, drei usw. Ortsnamen so zu Ende gehen. Das alphabetisch rückwärts sortierte Verzeichnis hilft besonders dann, wenn der Anfang des Ortnamens gänzlich fehlt, z.B. wenn die Seite abgerissen oder zerfranzt, die Schrift verblasst oder im Falz versteckt ist (siehe auch S. 194).

Beispiel eines rückwärts sortierten Ortsverzeichnisses:

Geisberg – Johannisberg – Felsberg – **Helmsberg** – Darsberg – Ebersberg – Kellersberg

Kann man z.B. nur die Letztbuchstaben *-msberg* in dem hessischen Ortsnamen Helmsberg lesen, so sucht man im rückwärts sortierten Ortsverzeichnis. In Hessen kommt nur ein Ortsname mit jenen Buchstaben vor, nämlich Helmsberg.

Zur Zeit stehen rückwärts sortierte Ortsverzeichnisse für historische Provinzen in Deutschland und für die ganze Schweiz zur Verfügung.[37]

Der Inhalt von Kirchenbüchern und Personenstandsregistern

Zuerst muss man feststellen, in welcher Sprache ein Kirchen- oder Personenstandsbuch geschrieben worden und was der allgemeine Inhalt ist. Dabei kann man zwischen zwei Arten unterscheiden: die ausgewerteten und die unausgewerteten.

Gehört das Kirchenbuch oder Personenstandsregister zum Bestand eines Archivs, so ist es in der Regel beschrieben. Man kann davon ausgehen, dass man sich auf solche Beschreibungen verlassen kann. In der Beschreibung eines Buches oder eines Mikrofilms usw. kommen meist verschiedene Eintragungen vor. Man muss suchen, um den richtigen Eintrag, die gewünschte Seite, o.ä. zu finden. Hinweise findet man auf Titelseiten, in Anweisungen vom Fotografen des Mikrofilms bzw. Microfiches, auf eingeschobenen Blättern oder aber vorne auf Mappen, Mikrofilmkartons, oder im Inventar des Archivs. Das eigentliche Urkundenbuch weist Überschriften auf, wie z.B. *Geburten, Heiraten, Begrabene*. Sobald man mit Gewissheit feststellt, dass man das gewünschte Buch vor sich hat, so kann man anfangen, nach bestimmten Personen zu suchen und die Einträge mit den in Frage kommenden Familiennamen zu entziffern.

---

37 Die Reihe der bisher veröffentlichten rückwärts sortierten Ortsverzeichnisse umfasst folgende historische deutsche Länder: Baden, Brandenburg, Braunschweig mit Oldenburg und Thüringen, Hannover, Hessen, Hessen-Nassau, Mecklenburg, die Pfalz, Pommern, Posen, Rheinland, Sachsen (Königreich), Sachsen (Provinz), Schleswig-Holstein, Westfalen, Württemberg. Der Herausgeber ist GRT Publications in Provo, Utah, USA (siehe Literaturverzeichnis). Für die Schweiz liegt eine CD vor.

Ist das Dokument, das Buch, oder der Mikrofilm nicht ausreichend beschrieben oder eingestuft, so fängt man an, die Anfangsseiten zu lesen, um nach Merkmalen zu suchen, die einen wissen lassen, was die Seiten beinhalten. So gelangt man an die Stelle, wo die eingehende Suche ansetzt. Man sucht nach Titeln und Wörtern, die angeben, was für einen Inhalt die Seite bietet. Dabei geht man vom Allgemeinen zum Speziellen vor. Man bildet Theorien und bestätigt oder widerlegt sie. Zum Glück kommt es sehr selten vor, dass ein Kirchenbuch auf einer Seite Tauf-, Heirats- und Begräbniseinträge bringt. Noch seltener hat der Standesbeamte so eine Kombination von Daten in den Personenstandsregistern eingetragen. In Kirchenbüchern findet man gelegentlich auch Geschichtliches, Protokolle, Konfirmationslisten, Beichtverzeichnisse und dergleichen. Auf Mikrofilm findet man derartige Dokumente seltener. Deshalb muss man im örtlichen Pfarramt oder im Diözesanarchiv bzw. Kirchenarchiv danach suchen.

Allgemeine Strategien zur Entzifferung deutscher Handschriften in Kirchenbüchern

Die drei Hauptmethoden, um Geburts-, Heirats- und Sterbeeinträge in Kirchenbüchern und Personenstandsregistern zu analysieren, sind folgende:

1. Man sucht nur die wichtigsten Namen und Daten heraus.
2. Man entziffert alle Buchstaben und jedes Zeichen.
3. Man übersetzt den Text in heutiges Deutsch.

Jede Methode wird einen unterschiedlichen Grad an Aufwand in der Entzifferung von handschriftlichen Einträgen erfordern. In den folgenden Kapiteln werden wir Taktiken für jede dieser Methoden besprechen.

Die wichtigsten Einzelheiten heraussuchen

Viele Familiengeschichtsforscher sind nicht daran interessiert, jedes letzte Wort in jedem scheinbar wichtigen Eintrag zu erkennen und zu verstehen. Viele suchen nur nach bestimmten

Familiennamen, ermitteln dann, ob die gesuchte Person ein Mitglied der Familie ist und forschen anschließend nach weiteren Einzelheiten bis sie das, was sie zur Fortsetzung brauchen, gefunden haben. Im Allgemeinen werden Seiten mit Spalteneintragungen schneller als Paragrapheneintragungen gelesen. In Letzteren wird jedoch gewöhnlich der Familienname der Hauptperson unterstrichen oder im lateinischen Alphabet geschrieben sein, was den Leseprozess einfacher gestaltet. Mit der Anwendung der folgenden Taktiken kann jeder Eintrag - egal welches Format die Aufzeichnung hat - zügiger ausgewertet werden:

1) Finden Sie die Hauptperson(en) - Kind(er) und Eltern, Braut und Bräutigam, verstorbene Personen - heraus.
2) Stellen Sie die Daten (egal ob in Zahlen oder Worten ausgedrückt) fest; es wird eventuell mehr als ein Datum geben (Geburts- und Taufdatum, Proklamations- und Hochzeitsdatum, Todes- und Begräbnisdatum, Aufzeichnungs- und Ereignisdatum).
3) Erkennen Sie Verben wie zum Beispiel *geboren, getauft, gestorben, beerdigt, verheiratet.*
4) Finden Sie Ortsnamen (Heimatort/-stadt, Pfarrdorf, Gemeindeort, Stadt-/Landkreis).
5) Ermitteln Sie den Beruf und/oder den Stand wichtiger Personen (Landwirt/Bauer, Fleischer, Witwe/Witwer, Staatsbürger, Ratsherr, Kirchenältester).
6) Ermitteln Sie die Namen der Taufpaten und Zeugen, des Pfarrers oder Schriftführers.
7) Erkennen Sie wichtige Adjektive (ehelich, unverheiratet/ledig, ehemalig/früher).
8) Stellen Sie andere wichtige Zahlen fest (Tageszeit, Alter der Hauptperson, Hausnummer, Anzahl der Kinder).
9) Ermitteln Sie sonstige Einzelheiten (stilistische Begriffe, offizielle oder gesetzliche Einleitungsphrasen, Unterschriften, Randbemerkungen des Schreibers).

Einige Forscher werden - je nach dem, wie viel Einzelheiten gewünscht sind - mit der Ermittlung von Informationen, die unter den oberen Punkten 1-5 aufgelistet sind, zufrieden sein. Jeder Forscher wird für sich selbst entscheiden müssen, wie viele Einzelheiten er von einer Aufzeichnung ausfindig machen will.

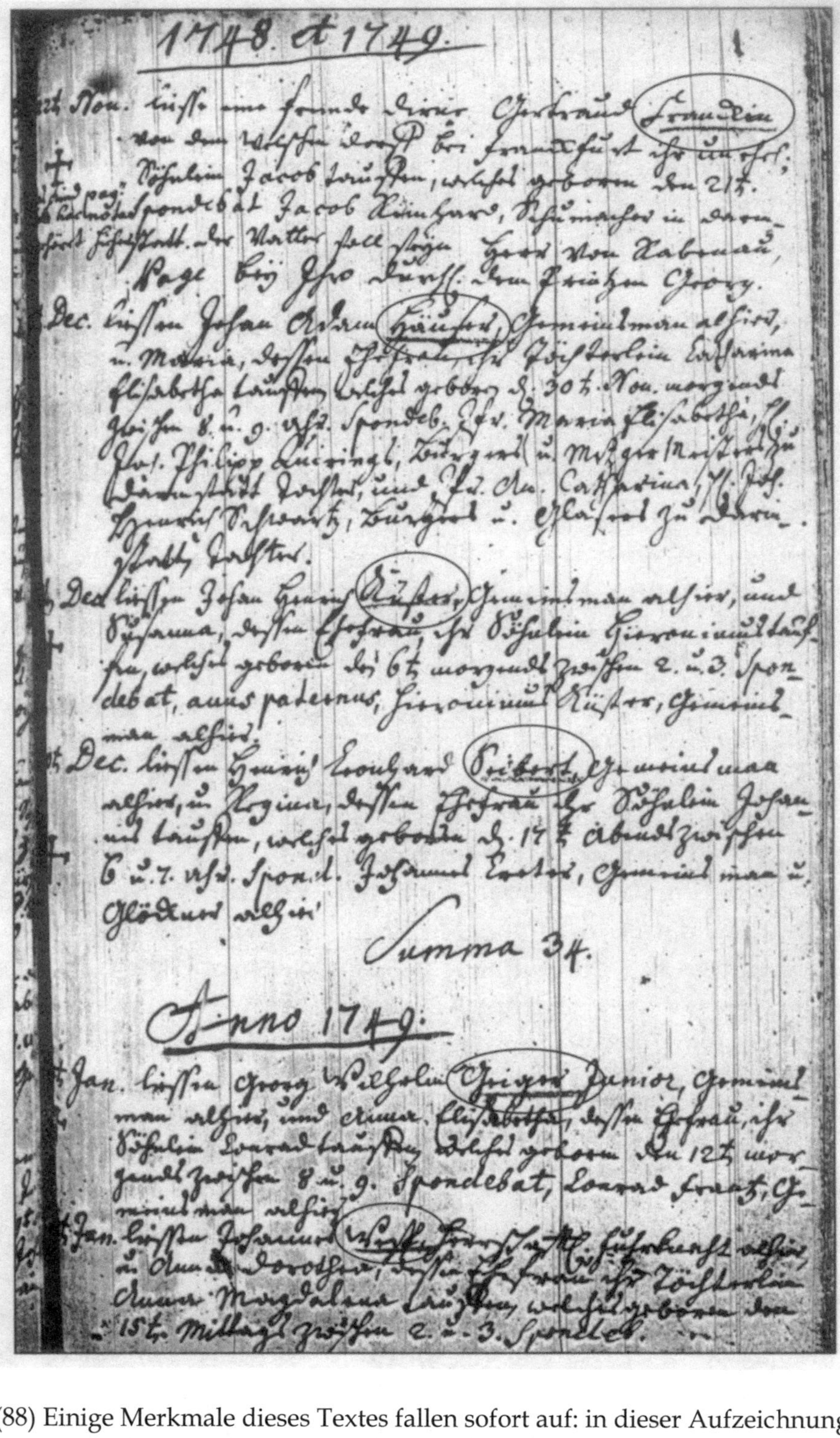
1748. et 1749.

Summa 34.

Anno 1749.

(88) Einige Merkmale dieses Textes fallen sofort auf: in dieser Aufzeichnung ist das Jahr offensichtlich und jeder Hauptfamilienname (nur einer pro Eintrag) unterstrichen. Das Abfragen eines bestimmten Jahres oder Familiennamens wird dadurch wesentlich erleichtert

Es ist nicht erforderlich, eine gesamte Eintragung zu bearbeiten. Letzten Endes bringen einige Personenstandsregister eine Menge belangloser Informationen (z.B. Hinweise auf maßgebende Paragraphen des Staatsgesetzes hinsichtlich der Heirat), für deren Daten sich kein Forscher interessiert oder sich die Zeit zum Übersetzen nimmt.

Alle Buchstaben und jedes Zeichen in das heutige Alphabet umschreiben

Eine bewährte Methode - die sowohl von Anfängern als auch von erfahrenen Forschern verwendet wird - ist die buchstabengetreue Wiedergabe oder Umschreibung eines Eintrages, man entziffert also den Urtext. Gelingt dieses, so wird die Übertragung oder Übersetzung eines Eintrages und das Auswählen der Geburts-, Heirats- und Sterbedaten viel einfacher sein. Hier ist ein Beispiel einer Niederschrift in verschieden Stufen:

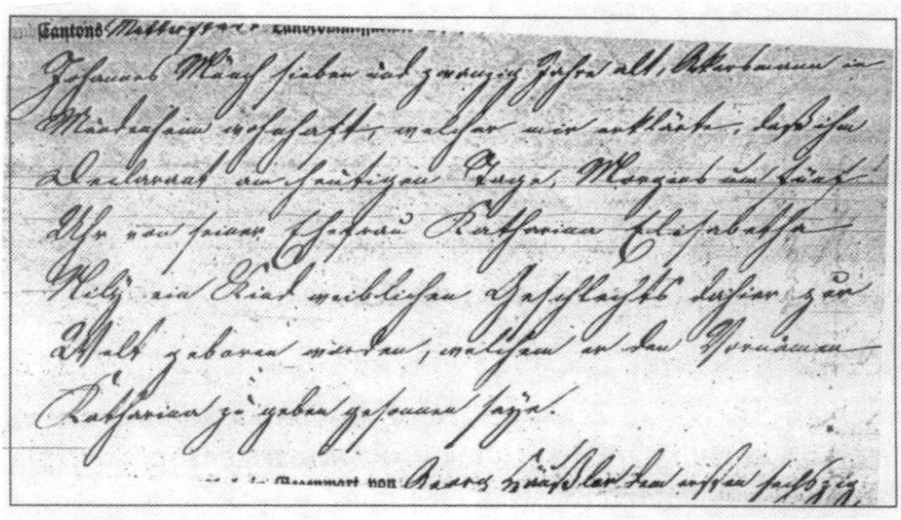

(89) Das Ziel ist, diesen typischen Geburtseintrag aus einem Standesregister in heutiger Schrift korrekt wiederzugeben (zu transkribieren)

Der erste Versuch einer buchstabengetreuen Umschreibung könnte so aussehen:

1) Johannes _ _ _ _ _ sieben und zwanzig Jahre alt, _ _ _ _ _ mann in
2) M _ _ _ enheim wohnhaft, welcher mir _ _ _ _ _ rte, daß ihm
3) _ _ _ _ _ _ _ _ _ _ am heutigen Tage, Morgens um _ _ _ _

4) Uhr von seiner Ehe _ _ _ _ Katharina Elisabetha
5) _ _ _ _ ein Kind weiblichen Geschlechts da _ _ _ _ zur
6) Welt geboren _ _ _ den, welchem er den Vornamen
7) Katharina zu geben ge_ _ _ _ _ _ s_ _ _ .

In unserer Umschreibung lassen wir ein Leerzeichen für jeden noch nicht identifizierten Buchstaben und versuchen die Fehlräume einen nach dem anderen auszufüllen. Die folgenden sind beim ersten Mal nicht leserlich entzifferbar: Namen (zweimal), Wörter (zweimal), Teile eines Namens (einmal), und Teile eines Wortes (achtmal). Der Analysenvorgang könnte sich so gestalten:
Zeile 1: Der umgelautete Buchstabe bietet anfangs Schwierigkeiten. Nachdem die anderen Seiten der Standesregister und das ABC-Verzeichnis zu Rate gezogen werden, wissen wir, dass der Familienname *Münch* ist. Das auf *...mann* ausgehende Wort muss wohl ein Beruf sein. In der ländlichen Gemeinde kommt fast immer nur der Bauer oder ein Handwerker vor. Von rechts nach links lesend finden wir im rückwärts sortierten Verzeichnis das Wort *Ackermann.*
Zeile 2: Das erste Wort muss wohl der Wohnort sein. Höchst wahrscheinlich gehört der Ort zur Pfarrei und lässt sich auf der Landkarte gleich finden: *Mundenheim.*
Zeile 3: Das Wort ist nicht ohne Mühe zu erraten, denn es kommt in Kirchenbucheinträgen kaum vor. Wer sich mit Standesregistern auskennt, vermutet an dieser Stelle etwas Offizielles. Das Wort *Declarant* bezeichnet den Mann, der den Bericht erstattet bzw. die Aussage macht.
Zeile 4: Was als Hauptwort mit *Ehe-* anfängt, muss leichter zu entziffern sein. Man denke zunächst an *Ehefrau, Ehemann.* Weil das Wort *seiner* davorsteht, kann nur *Ehefrau* gemeint sein. Die Anzahl der fehlenden Buchstaben stimmt.
Zeile 5: Das fehlende Wort am Zeilenanfang folgt den zwei Vornamen und kann daher ein Familienname sein. Unsere Schriftvorlage zeigt einen großen Buchstaben, der ähnlich ist, wenn ein kleiner blumenhafter Bogen oben rechts hinzukommt: *N.* Wenn wir feststellen, dass nur ein kleine Buchstabe einen Schwanz und einen *Umlaut* besitzt, nämlich das *ÿ*, so ist der seltene Nachnamen *Nily* erraten. Das „rückwärts sortierte al-

phabetische Verzeichnis" hilft uns bei der Richtigstellung von *dahier* (hier, örtlich).
Zeile 6: Wer den Satz vollständig liest, stellt fest, dass hier ein Verb bzw. Hilfsverb fehlt. Weil ein Partizip schon entziffert ist (*geboren*), so vermutet man ein Hilfsverb danach. Das Ende _ _ _ *den* passt zu dieser Voraussetzung. Das Partizip lässt den Passiv-Stil erkennen, wozu das Hilfsverb fast immer eine Variante von *werden* sein muss.
Zeile 7: Es ist dem Leser ausreichend klar, dass das Kind auf den Namen Katharina getauft wurde. Daher braucht man nicht unbedingt zu wissen, was die letzten Wörter sind. Jedoch stellt man fest, dass das Verb fehlt und man vermutet die Auslegung: der Vater *wollte* (etwa: *war entschlossen*) dem Kind den Namen geben. Mit *ge* und s und *nn* hat man die Hauptbestandteile des Wortes *gesonnen* herausbekommen. Das veraltete Wort *seÿe* lässt sich Buchstabe um Buchstabe rekonstruieren, was den Leser daran erinnert, dass er stets alte Ausdruckweisen berücksichtigen muss.

Die vollständige Niederschrift oder Umschreibung lautet:

1) Johannes Münch sieben und zwanzig Jahre alt, Ackermann in
2) Mundenheim wohnhaft, welcher mir erklärte, dass ihm
3) Declarant am heutigen Tage, Morgens um fünf
4) Uhr von seiner Ehefrau Katharina Elisabetha
5) Nilÿ ein Kind weiblichen Geschlechts dahier zur
6) Welt geboren worden, welchem er den Vornamen
7) Katharina zu geben gesonnen seÿe.

Offensichtlich kann diese Methode mehr Zeit in Anspruch nehmen als das einfache Herauslesen der wichtigsten Einzelheiten eines Eintrages. Da aber der Text nun transkribiert ist, braucht der Forscher sich nicht auf sein Gedächtnis zu verlassen, wenn er sich den Eintrag später wieder ansieht. Er kann die Arbeit jederzeit unterbrechen und wenn Hilfe notwendig ist, einem Fachmann das Entzifferte zeigen.

Zusätzliche Taktiken bei der Entzifferung der deutschen Handschrift in Kirchenbüchern

Schlechte Papier-, Stift- und Tintenqualität und eine ungleichmäßige Handschrift erschweren dem Familiengeschichtsforscher die Arbeit. In anderen Fällen sind Originale durch unsachgemäße Lagerung und witterungsbedingte Faktoren schwer lesbar geworden oder sind unsachgemäß verfilmt worden. Das kann zu Schwierigkeiten bei der Entzifferung von Geburts-, Heirats- und Sterbeeinträgen führen. Folgende Taktiken können angewandt werden, wenn der Forscher Schwierigkeiten mit der Identifizierung von schwer lesbaren Buchstaben oder Wörtern hat:

Alphabetisches Verzeichnis

Nicht immer denken Forscher daran, Geburts-, Heirats- und Sterbeaufzeichnungen nach Anhaltspunkten auf Namen und Daten zu überprüfen. Da einige Kataloge nicht anzeigen, ob Hinweise für eine bestimmte Gemeinde existieren, regt dies den Forscher zu einer größeren Aufmerksamkeit bei seiner Suche an. Wir müssen wiederum berücksichtigen, dass vielleicht die Hinweise unvollständig oder ungenau sind. Rechtschreibänderungen – die über Generationen hinweg in Namen vorgenommen wurden – können weniger erfahrene Forscher verwirren, aber einige Hinweise sind besser als gar keine.

Chronologie

Bei entzifferten Daten (besonders in mit Worten ausgeschriebenen Monatsnamen und Zahlen) ist es gewöhnlich möglich, die vorangehenden und die folgenden Eintragungen herauszusuchen, was die Entzifferung des gesuchten Tages oder Monats einengt. Wenn zum Beispiel der Name des Monats unklar ist und es entweder März (März) oder Mai bzw. May (Mai) heißen könnte und die vorangegangene Eintragung den Monat April des selben Jahres zeigt, kann die Frage leicht beantwortet werden: Mai. Ist die Zahl entweder eine 1 oder eine 7 und der vorherige Eintrag zeigt den 5. Tag desselben Monates, dann ist die korrekte Ziffer identifiziert: 7.

Musteralphabet

Für Forschungsanfänger, welche die Aufzeichnungen einer einzigen Gemeinde studieren, mag es von Nutzen sein, vom entsprechenden Schreiber einen Darstellungssatz von Klein- und Großbuchstaben anzufertigen. Dies wird sich besonders dann lohnen, wenn ein Schreiber für eine lange Zeit Schriftführer gewesen ist. Dieser Ansatz könnte sogar die Benutzung von verschiedenen Varianten des gleichen Buchstaben oder zumindest geringfügige Änderungen in Schreibstilen über die Jahre hinweg deutlich machen. In sehr großen Kirchengemeinden – wie z.B. die der *Stiftskirche* der Innenstadt Stuttgarts – wo gleichzeitig mehrere Schriftführer tätig waren, würde solch eine Methode allerdings keine große Hilfe sein. Außerdem muss man berücksichtigen, dass viele Schreiber das lateinische Alphabet für Namen und das deutsche Alphabet für andere Wörter benutzten (siehe Kapitel III). Der Forscher soll letztendlich für den Zweck von aktuellen Hinweisen genau angeben, welche Aufzeichnung die Grundlage für das Musteralphabet war (einschließlich Ort, einbezogene Jahre und Mikrofilm- oder Buchnummern).

Das orthografische Umfeld

Wir wissen, dass bestimmte Vokale phonetisch nicht gut mit anderen Vokalen oder anderen Konsonanten „zusammenpassen“ (auch wenn es einen massiven Datenbestand und eine aufwändige Auswertungsuntersuchung erfordern würde, um Beweise dafür vorzulegen). Wenn man sich quälend über einem einzelnen Buchstaben eines Wortes oder Namens sitzt, ist es gut, sich an solche Strukturen zu erinnern. Wir wissen zum Beispiel, dass ein beliebiger Vokal einem *n* in derselben Silbe vorausgehen kann, doch können nur zwei Anfangskonsonanten diese Position einnehmen: *g* und *k*. Die Vokale *äu* passen gut zusammen, *uä* dagegen nicht. Die Konsonantenverbindung *sch* ist sehr häufig im Deutschen, während *sih* so gut wie unmöglich ist. Die Kleinbuchstaben *g* und *q* zeigen Ähnlichkeiten auf, das doppelte *gg* wird häufig gesehen, aber ein doppeltes *qq* ist ausgeschlossen.

Syntaktische Analyse

Eine weitere Möglichkeit, schwer lesbare Wörter zu entziffern, bietet die syntaktische Analyse. Man versucht dabei, die grammatikalische oder inhaltliche Funktion des unleserlichen Wortes zu bestimmen. Im Falle eines als Satz verfassten Eintrags kann man beispielsweise prüfen, ob das passende Verb (mit Hilfsverb) fehlt, ob etwa der Name oder Beruf des Vaters noch nicht ermittelt ist, ob das in Frage kommende Wort oder der Ausdruck vielleicht Zeitverhältnisse beschreibt usw. Der folgende Eintrag dient als Beispiel:

Den 26. Juni um zwei Uhr früh wurde in Illeben geboren und am _____ [1] Tag in Langensalza _____ [2]: Johann Heinrich, ein _____ [3] Sohn des Bürgers Johann Conrad Hartmann und seiner Ehefrau Anna _____ [4] geb. Kittner.

Wort [1] müsste den Tag, daher das Datum, beschreiben. Nach *Langensalza* sucht man wohl noch nach einem zweiten Verb [Wort 2], denn im ersten Satz sind zwei Daten angegeben, was auf zwei Ereignisse schließen lässt. Im Kirchenbuch handelt es sich im Falle einer Geburt auch um die Taufe, und zwar fast immer bald darauf. Wort [3] scheint eine Beschreibung von *Sohn* zu sein. Wort [4] dürfte kaum etwas anderes sein als ein weiterer Vorname der Mutter. Der vollständige Text lautet:

Den 26. Juni um zwei Uhr früh wurde in Illeben geboren und am andern *Tag in Langensalza* getauft*: Johann Heinrich, ein* ehelicher *Sohn des Bürgers Johann Conrad Hartmann und seiner Ehefrau Anna* Margaretha *geb. Kittner.*

In vielen Fällen schrieb der Kirchenbuchführer oder Standesbeamte derart schematisch, dass schwer lesbare Wörter und Ausdrücke wiederholt an derselben Stelle eines jeden Eintrags vorkommen. Auf diese Weise können sie manchmal in vorangehenden oder nachstehenden Einträgen identifiziert und entziffert werden.

Entzifferungsbeispiele aus Kirchenbüchern und Personenstandsregistern

Nachfolgend sind Geburts-, Heirats- und Todeseinträge aus Kirchenbüchern und Personenstandsregistern aufgeführt. Diese sind Kopien von echten Dokumenten. Es wurden keine Berichtigungen vorgenommen und keine künstlichen Markierungen hinzugefügt. Die Beispiele werden hier deshalb gezeigt, weil sie die Mehrheit von Formaten darstellen, die von Schreibern der Geburts-, Heirats- und Sterbeaufzeichnungen in deutschsprachigen Gebieten Europas und anderswo verwendet wurden.

Geburts- und Taufeinträge in Kirchenbüchern

Vor der napoleonischen Besetzung vor 1794 war unter Katholiken und Protestanten das Taufereignis wichtiger als die Aufzeichnung einer Geburt. Viele Geburtstage wurden nicht aufgeschrieben. Seither begegnet man Kirchenbuchaufzeichnungen, die sowohl Geburtsdaten als auch Taufdaten angeben. Das Format für die Eintragung war innerhalb der großen Kirchen nicht einheitlich; aber eine Durchsicht von katholischen oder evangelisch-lutherischen Kirchenbüchern in bestimmten Gebieten erlaubt die Schlussfolgerung, dass örtliche Richtlinien von Zeit zu Zeit vorgeschlagen oder erlassen wurden. Die Hauptbegriffe in den Überschriften dieser Aufzeichnung waren (neben den erwarteten Schreibvarianten):

Geborene = Geborene
Geburt, Geburten = Geburt, Geburten
Geburtsbuch = Geburtsbuch
Geburtsregister = Geburtsregister
Getaufte = Getaufte
Getaufte Kinder = Getaufte Kinder
Taufe, Taufen = Taufe, Taufen
Taufbuch = Taufbuch
Taufregister = Taufregister

(90) Manchmal findet der Forscher ausgesprochene Schätze an Daten. Diese Aufzeichnung zeigt die Geburts-/Taufdaten (*19./30. Oktober*), den Geburtsort (*Ehrsen*), die Vornamen des Kindes (*Ernst Heinrich August*), die vollen Namen beider Eltern (*Friedrich Wilhelm Stellbrink* und *Henriette Friederike Christine Sander*), den Beruf des Vaters (*Einlieger und Ziegler*), den Geburtsort der Mutter (*Werl*), den Hochzeitstag und -ort der Eltern (*Wüsten am 7. April 1878*), die Rangfolge des Kindes in der Familie (*3. Kind*), das Geburtsdatum des vorangegangen Geschwisterkindes (*9. Oktober 1879*) sowie die Namen und Wohnorte der Zeugen (*Ernst Stellbrink in Vosshagen, August Sander in Werl, Heinrich Schmiedeskamp von Sunderhofe*)

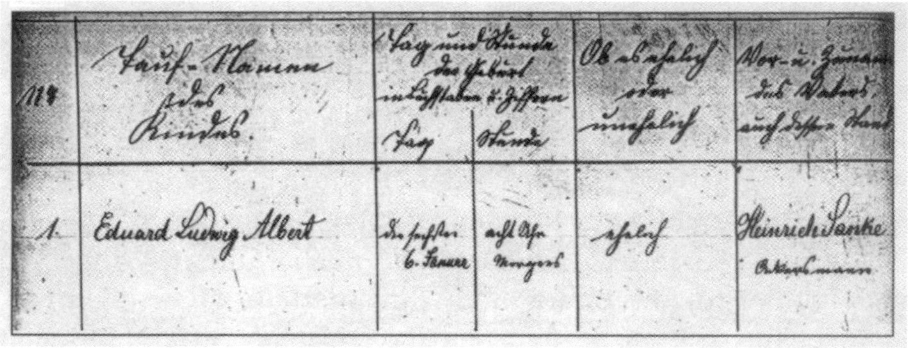

(91) Ein Taufeintrag im Spaltenformat aus Westfalen
(linke Seite eines doppelseitigen Eintrags)

Transkription

Nr.	*Tauf=Namen des Kindes.*	*Tag und Stunde der Geburt in Buchstaben u. Ziffern*		*Ob es ehelich oder unehelich*	*Vor- u. Zuname des Vaters auch dessen Stand*
		Tag	*Stunde*		
1	*Eduard Ludwig Albert*	*den sechsten 6. Januar*	*acht Uhr Morgens*	*ehelich*	*Heinrich Sanke Ackersmann*

Analyse

Dies ist ein häufig vorkommender Stil von doppelseitigen Taufeintragungen nach 1800. Eigennamen sind in lateinischen und alles andere in deutschen Buchstaben geschrieben. Das bedeutet, dass nur wenige Wörter aus dem Deutschen (wie zum Beispiel Zahlen, Adjektive, Berufe) zu entziffern sind. Die rechte

Seite dieser Eintragung beinhaltet den Namen der Mutter und der Zeugen sowie die Taufdaten. Die Benutzung des *U-Bogens* ist einheitlich. Das Entziffern des Datums ist einfacher, wenn wir es wie hier als Zahl und in Worten sehen.

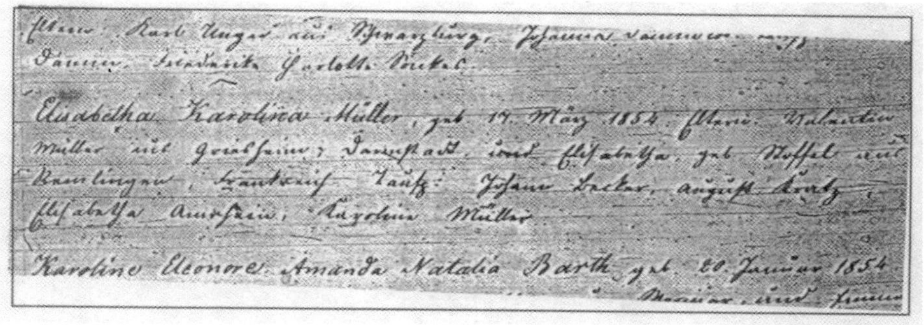

(92) Ein Taufeintrag im Satzformat aus dem Jahr 1854
aus einer deutschen Gemeinde im Staat Michigan, USA

Transkription

April 1. Elisabetha Karolina Müller, geb. 17. März 1854. Eltern: Valentin Müller aus Griesheim, Darmstadt, und Elisabeth, geb. Stoffel aus Remlingen, Frankreich. Taufp: Johann Becker, August Kratz, Elisabeth Ameshein, / Karoline Müller.

Analyse

Viele Kirchenbücher von deutschsprachigen Gemeinden in anderen Ländern wurden bis ins 20. Jahrhundert in Deutsch geführt. Diese Aufzeichnung gibt die europäische Heimatstadt der Eltern des Kindes an und ist deshalb äußerst wertvoll für Familienforscher. Wir finden erneut lateinische Buchstaben unter den deutschen Buchstaben, aber nur für den Namen des Kindes und die Monatsangabe. Die Abkürzungen *geb.* und *Taufp* bedeuten *geboren* und *Taufpaten.*

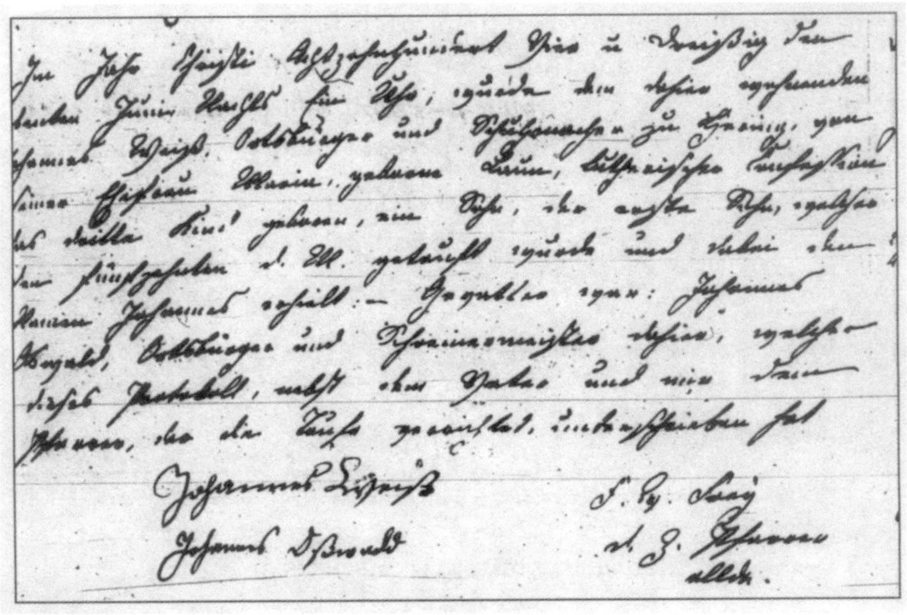

(93) Ein Taufeintrag im Paragraphenformat
aus einer lutherischen Gemeinde in Hessen

Transkription

Im Jahr Christi Achtzehnhundert Vier u Dreißig den
Siebten Juni Nachts Ein Uhr, wurde dem dahier wohnenden
Johannes Weiß, Ortsbürger und Schuhmacher zu Hering, von
seiner Ehefrau Maria, geborne Laun, lutherischer Confession
das dritte Kind geboren, ein Sohn, der erste Sohn, welcher
den fünfzehnten d. M. getauft wurde und dabei den
Namen Johannes erhielt: – Gevatter war: Johannes
Oswald, Ortsbürger und Schreinermeister dahier, welcher
dieses Protokoll, nebst dem Vater und mir dem
Pfarrer, der die Taufe verrichtet, unterschrieben hat

Johannes Weiß	*F.W. Frey*
Johannes Oßwald	*d.Z. Pfarrer allda*

Analyse

Diese erzählerische Art von Eintrag war in lutherischen, katholischen und jüdischen Kirchenbüchern nach 1800 im Südwesten Deutschlands gängig (besonders in Hessen und Baden). Er ist sehr formal und beginnt fast immer mit dem vollständigen Datum in Worten. Jede Person wird nach Herkunft oder Stand beschrieben. Zur Freude der Familiengeschichtsforscher kann die Anzahl und das Geschlecht aller älteren Geschwister in dieser Art von Aufzeichnung bestimmt werden.

Zwei Daten - das Geburtsdatum und später im Text das Taufdatum - werden angegeben. Die meisten solcher Aufzeichnungen beinhalten den Namen des Pfarrers oder des Schreibers (Pfarrassistenten oder Gemeindebeamten).

Geburtseinträge in Personenstandsregistern

Der Personenstandsbeamte war gewöhnlich an einem Taufereignis nicht beteiligt. Er zeichnete fast nie Daten auf, die mit der Kirche verbunden waren. Deshalb können wir z.B. ausschließlich von Geburtseinträgen in dem Personenstandsregister ausgehen. Ähnlich wie die in französischer Sprache geschriebenen Personenstandsaufzeichnungen (siehe Kapitel IV) wurden fast alle Personenstandseinträge in Paragraphenform geschrieben und auf vorgedruckten Seiten aufgezeichnet. Da Spalten- und Einzelsatzformate sehr selten benutzt wurden, sind an dieser Stelle nur zwei Beispiele von Geburtseinträgen abgedruckt. Die Hauptbegriffe in den Überschriften dieser Aufzeichnungen waren (neben den erwarteten Schreibvarianten):

Geborene = Geborene
Geburten = Geburten
Geburtsbuch = Geburtsbuch
Geburtsregister = Geburtsregister

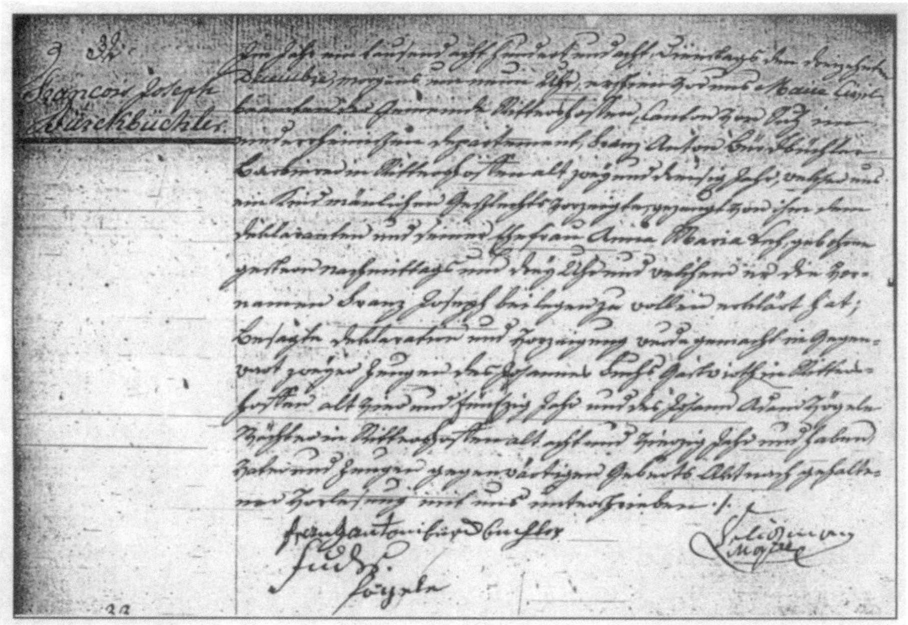

(94) Ein Geburtseintrag im Paragraphenformat
aus einem Personenstandsregister in Elsass-Lothringen

Transkription

32. Francois Joseph Bürckbüchler
Im Jahr ein tausend acht hundert und acht, Dienstags den dreizehnten
Decembre, morgens um neune Uhr, erschien vor uns Maire Civil=
Beamten der Gemeinde Rittershoffen, Canton von Sulz im
niederrheinischen Departement, Franz Anton Bürckbüchler
Barbierer in Rittershoffen alt zweÿ und dreisig Jahr, welcher uns
ein Kind mänlichen Geschlechts vorzeigte, gezeugt von ihm dem
Deklaranten und seiner Ehefrau Anna Maria Leh, gebohren
gestern nachmittags um dreÿ Uhr und welchem er die Vor=
namen Franz Joseph beilegen zu wollen erklärt hat:
Besagte Deklaration und Vorzeigung wurde gemacht in Gegen=
wart zweÿer Zeugen des Johannes Fuchs Gastwirth in Ritters=
hoffen alt vier und fünfzig Jahr und des Johann Adam Vogele
Wächter in Rittershoffen alt acht und vierzig Jahr und haben
Vater und Zeugen gegenwärtigen Geburts Akt nach gehalte=
ner Vorlesung mit uns unterschrieben.
Frantz Antoni Bürckbuchler Seligman
Fuchs Fögele Maire

Analyse

Dieses Format kann als Standard für alle deutschen Gebiete gelten, wo es schon vor dem Preußischen Erlass vom Jahre 1874 betreffs des Personenstandswesens Standesämter gab. Die genaue Bezeichnung der Stadt ist offensichtlich genauso wichtig wie der Name des Schreibers, der oft der Bürgermeister war. Der Forscher muss seinen Namen erkennen und außer Acht lassen, damit er den Vater bestimmen kann (in den meisten Fällen ist das die Person, die den Bericht erstellte). Das Geschlecht des Kindes ist ausdrücklich angegeben und hilft uns zu erkennen, ob der Vorname männlich oder weiblich ist. Es gibt viele Vornamen, die sich sehr ähnlich sind, wie zum Beispiel *Aloysius* und *Aloysia*. Seien sie beim Lesen des Datums eines Ereignisses vorsichtig, da der Bericht oft erst am nächsten oder sogar übernächsten Tag geschrieben wurde. Suchen sie nach einem zweiten Datum im Text oder nach einem Zeitadverb, das sich auf das Datum des Berichtes bezieht (wie *gestern, vorige Nacht*). Vergleichen sie den Hauptnamen in dem Text mit der entsprechenden Unterschrift. Erfahrene Forscher bevorzugen die Unterschrift als die offizielle Schreibvariante des Personennamens. Einige Personen waren aber *des Schreibens unkundig*.

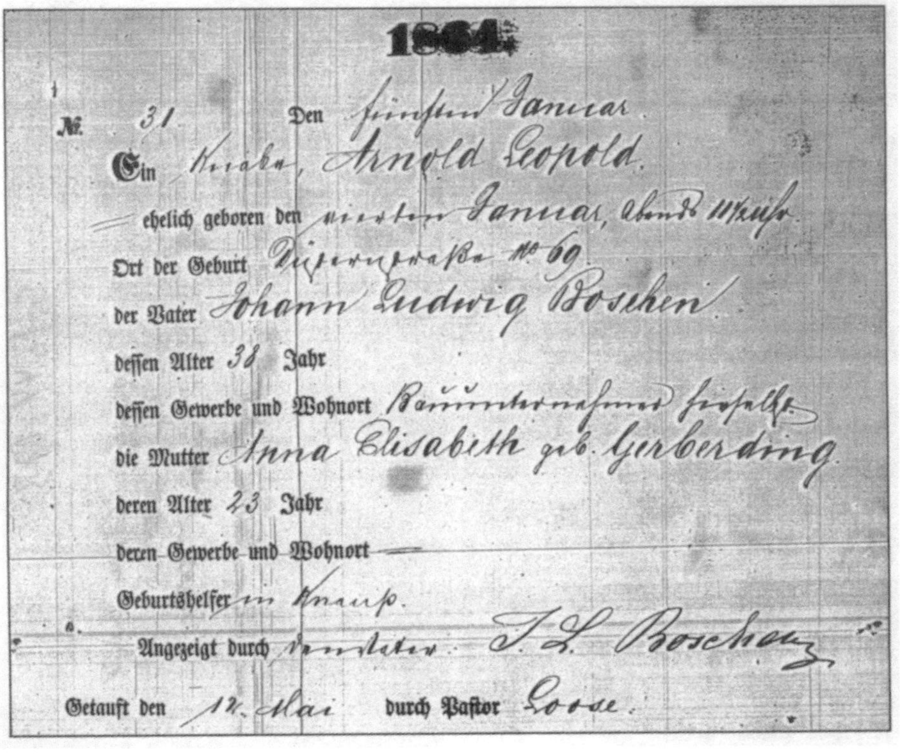
1864
№ 31 Den fünften Januar
Ein Knabe, Arnold Leopold
ehelich geboren den vierten Januar, Abends 11 Uhr
Ort der Geburt Düsternstraße № 69
der Vater Johann Ludwig Boschen
dessen Alter 38 Jahr
dessen Gewerbe und Wohnort [illegible] hieselbst
die Mutter Anna Elisabeth geb. Gerberding
deren Alter 23 Jahr
deren Gewerbe und Wohnort —
Geburtshelfer [illegible]
Angezeigt durch den Vater. J. L. Boschen
Getauft den 12. Mai durch Pastor Goose.

(95) Ein Geburtseintrag aus einer Großstadt in Norddeutschland

Transkription

1864 No. 31 Den *fünften Januar*
Ein *Knabe Arnold Leopold.*
= ehelich geboren den *vierten Januar, Abends 11 ½ Uhr.*
Ort der Geburt *Düsternstraße No. 69*
der Vater *Johann Ludwig Boschen*
dessen Alter *38* Jahr
dessen Gewerbe und Wohnort *Bauunternehmer hieselbst*
die Mutter *Anna Elisabeth geb. Gerberding*
deren Alter *23* Jahr
deren Gewerbe und Wohnort =
Geburtshelfer*in* *Knaup*
Angezeigt durch *den Vater: J. L. Boschen*
Getauft den *12. Mai* durch Pastor *Loose.*

Analyse

Vorgedruckte Formulareintragungen wie diese sind eine Erleichterung für jeden Familiengeschichtsforscher. Gewöhnlich können wir immer in derselben Zeile nach dem Familiennamen suchen. Der Schriftführer benutzte für die Personennamen lateinische Buchstaben, deshalb sollten Sie zwei Sätze von Musterbuchstaben anfertigen, wenn Sie diese Entzifferungstaktik anwenden wollen. Der Name des Pastors rechts unten ist eine Seltenheit bei Zivileinträgen und deutet auf die Möglichkeit hin, dass wir nach einer zweiten Urkunde zu diesem Ereignis suchen können. Wir haben nur die richtige Kirche und die entsprechende Pfarrei festzustellen.

Heiratseinträge in Kirchenbüchern

Eines der wichtigsten Ereignisse in deutschsprachigen Gebieten war (und ist) die Hochzeit. Aus diesem Grund haben wir mehr Informationen in Heiratseinträgen als in Geburts- oder Sterbeeinträgen. Im 16. und 17. Jahrhundert wurden oft nur die Namen des Bräutigams und der Braut und deren Hochzeitsdatum niedergeschrieben, während Eintragungen nach 1800 Namen der Eltern und Geburtsdaten der Hauptpersonen und vieles andere mehr enthalten. Die Hauptbegriffe in den Überschriften dieser Aufzeichnungen waren (neben den erwarteten Schreibvarianten):

Eheleute = Eheleute
Ehen = Ehen
Eheregister = Eheregister
Eingesegnete = Eingesegnete
Getraute = Getraute
Heiraten = Heiraten
Heiratsregister = Heiratsregister
Trauungen = Trauungen
Verehelichte = Verehelichte
Verheiratete = Verheiratete

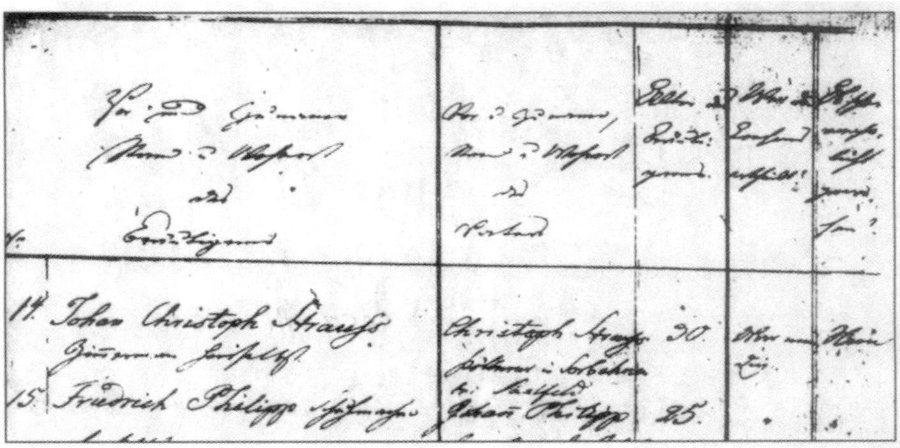

(96) Ein Heiratseintrag im Spaltenformat von einer Kirche im Nordosten Deutschlands (nur linke Seite)

Transkription

Vor und Zuname Stand u Wohnort des Bräutigams	*Vor und Zuname, Stand u Wohnort des Vaters*	*Alter des Bräuti- gams*	*Wer das Consens ertheilt?*	*Ob schon verehe- licht gewesen?*
14. Johan Christoph Strauss Zimmermann hieselbst	*Christoph Strauss Kötterer in Sorbehnen bei Saalfeld*	*30*	*War mün- dig*	*Nein*

Analyse

Die Überschriften in diesen Spalten sind handgeschrieben und schwer lesbar. Nachdem wir festgestellt haben, dass dies eine Heiratsaufzeichnung ist, können wir erraten, welche Art von Informationen sie beinhalten wird: das zweimalige Vorhandensein des Familiennamen (*Strauß*) weist auf den Bräutigam und dessen Vater hin. Die Zahl 30 kann logischerweise nur das Alter des Bräutigams sein. Die zwei Spalten rechts enthalten oft keine entscheidenden Daten von der Ortschaft sondern eher interessante persönliche Einzelheiten zu den Personen.

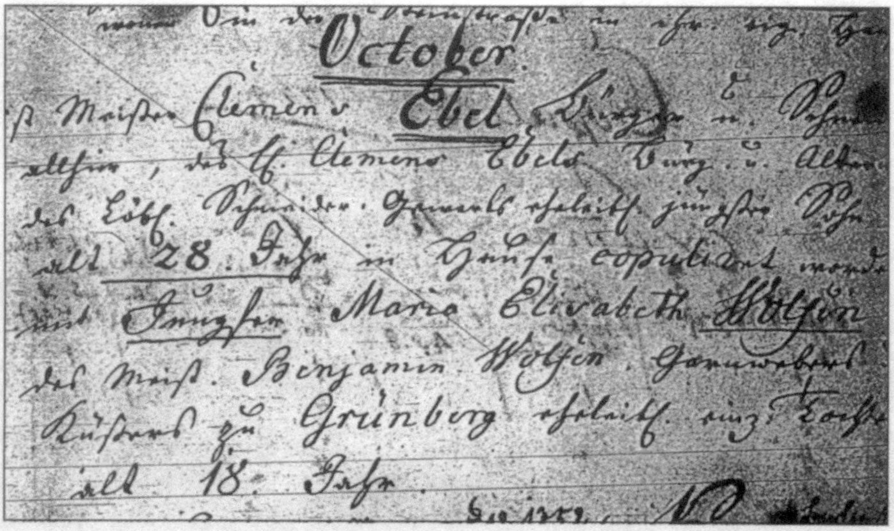

(97) Eine kirchliche Heiratsaufzeichnung im Satzformat
aus Norddeutschland

Transkription

October
Ist Meister Clemens Ebel, Bürger u. Schneider
allhier, des H. Clemens Ebels Bürg. u. Altermanns
des Löbl. Schneider-Gewerks eheleibl. jüngster Sohn,
alt 28. Jahr in Hause copuliret worden
mit Jungfer Maria Elisabeth Wolfin
des Meist. Benjamin Wolfen, Garnwebers u.
Küsters zu Grünberg eheleibl. einz. Tochter
alt 18. Jahr.

Analyse

Hier sehen wir das häufige Symbol für *den* – das *d* mit einem Schwanz (siehe Seite 63). Der Familienname ist häufig unterstrichen. Der Bräutigam sticht wieder heraus und trägt den Namen seines Vaters. Beide Namen sind mit lateinischen Buchstaben geschrieben. Das Alter der beiden Brautleute ist relativ leicht zu unterscheiden, aber das Vorhandensein mehrerer Abkürzungen erschwert die Interpretation. Wir sehen zahlreiche Beschreibungen beider Parteien, die sich meist auf deren Berufe beziehen. Aus irgendeinem Grund sind das Wort *Jungfer* und das Alter des Bräutigams unterstrichen, was den Forscher aber nicht von den wichtigen Familiennamen im Eintrag ablenken soll. Die individuellen Buchstaben sind ziemlich einheitlich, aber achten Sie auf eine Anhäufung von *-st-* (in vier Wörtern), die einem Doppel s = ß ähnlich sehen.

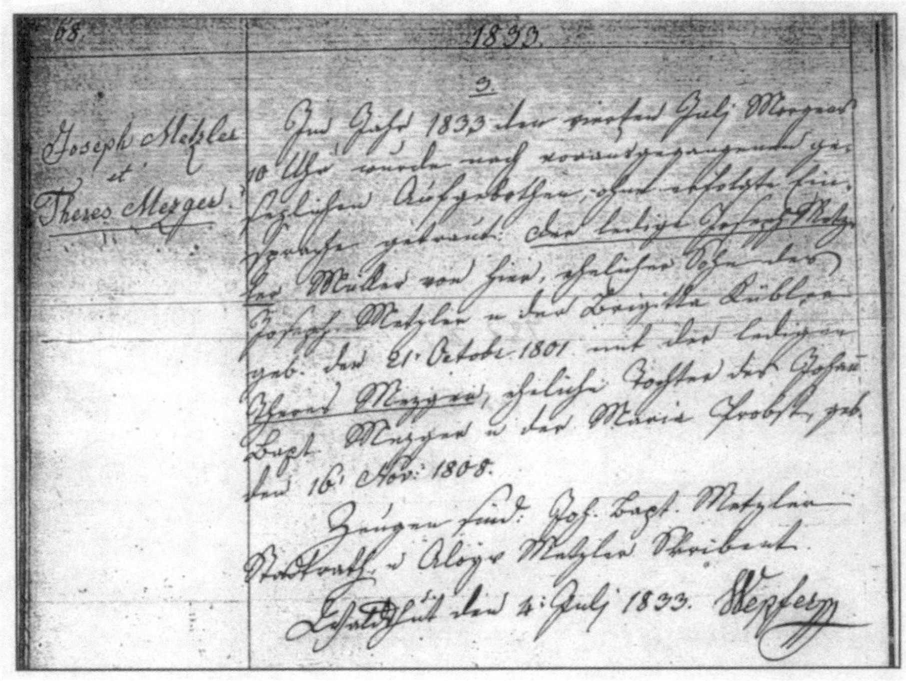

(98) Eine typische kirchliche Heiratsaufzeichnung im Paragraphenformat aus dem Großherzogtum Baden

Transkription

1833. 3.
Joseph Metzler et Theres Mezger
Im Jahr 1833 den vierten Julj Morgens
10 Uhr wurde nach vorausgegangenen ge=
setzlichen Aufgebothen, ohne erfolgte Ein=
sprache getraut: Der ledige Joseph Metz=
ler Müller von hier, ehelicher Sohn des
Joseph Metzler u der Brigitta Kübler
geb. den 21. Octobr 1801 mit der ledigen
Theres Mezger, eheliche Tochter des Johann
Bapt. Mezger u der Maria Probst, geb.
den 16. Nov: 1808.
Zeugen sind: Joh. Bapt. Metzler
Stadtrath, u. Aloys Metzler Skribent.
Waldshut den 4. Julj 1833. Wepfer

Analyse

Dies ist eine sehr gute Heiratsaufzeichnung, in der die Geburtsdaten der Heiratenden, sowie die Namen deren Eltern angegeben sind. Die offizielle Form sieht vor, dass Pastor Wepfer auch der Personenstandsbeamte ist, was häufig der Fall war. Bemerken Sie das lateinische *et* (und) zwischen den Namen - in lateinischen Buchstaben geschrieben - am Rand, wo wir wichtige Namen in dieser Aufzeichnung absuchen. Die Großbuchstaben I = *I* und J = *J* sind in den ersten zwei Wörtern des Datums identisch und der Kleinbuchstabe j = *j* vertritt das i = *i* im Monatsnamen *Julj* zweimal. Das Verbindungswort *und* ist dreimal mit dem Buchstaben *u* (ohne *U-Bogen*) abgekürzt. Andere Abkürzungsbeispiele sind *Octobr* = *Oktober* und *geb.* = *geboren.* Ein kleines Zeichen nach den Daten *21* und *16* nimmt den Platz von *sten* oder *ten* *(21-igsten* und 16-ten) ein. Im Allgemeinen sind die Kleinbuchstaben e = , n = , r =  und v =  sehr klein und können demzufolge verwirrend sein. Unter den Großbuchstaben ist nur das W = 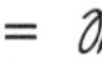 in *Waldshut* nicht dem beschriebenen Muster gleich.

Heiratseinträge in Personenstandsregistern

Personenstandsregister waren fast ausnahmslos vollseitige Eintragungen. Allerdings benötigten die Preußen (ab 1876 landesweit) in Personenstandsregistern zwei Seiten zum Ausfüllen von erforderlichen Einzelheiten, die mit der Hochzeit in Verbindung standen. Die Hauptbegriffe in den Überschriften dieser Aufzeichnungen sind (neben den erwarteten Schreibvarianten):

Eheleute = 
Ehen = 
Eheregister = 
Getraute = 
Heiraten = 
Heiratsakten = 
Trauungen = 
Verehelichte = 
Verheiratete = 

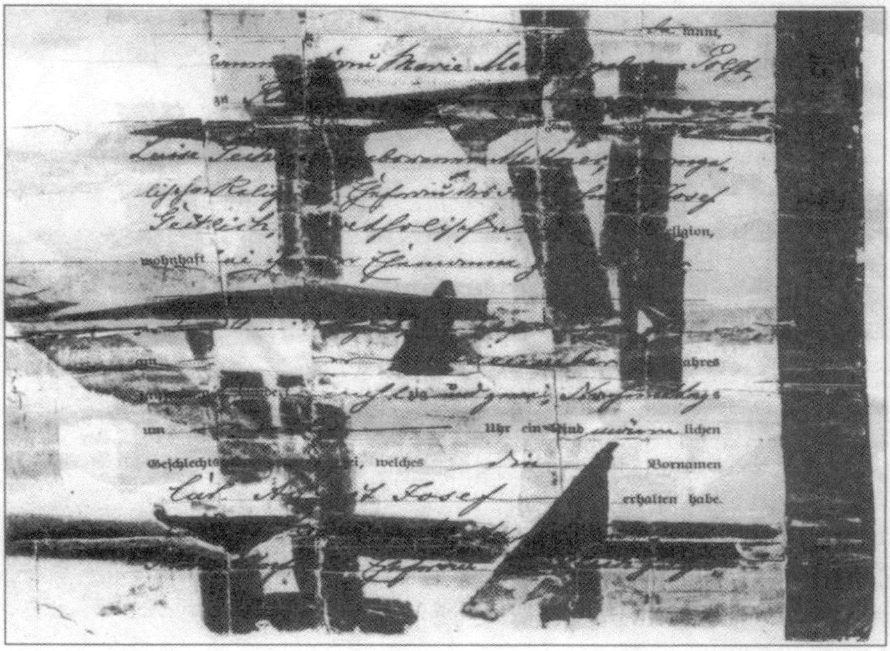

(99) Viele Faktoren tragen zur Schwierigkeit des Entschlüsselns bei. Dieser Auszug aus den Personenstandsregistern wurde vor vielen Jahren mit dursichtigem Klebeband zusammengesetzt, wobei sich das Klebeband über die Jahre hinweg verfärbt hat

Heiratseinträge im Spaltenformat begegnen uns äußert selten. In der nachfolgenden Abbildung sind typische Heiratseinträge in Personenstandsregistern in Paragraphen- und vorgedruckten Formaten zu sehen.

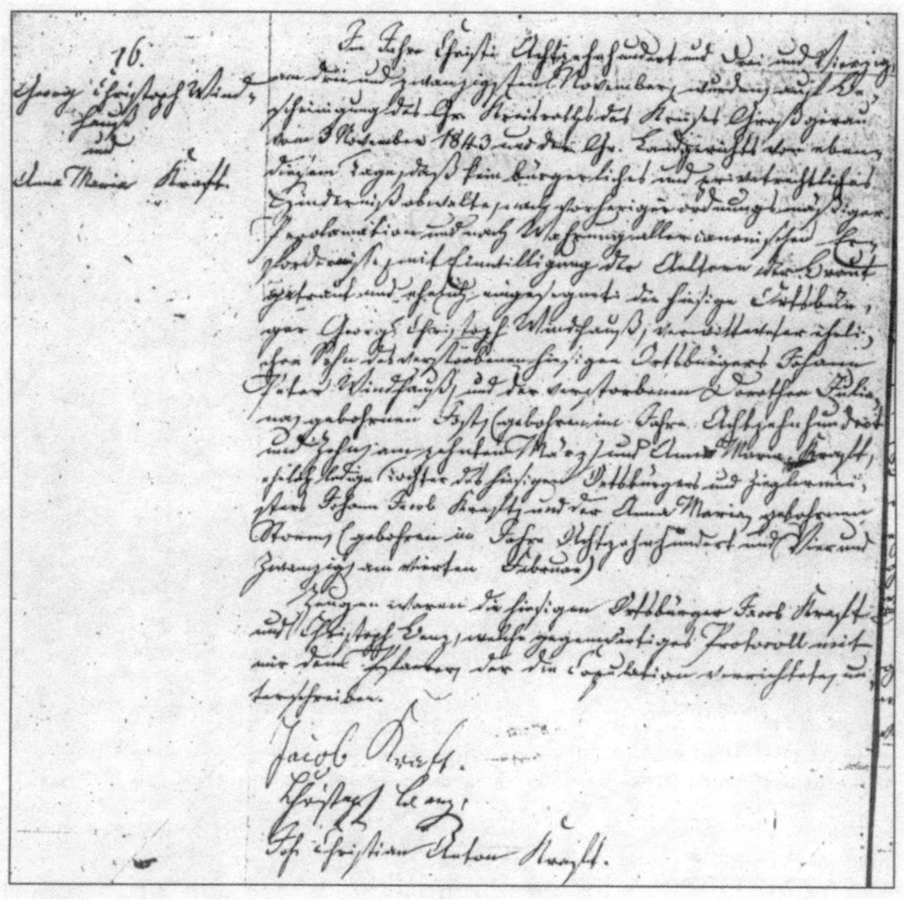

(100) Ein typischer standesamtlicher Heiratseintrag im Paragraphenformat aus Hessen

Transkription

16. Georg Christoph Wind=hauß und Anna Maria Kraft.
Im Jahre Christi Achtzehnhundert und Drei und Vierzig,
am drei und zwanzigsten November, wurden auf Be=
scheinigung des Gr. Kreisraths des Kreises Groß gerau
vom 3 November 1843 und des Gr. Landgerichts von eben=
diesem Tage, daß kein bürgerliches und privatrechtliches
Hinderniß obwalte, nach vorheriger ordnungsmäßiger
Proclamation und nach Wahrung aller canonischen Er=
fordenisse, mit Einwilligung der Aeltern der Braut
getraut und ehelich eingesegnet: der hiesige Ortsbürg=
ger Georg Christoph Windhauß, verwittweter eheli=
cher Sohn des verstorbenen hiesigen Ortsbürgers Johann
Peter Windhauß, und der verstorbenene Dorothea Julia=
na gebohrnen Fost (gebohren im Jahre Achtzehnhundert
und Zehn am zehnten März) und Anna Maria Kraft,

*eheliche ledige Tochter des hiesigen Ortsbürgers und Zieglermei=
sters Johann Jacob Kraft, und der Anna Maria, gebohrnen
Storm (gebohren im Jahre Achtzehnhundert und Vier und
Zwanzig am vierten Februar).
Zeugen waren die hiesigen Ortsbürger Jacob Kraft
und Christoph Benz, welche gegenwertiges Protocoll mit
mir dem Pfarrer; der die Copulation verrichtete, un=
terschrieben.
Jacob Kraft – Christoph Benz – Joh. Christian Anton Kraft.*

Analyse

Diese Personenstandsurkunde bietet eine Menge von offiziellen Fachtexten in den ersten neun Zeilen. Die einzig wichtigen Informationen sind der Ort und das Datum der Hochzeit. Anschließend haben wir einen sehr typischen Inhalt: die Namen der Braut, des Bräutigams und deren Eltern - einschließlich der Mädchennamen beider Mütter. Wir erfahren, dass die Eltern des Bräutigams verstorben sind. Die Zeugen sind uns offenbar nicht von Nutzen (obwohl Jacob Kraft ein Verwandter sein könnte). Hier bekleidet der Pastor auch das Amt des Personenstandsbeamten. Im Entzifferungsprozess müssen wir alle Daten sorgfältig lesen. Wir dürfen uns vom Datum der Hochzeitserlaubnis nicht vom eigentlichen Hochzeitsdatum ablenken lassen. Die Geburtsdaten von Braut und Bräutigam sind in Worten ausgeschrieben und deshalb nicht sofort offensichtlich. Bezüglich der Handschrift folgen alle Großbuchstaben einem vorhersehbaren Muster. Der dritte parallele Strich des Kleinbuchstaben w =  geht über die Mittellinie hinaus, aber der Rest der Kleinbuchstaben ist sehr einheitlich. Der *U-Bogen* ist ziemlich fest und klar und der *Umlaut* ähnelt einem verlängerten *s*. Diese Handschrift ist - wenn auch nicht sehr attraktiv - sehr gleichmäßig.

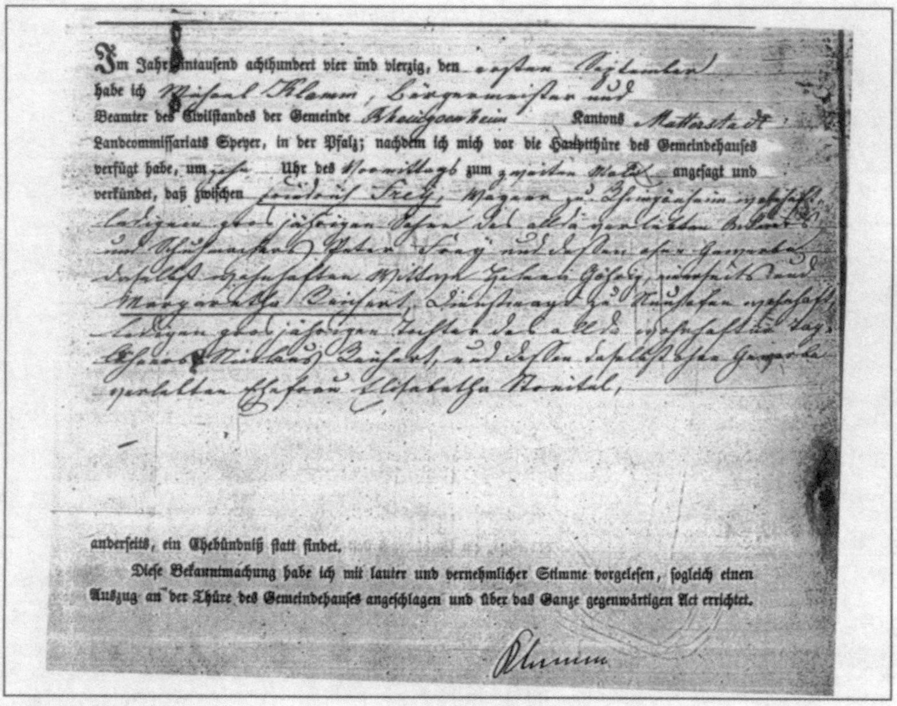

Im Jahr Eintausend achthundert vier und vierzig, den ersten September habe ich Michael Klamm, Bürgermeister und Beamter des Civilstandes der Gemeinde Rheingoenheim Kantons Mutterstadt Landcommissariats Speyer, in der Pfalz; nachdem ich mich vor die Hauptthüre des Gemeindehauses verfügt habe, um zehn Uhr des Vormittags zum zweiten Male angesagt und verkündet, daß zwischen Friedrich Freÿ, Wagner zu Rheingönheim wohnhaft, ledigem grosjährigen Sohne des allda verlebten Ackerers und Schuhmachers Peter Freÿ und dessen ohne Gewerbe daselbst wohnhaften Wittwe Helena Göhrig, einerseits und Margaretha Reichert, Dienstmagd zu Neuhofen wohnhaft, ledigen grosjährigen Tochter des allda wohnhaften Tag=löhners Nicolaus Reichert, und dessen daselbst ohne Gewerbe verlebten Ehefrau Elisabetha Streitel,

anderseits, ein Ehebündniß statt findet.

Diese Bekanntmachung habe ich mit lauter und vernehmlicher Stimme vorgelesen, sogleich einen Auszug an der Thüre des Gemeindehauses angeschlagen und über das Ganze gegenwärtigen Act errichtet.

Klamm

(101) Ein vorgedrucktes Formular zur Aufzeichnung von Heiraten in der bayerischen Pfalz

Transkription

Im Jahr Eintausend achthundert vier und vierzig, den *ersten September*
habe ich *Michael Klamm, Bürgermeister und*
Beamter des Civilstandes der Gemeinde *Rheingoenheim* Kanton *Mutterstadt*
Landcommissariats Speyer, in der Pfalz; nachdem ich mich vor die Hauptthüre des Gemeindehauses
verfügt habe, um *zehn* Uhr des *Vormittags* zum *zweiten Male* angesagt und
verkündet, daß zwischen <u>*Friedrich Freÿ,*</u> *Wagner zu Rheingönheim wohnhaft,*
ledigem grosjährigen Sohne des allda verlebten Ackerers
und Schuhmachers Peter Freÿ und dessen ohne Gewerbe
daselbst wohnhaften Wittwe Helena Göhrig, einerseits und
<u>*Margaretha Reichert*</u>*, Dienstmagd zu Neuhofen wohnhaft,*
ledigen grosjährigen Tochter des allda wohnhaften Tag=
löhners Nicolaus Reichert, und dessen daselbst ohne Gewerbe
verlebten Ehefrau Elisabetha Streitel,
anderseits, ein Ehebündniß statt findet.
Diese Bekanntmachung habe ich mit lauter und vernehmlicher Stimme vorgelesen, sogleich einen

Auszug an der Thüre des Gemeindehauses angeschlagen und über das Ganze gegenwärtigen Act errichtet.
Klamm

Analyse

Dieses Dokument beginnt mit den zu erwartenden förmlichen Einzelheiten - das Datum als das Wichtigste. Natürlich müssen wir den Namen des Bürgermeisters erkennen, aber wir brauchen ihn nicht weiter zu beachten. Die Ortsnamen *Rheingönheim* und *Mutterstadt* sind in lateinischen Buchstaben geschrieben, sowie der Familienname des Bräutigams. Sonst ist der gesamte Mittelparagraph in gotischer Schrift geschrieben. Die Kleinbuchstaben v =  und w =  enden jeweils mit einem Schwanz. Einige d =  Buchstaben sind sehr groß und dünn, während der Großbuchstabe D =  zur rechten Seite gelehnt ist. Der Großbuchstabe R =  sieht etwas ungewöhnlich aus, aber ein Vergleich mit dem oben aufgeführten Stadtnamen *Rheingönheim* oder ein kurzer Blick in das rückwärts sortierte alphabetische Register für die Pfalz kann die Sache klären (siehe Quellen und Literatur). Diese Handschrift zeigt einen sehr einheitlichen Stil.

Todes-/ Begräbniseinträge in Kirchenbüchern

Die ältesten Eintragungen, die in Gemeinden aufbewahrt wurden, waren die Todeseintragungen, die den örtlichen Geburts- oder Heiratseintragungen oft Jahrzehnte vorausgingen. Anfangs waren die Todeseinträge sehr kurz. Sie bieten wenige Einzelheiten, weder Alter noch die Namen der Eltern des Verstorbenen. Mit den Jahren kamen immer mehr Details dazu. Die Hauptbegriffe in den Überschriften dieser Aufzeichnungen waren die folgenden (neben den erwarteten Schreibvarianten):

Abgestorbene = 
Begrabene = 
Gestorbene = 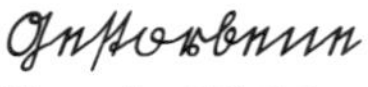
Sterbefälle = 
Sterberegister = 
Tote = 
Totenbuch = 
Totenregister = 
Verstorbene = 

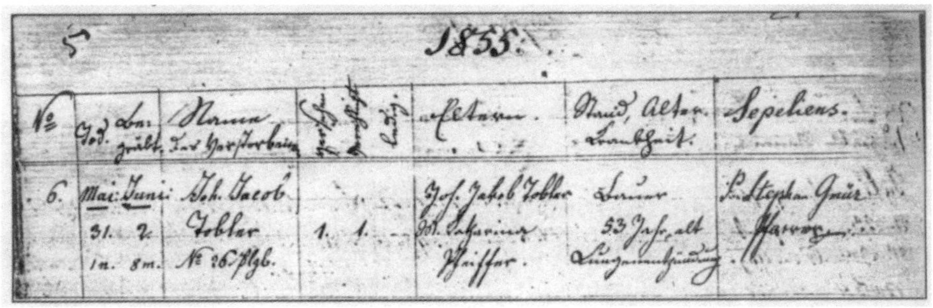

(102) Totenbuch mit Einträgen im Spaltenformat aus Vorarlberg, Österreich

Transkription

No.	*Tod. Be= gräbt.*		*Name des Verstorbenen*	*versehen*	*verehlicht*	*ledig.*	*Eltern.*	*Stand, Alter. Krankheit.*	*Sepeliens*
6	*Mai 31. 1 n.*	*Juni 2. 8 m.*	*Joh. Jacob Tobler No. 26 Plgb.*	*1*	*1*		*Joh. Jacob Tobler M. Katharina Pfeiffer.*	*Bauer 53 Jahre alt Lungenentzündung*	*P. Stephan Gmür Pfarrer*

Analyse

Aufzeichnungen im Spaltenformat sind benutzerfreundlich, da der Forscher sofort erkennen kann, in welcher Spalte der Name des Verstorbenen zu finden ist und die anderen vorläufig überfliegen kann. Der Schreiber wechselt zwischen lateinischen und gotischen Buchstaben, wobei er die Lateinischen nur für den Spaltenkopf benutzt: *Sepeliens* (der Pastor, der das Begräbnis leitet). Die Vornamen des Verstorbenen und seines Vaters sind in lateinischen Buchstaben, aber der Familienname des Verstorbenen und seines Vaters sind in Gotisch geschrieben. Unter den Kleinbuchstaben könnten die vier zwischen *g* und *t* in *Lungenentzündung* (*-enen-*) anfangs verwirrend sein.

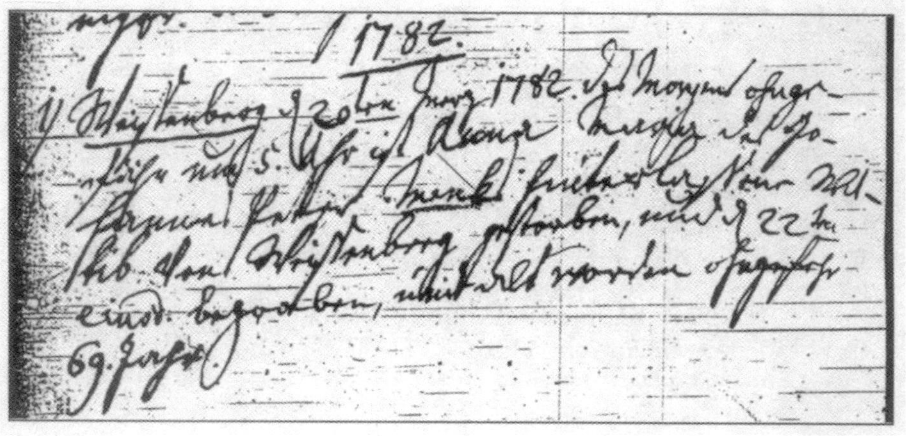

(103) Ein Todeseintrag im Satzformat aus Hessen-Nassau

Transkription

1782
1) Weißenberg den 20ten Merz 1782. Des Morgens ohnge=
=fähr um 5. Uhr ist Anna Maria des Jo-
hannes Peter Menks hinterlaßene Wit-
*tib Von Weißenberg gestorben, und d 22ten*
eiusd. begraben, und alt worden ohngefehr
69. Jahr.

Analyse

Dies ist ein gutes Beispiel von einer eher lockeren Handschrift. Man kann voraussetzen, dass der Schriftführer in Eile war. Der Eintrag enthält wertvolle Informationen über die Verstorbene – zumindest genügend, um uns ihre Beziehung zu einer anderen Person zu ermöglichen. Unter den Kleinbuchstaben erscheint das e = als ein einzelner Strich an mehreren Stellen. Das n = und das u = weisen scharfe Winkel auf und erinnern uns an die Wichtigkeit des *U-Bogens*. Der s-z Buchstabe ß = ist sehr kantig. Der Großbuchstabe W = ist etwas stilisiert, aber vergleichbare Buchstaben können mit dem Namen der Stadt Weißenberg – der überall erscheint – verglichen werden. Ein Muster im Lateinischen erscheint im Begräbnisdatum: *eiusd.* = *eiusdem* = *wie oben* (März).

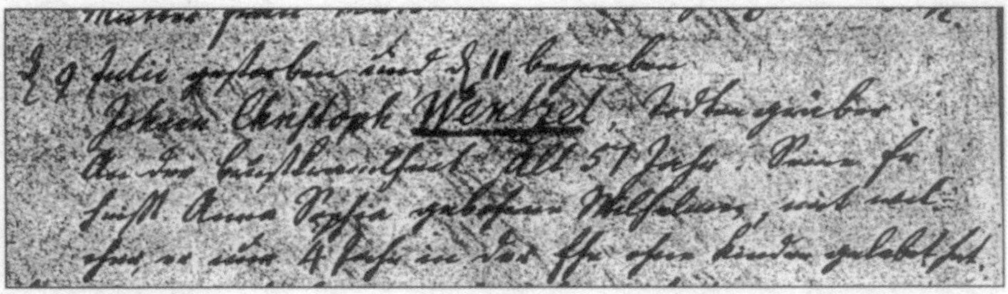

(104) Ein typischer Todeseintrag in Paragraphenformat
von einem evangelischen Pfarramt in Pommern

Transkription

d. 9 Julii gestorben und d. 11 begraben
Johann Christoph Wentzel, Todtengräber
An der Brustkrankheit. Alt 57 Jahr. Seine Fr[au]
heisst Anna Sophia gebohrne Wilhelmen, mit wel=
cher er nur 4 Jahr in der Ehe ohne Kinder gelebet hat.

Analyse

Dieser Eintrag zeigt, dass sich heute nicht alle Aufzeichnungen in einem guten Zustand befinden. Das Papier ist hier verfärbt und dickere Tintenstriche dringen von der anderen Blattseite durch (anzumerken sind die Striche von allen großen Buchstaben, die schräg nach links oben führen). Viele Aufzeichnungen zeigen Todesdaten und Begräbnisdaten, in dem das Letztere wieder ohne Angabe des Monats erfolgt. Die Abkürzung *d* für *den* vor dem Datum ist in ganz Deutschland geläufig. Der Grund des Todes erscheint vor dem Alter und mag nicht gleich erkennbar sein (und ist auch nur von historischer Bedeutung). Die Punktierung fehlt (z.B. der Punkt nach *Fr* = *Frau*), während der Abtrennungsstrich in *wel-cher* fast verschwunden ist. Der *s-zet* Buchstabe ß =  sieht fast wie ein einfaches ss = 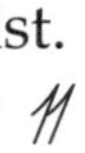 aus, wobei dem zweiten s =  die untere Hälfte fehlt. Die unterschiedlichen Großbuchstaben J =  im wiederkehrenden Wort *Jahr* sollten nicht verwirren. Das Adverb *nur* mag zuerst schwierig zu entziffern sein, da es selten in solchen Aufzeichnungen erscheint.

Todeseinträge in Personenstandsregistern

„In der Kürze liegt die Würze." So lautete selten die Devise des Personenstandsbeamten, daher sind seine ausführlichen Aufzeichnungen oft von größerem Wert für Familiengeschichtsforscher als die gewöhnlich kurzen Todeseinträge in Kirchenbüchern. Die Hauptbegriffe in den Überschriften dieser Aufzeichnung sind (neben den erwarteten Schreibvarianten):

Gestorbene = Gestorbene
Sterbeakten = Sterbeakten
Sterbefälle = Sterbefälle
Sterberegister = Sterberegister
Todesakten = Todesakten
Tote = Tote
Totenbuch = Totenbuch
Totenregister = Totenregister
Verstorbene = Verstorbene

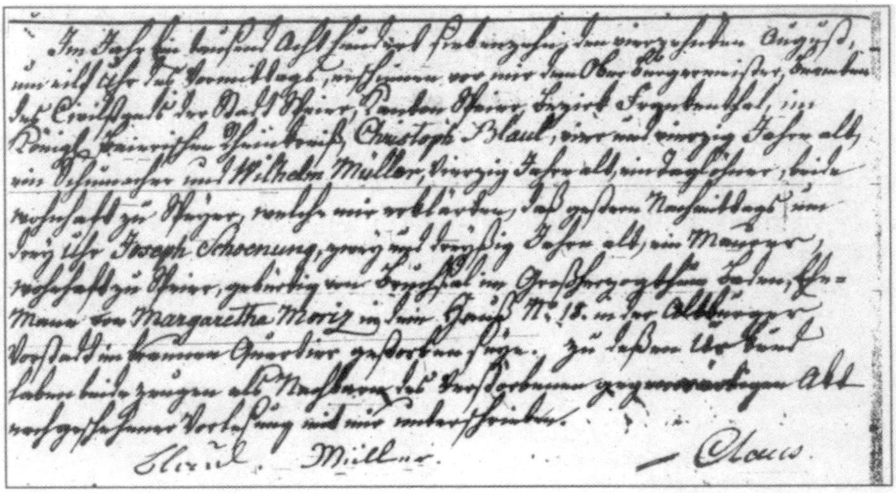

(105) Ein gewöhnlicher Todeseintrag in Paragraphenformat in einem Personenstandsregister aus dem Südwesten Deutschlands

Transkription

Im Jahr Ein Tausend Acht Hundert Siebenzehn den vierzehnten August,
um eilf Uhr des Vormittags, erschienen vor mir dem OberBürgermeister; Beamten
des Civilstands der Stadt Speier; Kanton Speier; Bezirk Frankenthal, im
Königl. Baierischen Rheinkreiß, Christoph Blaul, vier und vierzig Jahre alt,
ein Schumacher und Wilhelm Müller, vierzig Jahre alt, ein Taglöhner, beide
wohnhaft zu Speyer, welche mir erklärten, daß gestern Nachmittags um
dreÿ Uhr Joseph Schoenung, zweÿ und dreÿßig Jahre alt, ein Maurer,

*wohnhaft zu Speier, gebürtig von Bruchsal im Großherzogthum Baden, Ehe=
Mann von Margaretha Moriz in dem Hauß No. 18. in der Altbürger
Vorstadt im braunen Quartier gestorben seÿe. Zu Deßen Urkund
haben beide Zeugen als Nachbarn des Verstorbenen gegenwärtigen Akt
nach geschehener Vorlesung mit mir unterschrieben.*
Blaul. *Müller.* *Claus.*

Analyse

Dieser Eintrag bietet eine lange offizielle Einleitung, die zumeist für unsere Zwecke unwichtig ist. Wir stellen den Namen des Schriftführers fest, aber müssen ihn nicht weiter beachten, um dann den Namen des Verstorbenen zu finden. Der Geburtsort des Verstorbenen ist angegeben. Wie in vielen Personenstandseinträgen in diesem Gebiet sind alle Männer in diesem Eintrag mit Alter, Beruf und Wohnort genannt. Die Spitze der Feder, die für diesen Eintrag benutzt wurde, war anscheinend am Ende stumpf, da viele enge Striche zusammenlaufen: Kleinbuchstaben a = , e = und o =  werden zu großen Tintenflecken, sind aber immer noch erkennbar. Im Falle bestimmter Buchstaben könnte es hilfreich sein, die Anzahl der Striche zwischen der Grundlinie und der Mittellinie zu zählen (das m =  hat drei, das n =  zwei usw.). Der Kleinbuchstabe s =  neigt dazu, mit einer hohen Schlaufe - auch in der Mitte eines Wortes - zu enden. Die meisten Großbuchstaben sind eher Lateinisch als Gotisch (Ausnahmen sind H = , S =  und V = 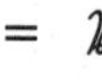.

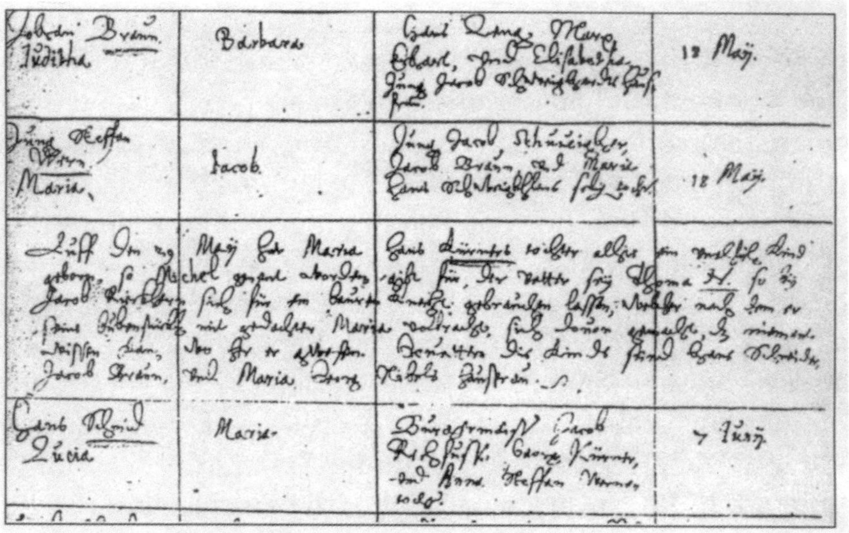

(106) Manchmal motiviert den Schreiber etwas Außergewöhnliches, von seiner Standardformulierung abzuweichen. Auf der einen Seite ist das gut, da wir mehr Einzelheiten erhalten; andererseits kann das nachteilig sein, denn wir verlieren die Vorhersehbarkeit in der Stellung von wichtigen Namen und Wörtern und müssen die Eintragung mit einer völlig anderen Methodik bearbeiten. Der dritte Eintrag von oben beschreibt die Geburt und die Taufe eines unehelichen Kindes

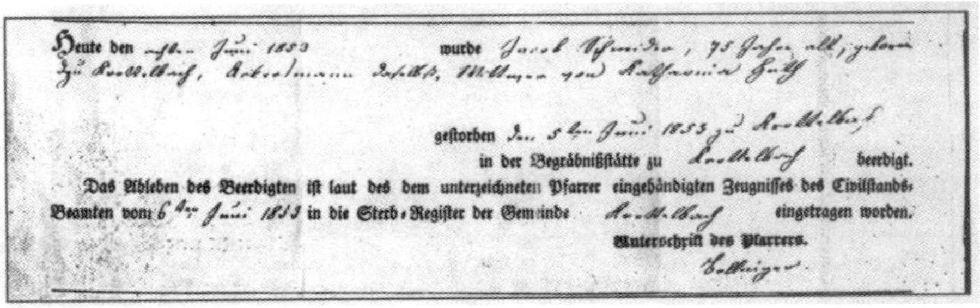

(107) Ein vorgedruckter Todeseintrag aus Süddeutschland

Transkription

Heute den *achten Juni 1853* wurde *Jacob Schneider; 75 Jahre alt, geboren zu Krottelbach, Ackersmann daselbst, Wittwer von Katharina Guth*

gestorben *den 5*[ten] *Juni 1853 zu Krottelbach*

in der Begränißstätte zu *Krottelbach* beerdigt.

Das Ableben des Beerdigten ist laut des dem unterzeichneten Pfarrer eingehändigten Zeugnisses des Civilstands=

Beamten vom *6*[ten] *Juni 1853* in die Sterb=Register der Gemeinde *Krottelbach* eingetragen worden.

Unterschrift des Pfarrers.

Bollinger

Analyse

Einträge wie dieser sind leicht zu lesen. Wir können im Wesentlichen jederzeit und an der gleichen Stelle nach dem gewünschten Familiennamen suchen (zweite Hälfte der ersten Zeile). Dieser Eintrag hat drei Daten: das Aufzeichnungsdatum, den Tag des Todes und den Tag der Beerdigung. Einige Kleinbuchstaben sind in dieser Aufzeichnung schwer voneinander zu unterscheiden, da der Schreiber anscheinend seine Feder mitten im Buchstaben (wie in n = *n* in *Juni*) vom Papier hob. Das c = *c* vor dem h = *h* ist sehr klein, doch wir erwarten es dort vorzufinden. Viele Endbuchstaben haben einen Aufwärtsschwung, aber das sollte zu keiner Verwirrung führen. Die Ordnungszahl *5ten* (fünften) hat die Nachsilbe *-ten*, aber die Hochstellung stellt es gut dar.

Zusammenfassung

Wir haben in diesem Kapitel gezeigt, dass sowohl die kleinen als auch die großen Buchstaben des Gotischen Alphabets besondere Gestalten und Kennzeichen haben. Immerhin soll sich der Forscher dessen bewusst sein, dass er äußerst vorsichtig vorgehen muss. Besonders muss er sich ähnelnde Buchstaben vereinzelt und im Umfeld untersuchen.

Die erste Aufgabe des Lesers ist es festzustellen, in welcher Sprache das vorliegende Dokument geschrieben ist. Viel Zeit kann verloren gehen, wenn man versucht, mit „deutschen" Augen eine in Latein geschriebene Seite zu lesen (was häufig bei Anfängern vorkommt).

Die zweite Aufgabe ist, den allgemeinen Inhalt eines Dokuments zu erfassen. Für die meisten Bücher und Handschriften gibt es zuverlässige Beschreibungen, wobei man an den Überschriften und Titeln den Inhalt erkennen kann. Das übliche Kirchenbuch bietet Tauf-, Konfirmations-, Heirats- und Beerdigungseinträge, doch findet man dann und wann Beichtverzeichnisse, Pfarrgeschichten, Berichte über Einkünfte und Ausgaben sowie sonstige interessante Eintragungen. Die meisten Standesbeamten befassten sich lediglich mit Geburts-,

Heirats-, und Sterbeeinträgen, die oft auf vorgedruckte Seiten geschrieben wurden.

Die Arbeit des Entzifferns kann dadurch erleichtert werden, dass man sprachliche Taktiken anwendet. Wer sich beispielsweise mit altdeutschen (zum Teil erloschenen) Wörtern, grammatikalischen Richtlinien, Schreibvarianten und Abkürzungen auskennt, der kommt beim Entziffern wesentlich schneller und besser voran. Die buchstabengetreue Wiedergabe des Urtextes, syntaktische Untersuchungen und das genaue Herausfinden bestimmter Bestandteile im Eintrag ermöglichen eine richtige Transkiption von schwer lesbaren Wörtern und Sätzen.

III. Das Entziffern von lateinischen Handschriften in deutschen Manuskripten

Einführung

Seit der Einführung des Christentums war Latein die vorherrschende Schreibsprache Mitteleuropas. Bis zur Reformation im frühen 16. Jahrhundert war der Umgang mit der lateinischen Sprache ein wesentlicher Teil der Ausbildung von katholischen Geistlichen (und allen anderen Personen mit einer klassischen Ausbildung). So ist es auch zu verstehen, dass die ersten Kirchenbuchaufzeichnungen - die von der katholischen Kirche erstellt wurden - auf Lateinisch geschrieben wurden. Ebenso verständlich ist, dass viele Geistliche der neuen lutherischen Pfarreien bald von dieser Tradition zugunsten der deutschen Sprache abwichen. Wir finden lateinische Traditionen, die in einigen katholischen Gemeindeaufzeichnungen bis ins 20. Jahrhundert überlebt haben. Da Familiengeschichtsforscher sich auch mit Latein in katholischen Kirchenbüchern auseinandersetzen müssen, werden wir uns in diesem Kapitel mit den Methoden der Entzifferung von lateinischen Kirchenbucheinträgen beschäftigen.

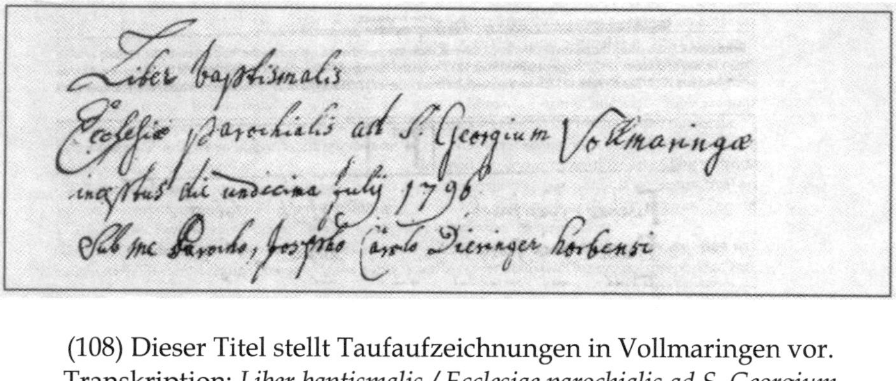

(108) Dieser Titel stellt Taufaufzeichnungen in Vollmaringen vor. Transkription: *Liber baptismalis / Ecclesiae parochialis ad S. Georgium Vollmaringæ / inceptus die undecima Julÿ 1796 / Sub me Parocho, Josepho Carlo Dieringer horbensi*

Übersetzung: *Taufbuch / der Gemeinde St. Georg in Vollmaringen / angefangen* am 11. Juli 1796 / *von mir, Pfarrer Joseph Carl Dieringer von Horb*

Latein in deutschen Kirchenbüchern

Das lateinische Alphabet ähnelt im Allgemeinen dem heutigen Satz von Buchstaben, die in Schulen unterrichtet werden. Die Buchstaben sehen im Wesentlichen so aus wie die in nachfolgender Abbildung.

(109) Lateinische Buchstaben, wie sie in Dokumenten des 9. – 12. Jahrhunderts geschrieben worden sind

Beachten Sie die folgenden Varianten der lateinischen Buchstaben, die in deutschen Dokumenten auftreten:

1) Die Buchstaben *ae/æ* und *oe/œ* (Doppelbuchstaben bzw. Ligaturen) entsprechen den deutschen Umlaut-Buchstaben *ä* und *ö*. Diese Varianten treten auch als Großbuchstaben auf: *Æ, Œ*.

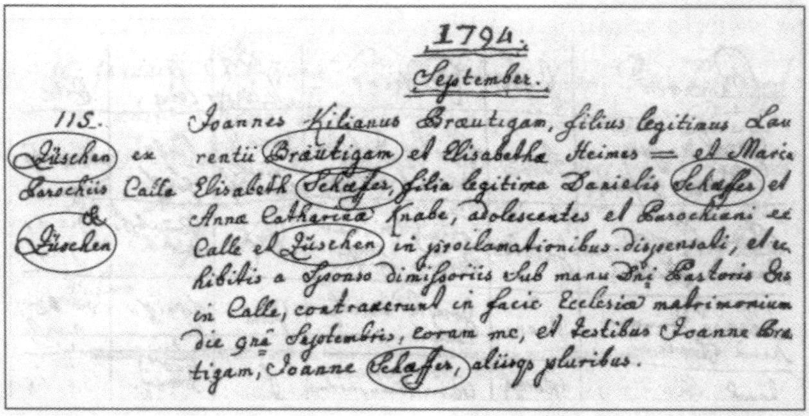

(110) Ein Eintrag aus der katholischen Gemeinde Züschen zeigt Doppelbuchstaben, welche die deutschen Umlaut-Buchstaben *ä* im Namen *Bræutigam* (*Bräutigam*) und *Schæffer* (*Schäffer*) vertreten. Beachten Sie auch den Umlaut *ü* im Ortsnamen *Züschen*

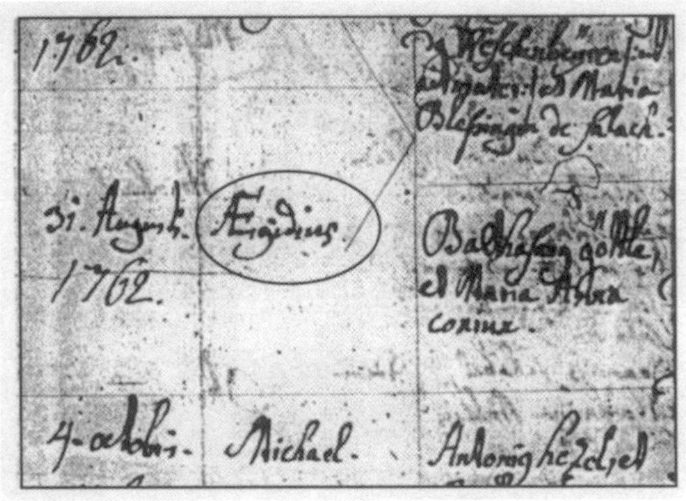

(111) Die großgeschriebenen Doppelbuchstaben *AE*/*Æ* wie sie von einem lutherischen Pfarrer in Württemberg geschrieben wurden. Das Kind wurde *Ægidius (Ägidius)* genannt

2) Es gibt zwei Varianten für den Kleinbuchstaben *s* – das gebräuchliche *s* und das altertümliche verlängerte s = ſ, das am Ende einer Silbe oder als erstes Element eines Doppel *ss* gefunden werden kann.[38] Forschungsanfänger verwechseln oft das verlängerte s = ſ mit dem deutschen h = ſ, wenn der Schreiber die Buchstaben aus beiden Alphabeten in demselben Eintrag benutzte (siehe Abbildung des gotischen Kleinbuchstaben h = ſ im Kapitel II).
3) Mit Ausnahme des Punktes über dem *i* und dem *j*, treten keine diakritischen Zeichen über lateinischen Buchstaben auf. Dennoch wurden einige Zeichen von verschiedenen Schreibern in Abkürzungen benutzt (wie nachfolgend beschrieben).
4) Das *w* kommt selten vor und existiert unter den meisten Benutzern des lateinischen Alphabetes überhaupt nicht. Diesem Buchstaben wird man nur in Personennamen und Ortsnamen in deutschen Dokumenten begegnen.
5) Die Großbuchstaben *I* und *J* wurden von vielen Schreibern identisch geschrieben. Dennoch gibt es zwei große

[38] Manche wohl nicht ausreichend ausgebildete Schriftführer schrieben das Doppel-*ss* umgekehrt, also ss = sſ.

Klangunterschiede, wobei die Unterscheidung für die Entzifferung wichtig ist: das Symbol *I/J* gilt als der Konsonant *J*, wenn ein Vokal anschließt und als der Vokal *I*, wenn ein Konsonant folgt. Diese Regel macht sich oft in deutschen Namen bemerkbar, z.B. in dem Stadtnamen *Ismaning* = *Jsmaning* und dem Familiennamen *Illert* = *Jllert*.

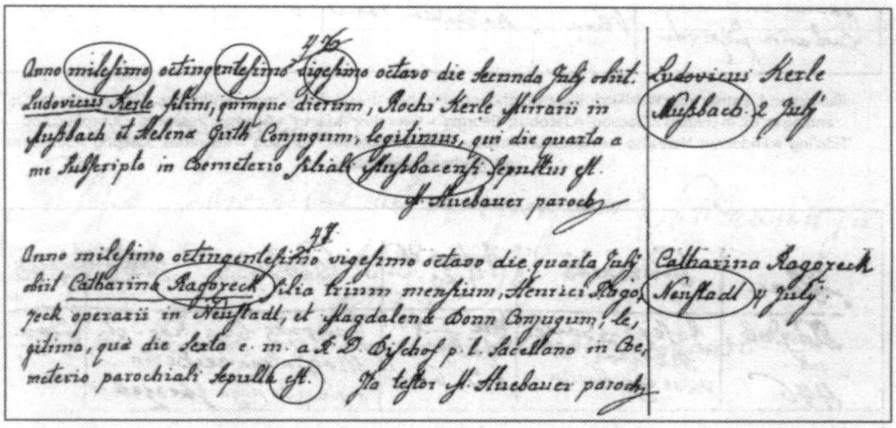
46
Anno milesimo octingentesimo vigesimo octavo die secunda July obiit. Ludovicus Kerle
Ludovicus Kerle filius, quinque dierum, Rochi Kerle sutoris in Mussbach 2 July
Mussbach et Helena Gutt Conjugum, legitimus, qui die quarta a
me Subscripto in Coemeterio filiali Mussbacensi sepultus est.
J. Auebauer paroch.
47
Anno milesimo octingentesimo vigesimo octavo die quarta July Catharina Rogoreck
obiit Catharina Rogoreck filia trium mensium, Henrici Rogo- Neustadt 4 July
reck operarii in Neustadl, et Magdalena Donn Conjugum, le-
gitima, quae die sexta e. m. a R. D. Bischof p. t. Sacellano in Coe-
meterio parochiali sepulta est. Ita testor J. Auebauer paroch.

(112) Dieser Sterbeeintrag aus Musbach, Bayern zeigt ein verlängertes s = ſ in den Wörtern *milesimo, octingentesimo, vigesimo, Mussbach, Subscripto, Mussbacensi* (die abgeleitete Form von Mussbach), *Neustadt* und *est*. Dieser Schreiber benutzte das verlängerte s = ſ nicht nur in Doppel-ss = ſs- Kombinationen

6) Der Klein- und Großbuchstabe *u* = *U* ist mit dem sich ähnlich sehenden *v* = *V*, wie in dem Namen *Jacobus* = *Jacobvs* und *Ursula* = *Vrsvla* austauschbar. Dieser Austausch kann überall in Wörtern oder Namen vorkommen. Das Leseproblem kann wie folgt behoben werden: Wenn der Buchstabe von einem Vokal gefolgt wird, dann lese man ein *V* wie in *Valentinus*, folgt ein Konsonant, dann lese man ein *U* wie in *Ulrich*.

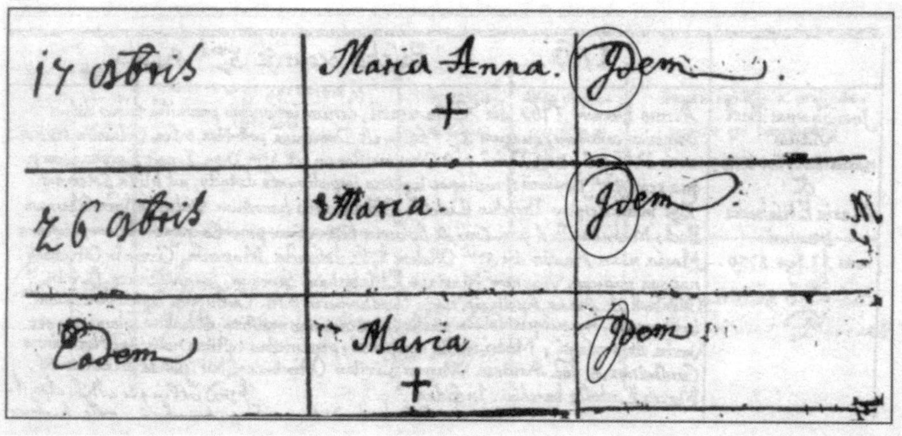

(113) Dieser Geburtseintrag aus Illerzell in Bayern zeigt die Ähnlichkeit der Grossbuchstaben *I* und *J* in dem Wort *Idem*

(114) In diesem Taufeintrag aus Baden beginnen beide Namen *Verena* und *Ursula* mit dem gleichen Grossbuchstaben

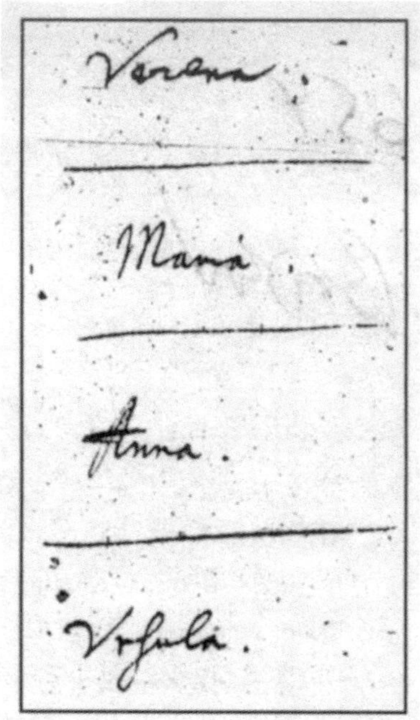

Lateinische Abkürzungen in deutschen Kirchenbüchern

Schon früh war es bei Schriftführern Brauch, lateinische Wörter abzukürzen.[39] Viele lateinische Ausdrücke beinhalten mehr als ein Dutzend Buchstaben, weshalb die Versuchung groß war, sie zu verkürzen. In deutschsprachigen Regionen neigten Kirchenbuchaufzeichnungen dazu, formularähnlich zu sein, wobei sich die Texte wiederholten, so dass es als unnötig oder ineffizient galt, ganze Ausdrücke immer wieder auszuschreiben. Außerdem waren Schreibstoffe - vor allem Pergament und Papier - teuer. Der Schreiber konnte sicher sein, dass sein Nachfolger im Amt die Abkürzungen erkennen würde.

Glücklicherweise haben Kirchenbuchführer oft eine Linie über Wörter oder Namen gezogen, von denen Buchstaben weggelassen wurden. Übliche Muster von Auslassungen und Abkürzungen zeigen die folgenden Beispiele:

1) Die Endsilbe *-us* ist oft mit einem einzigen Zeichen dargestellt = *g*. Diese Vorgehensweise wurde bei männlichen Vornamen angewandt: *Adolfg* = *Adolfus, Petrg* = *Petrus, Iacobg* = *Jacobus.*
2) Ordnungszahlen und Monatsnamen wurden oft abgekürzt:
   7ber/7bris = September, septembris
   8ber, 8bris = Oktober, octobris
   9ber, 9bris = November, novembris
   10ber, 10bris bzw. Xber, Xbris (X = 10) = Dezember, decembris
3) Lateinische Abkürzungen werden selten durch Zeichensetzung unterschieden: *Jo* oder *Joes* oder *Jois* = *Joannes* (Johannes). *A* oder *An* oder *Ao* = *anno* = Jahr. Der Schreiber konnte sicher sein, dass der Leser die Ausdrücke oder Wörter erkennen würde.

---

[39] Bischoff (S. 202-223) behandelt solche Abkürzungen ausführlich. Obwohl die meisten Beispiele, die er aufführt, von vor dem Jahr 1400 stammen, findet man unter diesen auch solche, die nach der Zeit noch in Kirchenbüchern vorkommen.

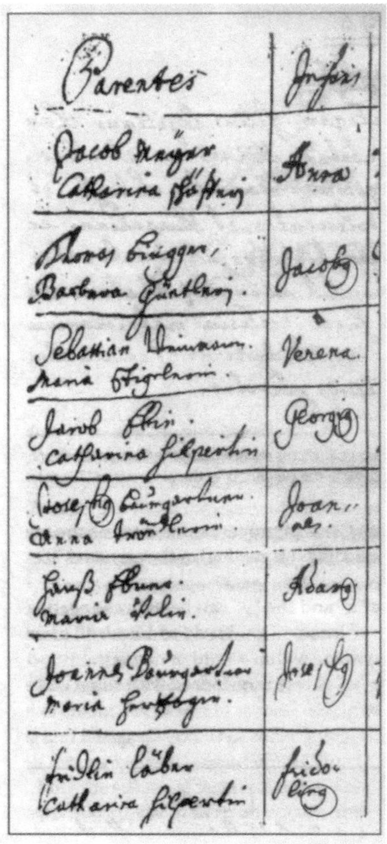

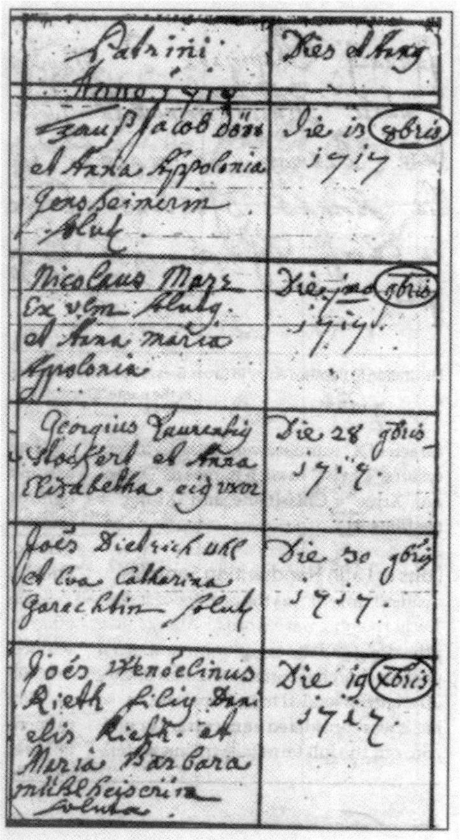

(115) Taufeinträge in Waldkirch zeigen männliche Namen, die in *–us* enden, aber mit dem ähnlich aussehenden Zeichen *g = us = Jacobg = Jacobus, Georgig = Georgius, Adamg = Adamus, Josephg = Josephus, Fridoling = Fridolinus*. Jedoch wurde nur ein Vatername (*Josephg = Josephus* auf der 5. Zeile) gleich behandelt

(116) Taufeinträge aus Offenbach zeigen abgekürzte Monatsnamen.
Zeile 1:
Die 13 8bris = den 13. Oktober;
Zeile 2:
Die jmo (j = i =1) 9bris = den 1. November;
Zeile 5:
Die 19 Xbris = den 19. Dezember

(117) In diesem Heiratsregister stellt *Joes Jacob* den Namen *Joannes Jacob* dar, entsprechend
Joes Georg = Joannes Georg,
Joes Wendel = Joannes Wendel.
Joannes entspricht *Johannes* oder *Johann*

4) Ortsnamen sind im Deutschen oft sehr lang und werden länger, wenn die Deklinationen (grammatikalische Endungen) angefügt werden. Der deutsche Name *Regensburg* wird im Lateinischen *Ratisbon* geschrieben und *Ratisbonensis* in der Deklination. Mögliche Abkürzungen sind *Ratisb.*, *Rat.* oder einfach *R.* im Zusammenhang.[40]
5) Wörter mit der Bedeutung „wie oben" sind eine Art von Abkürzungen und als solche in lateinischen Kirchenbucheinträgen sehr häufig. Beliebte Abkürzungen sind *eodem, item, idem, ejusdem, eiusdem* und *ditto.* Auch diese Abkürzungen können verkürzt vorkommen, wie etwa *eod* oder *ejusd.*
6) Der Buchstabe *X* wurde schon vor karolingischer Zeit verwendet, um die Silbe *Chris(t)* in Namen wie *Xtian* = *Christian, Xtine* = *Christine* und *Xtofer* = *Christofer* wiederzugeben.

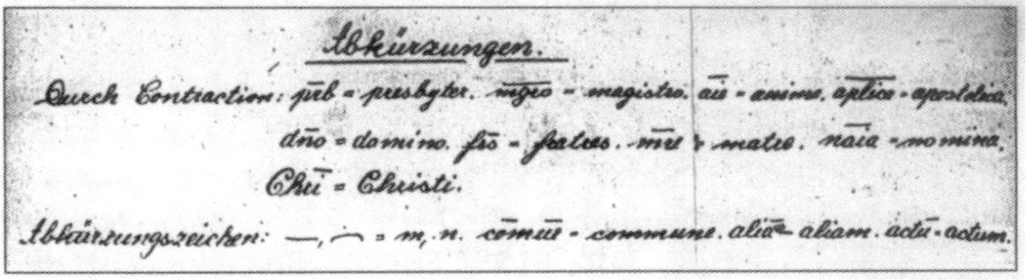

(118) Der Schreiber dieser lutherischen Pfarrei in Hessen zeichnete einige seiner Lieblingsabkürzungen und Verkürzungen für seine Nachfolger auf

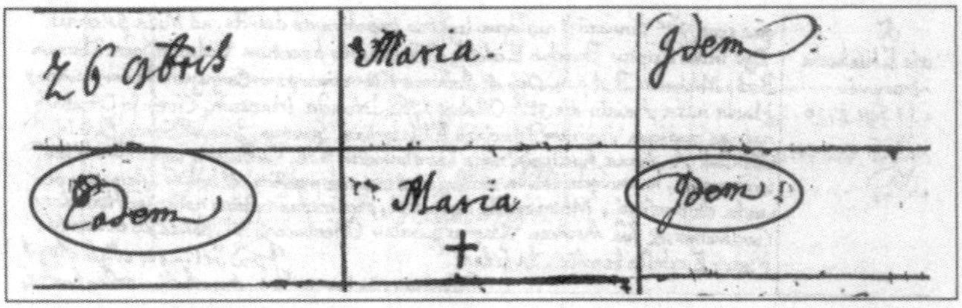

(119) In diesem Taufeintrag bedeutet *Eodem* (links) „wie oben" und heißt *den 26. Oktober.* Das Wort *Jdem/Idem* (rechts oben) zeigt an, dass das Ereignis in dem gleichen Ort, wie zwei Zeilen darüber, stattfand (hier nicht gezeigt)

40 Lateinische Varianten von deutschen Ortsnamen findet man zur Genüge in *Orbis Latinus* (s. Literaturverzeichnis).

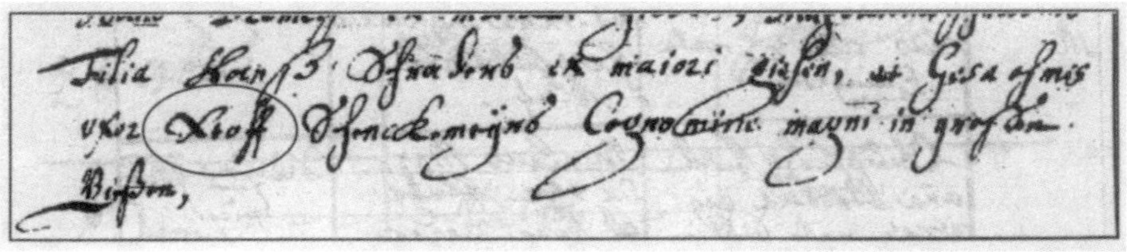

(120) *Xtoff* ist die abgekürzte Form des Vornamens *Christoff*

Zahlen

Der Familiengeschichtsforscher sollte eine Tabelle zur Hand haben, um die lateinischen Kardinalzahlen (wie *eins* und *zwei)* und Ordnungszahlen (wie *erste* und *zweite*) zu identifizieren. Viele Forscher finden es leichter, eine ausgeschriebene Zahl wegen der Schwankungen in der Bildung der lateinisch/romanischen oder arabischen Zahlen zu bestimmen. Hier sind einige Hinweise, wie man Nummern und Zahlen identifiziert:

1) Zahlen - wie Substantive und Adjektive - können dekliniert sein. In anderen Worten und Endungen können sie sich je nach grammatikalischem Geschlecht unterscheiden (männlich oder weiblich). Zahlen (Einzahl oder Mehrzahl): *prima* und *primo* bedeuten beide „Eins".
2) Bei Ordnungszahlen wurden die Zahlen oft in Verbindung mit der Ordinalendung geschrieben: *8va* = *octava* = 8., *19na* = 19., *23tia* = *23sten* = 23.
3) Die Wörter *secunda* (nächste), *pridie* (vorherige) und *sequenta* (folgende) werden häufig in offensichtlicher Verbindung mit spezifischen Zahlen in Daten benutzt.
4) Das Wort *hora* bedeutet „Stunde" oder „Uhr" und wird häufig in Verbindung mit *ante meridianus* (vormittags, d.h. bis 12 Uhr mittags) und *post meridianus* (nachmittags, d.h. nach 12 Uhr mittags) in Geburts- und Todeseintragungen gebraucht.[41]

---

[41] Die Abkürzung p.m. bedeutet gelegentlich auch *piæ memoriæ* = *im seligen Andenken* [des Verstorbenen]. Kommt dieser Ausdruck im Text dort vor, wo von der Tageszeit nicht die Rede sein kann, so findet man ihn meist unmittelbar vor oder nach dem Namen einer Hauptperson. Dann bedeutet er *post mortem* = *verstorben* (*weiland*).

5) Römische Zahlen werden häufig benutzt, um Kalenderjahre und Feiertagszahlen (siehe nachfolgende Abbildung) zu bestimmen. Wie auch immer, die Standardform, zum Beispiel IX = 9, kann nicht angenommen werden, da Variationen in Betracht gezogen werden müssen: 8 = VIII oder IIX; 25 = XXV oder XXIIIII; 90 = XC oder LXXXX. Diese Zahlen kommen in Gross- und in Kleinbuchstaben vor.

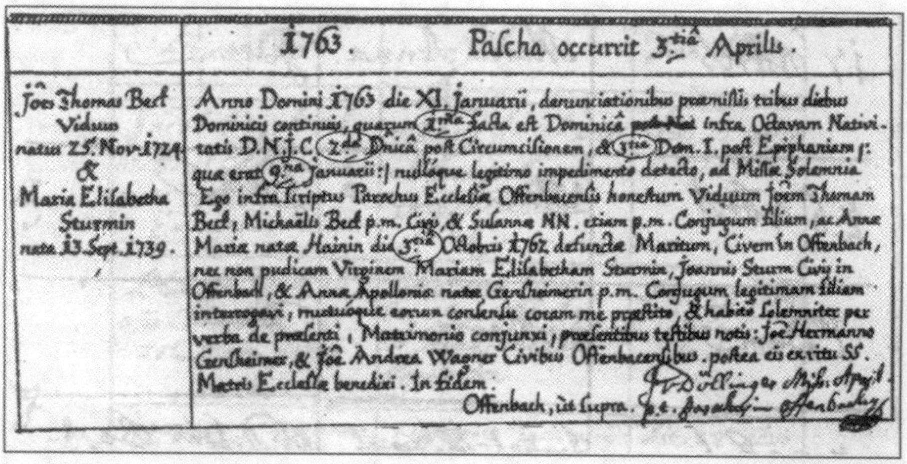

	1763. Pascha occurrit 3tia Aprilis.
Joes Thomas Beck Viduus natus 25. Nov. 1724. & Maria Elisabetha Sturmin nata 13. Sept. 1739.	Anno Domini 1763 die XI. Januarii, denunciationibus praemissis tribus diebus Dominicis continuis, quarum 1ma facta est Dominicâ infra Octavam Nativitatis D.N.J.C. 2da Dnicâ post Circumcisionem, & 3tia Dom. I. post Epiphaniam :quae erat 9na Januarii :| nulloque legitimo impedimento detecto, ad Missae Solemnia Ego infra scriptus Parochus Ecclesiae Offenbacensis honestum Viduum Joem Thomam Beck, Michaëlis Beck p.m. Civis, & Susannae NN. etiam p.m. Conjugum filium, ac Annae Mariae natae Hainin die 3tia Octobris 1762 defunctae Maritum, Civem in Offenbach, nec non pudicam Virginem Mariam Elisabetham Sturmin, Joannis Sturm Civis in Offenbach, & Annae Apolloniae natae Gensheimerin p.m. Conjugum legitimam filiam interrogavi, mutuóque eorum consensu coram me praestito, & habito solemniter per verba de praesenti, Matrimonio conjunxi, praesentibus testibus notis: Joe Hermanno Gensheimer, & Joe Andrea Wagner Civibus Offenbacensibus. postea eis ex ritu SS. Matris Ecclesiae benedixi. In fidem. Offenbach, ut supra.

(121) In diesem Heiratseintrag von 1763 sind die Ordnungszahlen abgekürzt: *1ma = prima = erste; 2da = secunda = zweite; 3tia = tertia = dritte; 9na = nona = neunte*

(122) Lateinische Zahlen wurden benutzt, um zu zeigen, dass die Eheproklamation (rechts) an den 24., 25. und 26. Sonntagen nach Pfingsten in dieser katholischen Pfarrei in Schlesien stattfand. Diese Daten sind demzufolge der 9., 16. und 23. November

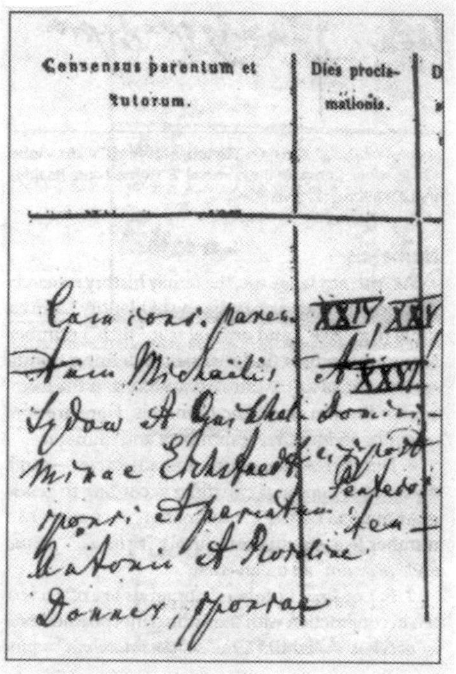

Datumsangaben

Verweise auf Daten in lateinischen Kirchenbucheinträgen schließen gewöhnlich eine große Anzahl von Wörtern ein, die Tage und Monate bestimmen. Einige sind stilistische Elemente, während andere den Leser an die komplizierten historischen und kirchlich-kulturellen Traditionen erinnern, an die in vergangenen Jahrhunderten gedacht wurde. Sicher sind diese Bezeichnungen für den Durchschnittsbürger einer Gemeinde fremd gewesen, aber Gelehrte, Regierungsbeamte und einige Geschäftsleute benutzten sie am Alltag. Hier folgen einige der am Häufigsten benutzten Wörter.

1) Für die Wochentage sind folgende lateinische Bezeichnungen in Kirchenbucheinträgen zu finden:
   Montag = *dies Lunæ, feria secunda*
   Dienstag = *dies Martis, feria tertia*
   Mittwoch = *dies Mercurii, feria quarta*
   Donnerstag = *dies Movis, feria quinta*
   Freitag = *dies Veneris, feria sexta*
   Sonnabend = *dies Saturni, sabbatum, feria septima*
   Sonntag = *dominica, dies solis, feria prima*

2) Die Monatsnamen sind erkennbar; sie können abgekürzt oder dekliniert sein (siehe Anhang). Zum Beispiel kann der Monat *März* als *Martius, Marti, Martii, Mart, Mar* geschrieben werden.
3) Feiertage wurden gewöhnlich anstatt der Gregorianischen Kalenderdaten für Sonntage in lateinischen Einträgen benutzt. Im Wesentlichen hat jeder Sonntag im Jahr einen entsprechenden Feiertagsnamen wie *Epiphany, Pentecoste, Trinitatis* und *Adventis* und können aus anderen Zusammenhängen bekannt sein. Einige Feiertagswörter sind als Serie wie in den vier Adventsonntagen benutzt worden. Zum Beispiel stellten im Jahre 1698 die Feiertage *Oculi, Laetare* und *Judica* jeweils den 27. März, 3. April und 10. April dar. Proklamationen fanden fast immer an drei aufeinanderfolgenden Sonntagen statt. Wenn man solchen Daten begegnet, sollte man in einem Feiertagumwandlungskalender nachschlagen, um das entsprechende Gregorianische Kalenderdatum zu finden.[42]
4) Der Julianische Kalender wurde in deutschsprachigen Regionen Europas bis 1582 benutzt. In diesem Jahr beschloss Papst Gregor XIII., dass eine Anpassung erfolgen musste, um die Daten in Übereinstimmung mit den Himmelserscheinungen zu bringen. Im Grunde bedeutete das, dass 10 Tage ausgelassen wurden und in diesem Jahr auf den 4. Oktober der 15. Oktober folgte. Die Übernahme des neuen oder Gregorianischen Kalenders geschah zwischen 1582 und etwa 1700. Einige kirchliche und politische Regionen widerstanden dem Wechsel bis ins späte 18. Jahrhundert.[43]

---

42 Wie man ausführlich bei Bukke und Thomsen (s. Literaturverzeichnis) liest, gab es sogenannte „festgesetzte" und „bewegliche" Festdaten. Die festgesetzten fanden jedes Jahr an dem selben Kalendertag statt, z.B. *Rogerius* = 15. September. Die beweglichen schwankten von Jahr zu Jahr, was dem heutigen Leser geläufig ist: *1. Adventis* = 2. Dezember 1666, aber 1. Dezember 1667.

43 Ribbe & Henning bieten eine detaillierte Beschreibung von der Einführung des Gregorianischen Kalenders, sowohl im katholischen Raum wie auch im protestantischen Raum Deutschlands.

Lateinische Grammatik

Es würde den Umfang dieses Buches sprengen, an dieser Stelle eine Grammatik der lateinischen Sprache vorzulegen. Forscher können eine große Anzahl Bücher unter diesem Thema finden und zu Rate ziehen. Dennoch ist es hilfreich, hier einige Aspekte der lateinischen Grammatik zu erwähnen, die es dem Familienforscher ermöglichen, wichtige Elemente in Kirchenbucheinträgen zu erkennen und zu entziffern.

1) Die Satzstellung ist nicht vorgeschrieben. Zum Beispiel können Objekte in einem Satz Subjekten vorausgehen. Verben können an beliebiger Stelle erscheinen und Adverbien der Zeit, Art und Weise und Ort sind gestellt, wohin der Schreiber es wollte.

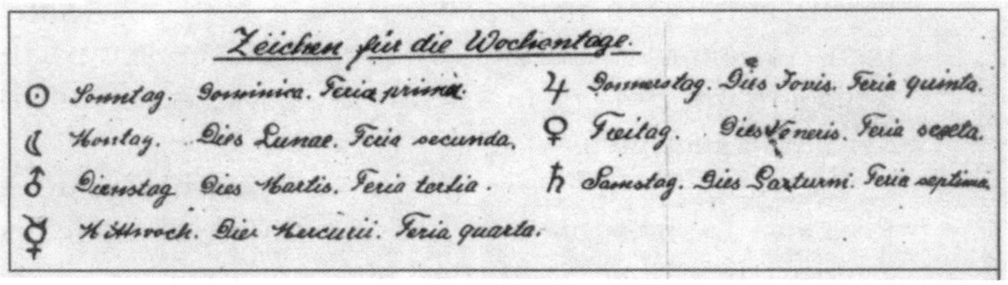

(123) Der Pfarrer einer lutherischen Gemeinde in Hessen erstellte diese Liste von lateinischen Namen für die Tage der Woche zusammen mit deren traditionellen Symbolen

2) Substantive sind dekliniert (Endungen wurden geändert oder hinzugefügt), um den Fall (*Kasus*) zu bestimmen. Die Endungen eines Falles erlaubt dem Forscher, die Beziehungen zwischen den Personen in einem Eintrag zu bestimmen. Zum Beispiel bestimmt die Endung *-i* an einem männlichen Namen das Verhältnis (Genitiv), wie es häufig in Taufeinträgen am Namen des Vaters des Kindes gesehen werden kann: *Petri Schneider* = von Peter Schneider = des Peter Schneider.
3) Substantive werden nach Geschlecht dekliniert: zum Beispiel sind Vornamen, die mit *–us* enden männlich (*Petrus, Jacobus, Mathaeus*), während die Endungen mit *–a* weiblich sind (*Christina, Maria, Alexandra*). Besonders

wichtig sind die Substantive für Sohn und Tochter (*filius, filia*) und Bräutigam und Braut (*sponsus, sponsa*).

4) Adjektive können dekliniert und Verben konjugiert werden wie Substantive. Wichtige Anhaltspunkte können durch Wörter wie *baptizatus* (ein männliches Kind wurde getauft) und *baptizata* (ein weibliches Kind wurde getauft) oder durch *mortuus* bzw. *defunctus* (eine männliche Person starb) und *mortua* bzw. *defuncta* (eine weibliche Person starb) ausfindig gemacht werden.

Einträge in Spalten, im Satz- und Paragraphenformat

Das klarste System, das häufig in lateinischen Geburts- und Sterbeeinträgen benutzt wurde, war die Seite in Spalten aufzuteilen. Typische Aufschriften zeigen fast ausnahmslos das Taufdatum (*baptizatum*), die Namen des Kindes (*infans*) oder der Kinder (*infantes*), die Namen der Eltern (*parentes*) und die Namen der Taufpaten (*patrines* bzw. *levantes*) oder der Zeuge(n) (*testes*).

Detaillierte Aufzeichnungen beinhalten Spalten für das Geburtsdatum (*natus*), den Geburtsort (*locus*) und den Namen des amtierenden Pastors (*baptizans*), das Geschlecht des Kindes (*status, legitimatus*) und die Nummer des Kindes (*numerus*, gewöhnlich die laufende Zahl der im Jahr getauften Kinder).

Spalteneinträge in Todesaufzeichnungen beinhalten Wörter für den Tod (*mortus*) und die Beerdigung (*sepultus*). In Hochzeitseinträgen kommen Wörter wie Bräutigam (*sponsus*), Braut (*sponsa*), Vater bzw. Eltern des Bräutigams (*pater* bzw. *parentes sponsi*), Vater bzw. Eltern der Braut (*pater* bzw. *parentes sponsae*) und der Tag der Verkündigung (*proclamation*) vor. Aufzeichnungen im Spaltenformat sind gewöhnlich sehr leicht zu entziffern. Hauptsächlich kann der Forscher nach der Identifizierung des Inhaltes einer gegebenen Spalte den Blickfeld auf einen bestimmten Sachverhalt lenken, beispielweise die Namen der Kinder in den Spalten, wo die Familiennamen gewöhnlich nicht vorhanden sind. Dennoch gibt es manchmal Komplikationen und die eigenen Erwartungen werden nicht immer erfüllt. Hier sind einige Probleme, die in Spalteneinträgen vorkommen:

1) In älteren Aufzeichnungen wird eventuell kein Name für ein Kind angegeben sein. In solchen Fällen besagt der Gebrauch, dass der Name des ersten Taufpaten desselben Geschlechts dem Täufling beigelegt wird. Gelegentlich ist der Zeuge nicht desselben Geschlechts und der Name, der dem Kind gegeben wurde, bildet sich aus dem Vornamen des Paten und trägt die entsprechende Endung: beispielsweise heißt der einzige Taufpate *Christian*, das unbenannte Kind ist weiblich und heißt also *Christina*.
2) In einigen Pfarreien sind die Namen der Paten vor den Namen der Eltern aufgelistet. Es kommt auch vor, dass sich im Kirchenbuch die Anordnung der Spalten von Seite zu Seite ändert. Mit anderen Worten kann es irreführend sein, davon auszugehen, dass in der dritten Spalte immer die Eltern aufgeführt sind.
3) Wird nur ein Datum in katholischen Aufzeichnungen erwähnt, wird es fast immer das der Taufe oder der Beerdigung sein – nicht aber der Geburt oder des Todes.
4) Für Gemeinden, die mehr als eine Stadt umfassen, ist oft der genaue Ort des Ereignisses angegeben – zumindest abgekürzt oder als Randvermerk. Wenn nicht anderweitig erwähnt, fanden die Taufen und Hochzeiten in der Pfarrkirche und die Beerdigungen auf dem Kirchhof (Friedhof) statt.

Auf den folgenden Seiten sind Beispiele von beliebten Eintragungen im Spaltenformat dargestellt.

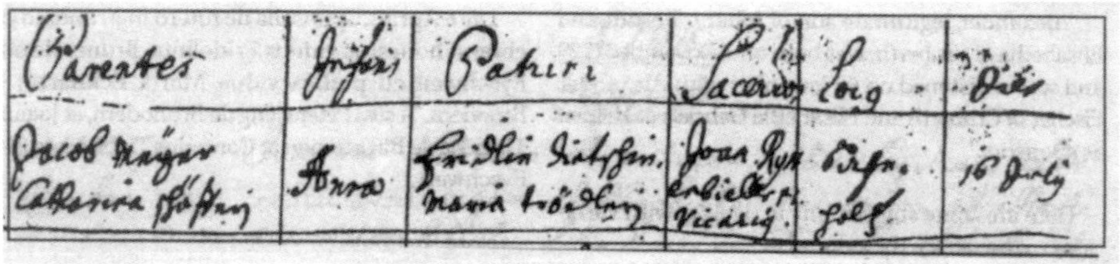

(124) Taufaufzeichnungen im Spaltenformat in Baden.
In der mit *Sacerdos* betitelten Spalte steht der Name des Pastors,
in der Spalte *Dies* der Tag bzw. das Datum

Transkription

Parentes: Jacob Meÿer, Catharina Schäfferin
Infans: Anna
Patrini: Fridlin Dietschin, Maria Trödlerin
Sacredos: Joan. Rytterbieller vicarius
Locus: Bahnholtz
Dies: 16 Julÿ

Übersetzung

Anna, Tochter des Jacob Meyer und der Catharina Schäffer von Banholz, wurde am 16. Juli von Pastor Johann Rytterbieller getauft. Taufpaten waren Fridlin Dietsch und Maria Trödler.

(125) Ein Hochzeitseintrag im Spaltenformat aus der katholischen Pfarrei Nöggenschwihl. Die erste Spalte ist für das Datum und trägt den Titel *Tempus* = *Zeit*

Transkription

Tempus: 1788. 8. Januar
Sponsi: Laurentius Weber Heubacensis, Catharina Fink
Testes: Thomas Jäger /Wagner/, Benedictus Koepfer
Minister: Augustinus Schreiner

Übersetzung

Den 8. Januar 1788 [verehelichte sich] Lorenz Weber von Heubach mit Catharina Fink. Zeugen waren Thomas Jäger, ein Wagner, und Benedict Köpfer. Der amtierende Priester war Augustin Schreiner.

Analyse

Einige Namen müssen in diesem Eintrag abgeändert bzw. verdeutscht werden: der Vorname *Laurentius* ist *Lorenz*, der Ortsname *Heubacensis* ist *Heubach*. Der Schreiber benutzte den Umlaut für das deutsche *ä* in *Jäger*, aber die lateinische Ligatur *oe* = *œ* in *Koepfer* = *Köpfer*. Man bemerke, dass der Schreiber dem Thomas Jäger die deutsche Berufsbezeichnung *Wagner* beilegte.

Lateinisch geschriebene Sterbeeinträge im Spaltenformat sind überhaupt nicht geläufig. Der heutige Leser könnte sich fragen, ob man es damals etwa für nicht angemessen gehalten habe, eines Toten mit wenigen Worten zu gedenken. Wo jedoch solche kurzen Aufzeichnungen gefunden werden, findet man in den Spaltenüberschriften höchstwahrscheinlich Ausdrücke wie *mortis* oder *defunctis* (Name der Verstorbenen), *dies sepultis* (Beerdigungsdaten), *locus* (Ort) und *aetatis* (Alter).

Eintragungen in lateinischer Sprache, die im Paragraphenformat vorkommen, sind nicht unbedingt Paragraphen, wenn man streng nach grammatikalischen Regeln verfahren will. Im Wesentlichen sind es lange Sätze oder Nebensätze. Latein hat keine vorgeschriebene Satzstellung, benutzt bestimmte Artikel (der, die, das) und unbestimmte Artikel (ein, eine) und kann sogar auf Verben verzichten, wo die Bedeutung klar ist – wie es gewöhnlich in wiederholten Einträgen von Geburts-, Heirats- und Sterbedaten der Fall ist. Vor 1700 war die Großschreibung nicht einheitlich und gibt deshalb wenig Anhaltspunkte bei der Identifizierung von Personen- oder Ortsnamen.

Satzeinträge beinhalten gewöhnlich mehr Einzelheiten als Spalteneinträge, wie z.B. Status, Beruf und Wohnsitz der genannten Person(en). Das Alter und der Geburtsort der Braut und des Bräutigams können in Hochzeitseinträgen auftreten, sowie Informationen zu vorherigen Ehen oder verstorbenen Ehegatten. Todeseinträge können erweitert werden, um Daten wie Geburtsinformationen, Namen des Ehegatten und Namen der Hinterbliebenen hinzuzufügen.

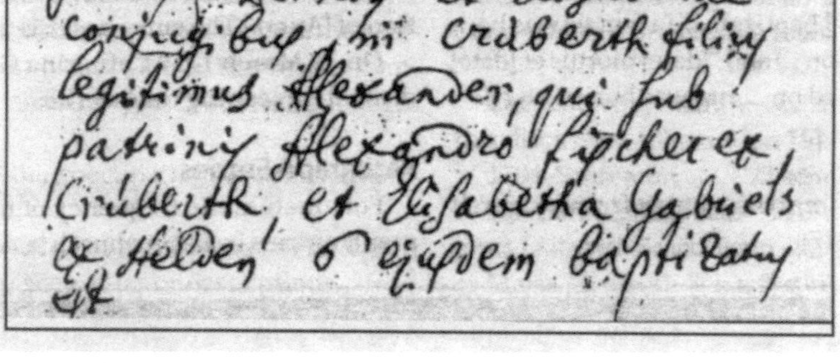
Anno 1729 1 Novembris natus est
Joanni Berndt et Elisabethae
coniugibus in Crubeth filius
legitimus Alexander, qui sub
patrinis Alexandro Fischer ex
Crubeth et Elisabetha Gabriels
ex Helden 6 eiusdem baptizatus
est

(126) Ein Geburts- und Taufeintrag im Satzformat aus der Gemeinde Helden

Transkription

Anno 1729. 1. Novembris natus est Joanni Berndts et Elisabethæ conjugibus in Cruberth filius legitimus Alexander, qui sub patrinis Alexandro Fischer ex Cruberth, et Elisabetha Gabriels ex Helden 6 ejusdem baptizatus est.

Übersetzung

Alexander, ehelicher Sohn des Johann Berndts und seiner Frau Elisabetha, wurde am 1. November 1729 geboren und am 6. desselben Monats getauft. Taufpaten waren Alexander Fischer von Cruberth und Elisabetha Gabriels von Helden.

Analyse

Der Taufeintrag aus Helden ist typisch für einen Paragraphentext. Es ist im Wesentlichen ein einfacher Satz, hat aber das Aussehen eines Paragraphen. Das Datum ist im Generellen der Anlaufpunkt für unsere Entzifferungsaufgabe und ist leserlich erkennbar. Der Name des Kindes ist oft gefolgt von oder geht dem Schlüsselwort *filius* (oder *filia* für ein weibliches Kind) voran. Setzen wir voraus, dass die nächsten zwei Namen - einer für jedes Geschlecht in vorhersagbarer Reihenfolge -- die Eltern sind, so müssen die letzten zwei Namen die der Zeugen sein.

Hier sind einige Vorschläge, die sich mit Variationen des oben angeführten Beispiels beschäftigen:

1) Achten Sie auf den Namen des Kindes, gefolgt von denen der Eltern, vielleicht mit der Einführung *cum nomen* oder *nomen impositum* (mit dem Namen von).
2) Erinnern Sie sich daran, dass die Namen der Zeugen denen der Eltern vorausgehen können. Sobald ein Muster aufgestellt ist, mag der Schreiber sich nicht verpflichtet gefühlt haben, Eltern und Zeugen in solchen Fällen umzuordnen.
3) Seien Sie sich einer großen Häufigkeit von Abkürzungen bewusst.
4) Der Satzbau kann ganz unstrukturiert sein, d.h. der Eintrag bringt sehr wenige Einzelheiten: „21 September, getaufter Mathaeus, Vater Georg Fischer, Zeuge Michael

Schmidt.“ Wir können dies mit dem sogenannten „Telegrafenstil“ vergleichen, bei dem es auch keinen vollständigen Satz gibt.

5) Verbundene Ausdrücke wurden oft benutzt, wie zum Beispiel *8 7bris nata et 9na baptizata . . .* (ein weibliches Kind wurde am 8. September geboren und am 9. getauft), und *22 februarii mortus et 23tia sepultus* (eine männliche Person verstarb am 22. Februar und wurde am 23. beerdigt).

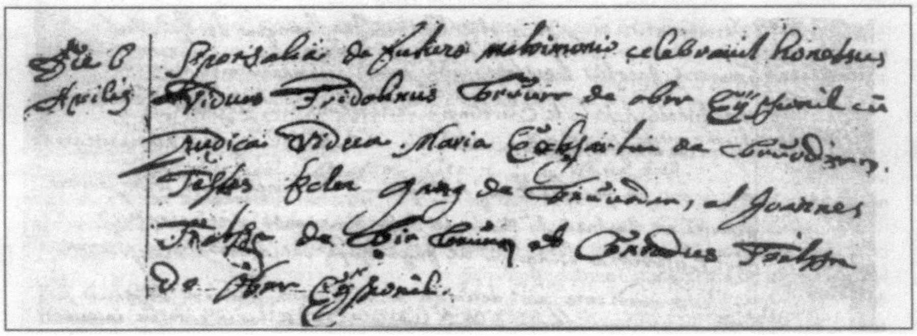

(127) Dieser Hochzeitseintrag im Satzformat steht in den Büchern der katholischen Pfarrei Weilheim

Transkription

Die 6 Aprilis.
Sponsalia de futuro matrimonio celebravit honestus
viduus Fridolinus Bruner de ober Eÿschweil cu
pudica vidua Maria Eckhartin de Bruodern.
Testes Peter Geng de Brunodern, et Joannes
Tietsche de Birbrunnen et Conradis Titsche
de Ober Eÿschweil.

Übersetzung

Den 6. April [verehelichte sich] der Witwer Fridolin Bruner von Ober Eischweil mit der Witwe Maria Eckhart von Brunnadern. Zeugen waren Peter Geng von Brunnadern, Johannes Tietsche von Bierbronnen, und Conrad Tietsche von Ober Eischweil.

Analyse

Beide - die Braut und der Bräutigam - waren vorher schon einmal verheiratet (die Eltern einer verwitweten Person werden im Allgemeinen nur bei der ersten Heirat erwähnt). Der Ausdruck *cum* = mit der Abkürzung zu *cu* mit einem Strich über dem *u* deutet einen fehlenden Buchstaben an. Der Familienforscher ist erfreut, den Aufenthaltsort aller angegeben Parteien zu erfahren, aber wir müssen die Rechtschreibung der Stadtnamen korrigieren. Alle oberen Linien und nach dem *u* folgend, stellen fehlende Buchstaben in jeder Ausführung von Brunnadern dar.

(128) Diese Sterbeeinträge im Satzformat wurden in Weilheim, Baden aufgezeichnet. Nur der erste Eintrag ist unten ausgewiesen

Transkription

Die 14to Martij Ao 1719. Sacramentis rite provisa obijt Catharina Gampin de Heüwbach.

Übersetzung

Den 14. März 1719 starb Catharina Gamp von Heubach. Sie wurde [mit den letzten Sakramenten] versehen.

Analyse

Die Originalseite hat sich über die Jahre stark verfärbt. Die Ordnungszahl ist von dem Anhang von *to* nach der Zahl *14* angegeben. Das Wort *Anno* = Jahr hat die zwei inneren Buchstaben verloren. Wir entnehmen hieraus, dass der Familienname der Frau *Gamp* ist, beim Weglassen der weiblichen Morpheme *-in* und setzen den Stadtnamen zu *Heubach* um. Als einen persönlichen Stil benutzt dieser Schreiber *ij* für Doppel *ii* in dem Wort *Martii* = März und *obiit* = gestorben.

Die Häufigkeit von lateinisch geschriebenen Paragrapheneinträgen in Kirchenbüchern ist nicht groß. Da die Kosten für Papier, Tinte und Schreibinstrumente in früheren Jahren der Kirchenbuchführung beträchtlich waren, fanden es die meisten Schriftführer unpraktisch, einen langen Text für ein einfaches Ereignis zu schreiben. Die übersichtliche Eintragung war ausreichend in sich selbst. Wo längere Texteintragungen geschrieben wurden, kann der Leser davon ausgehen, dass im Nachtrag zu den oben genannten Hinweisen die folgenden Arten von Informationen gefunden werden können:

1) Angaben bezüglich der Beschäftigung von Hauptpersonen
2) Status der Eltern, zum Beispiel ob lebendig oder verstorben
3) Genauere Ortsnamen oder Beschreibungen
4) Daten, Zahlen und Tageszeiten bzw. Uhrzeit als Wörter, anstatt als Ziffern oder Abkürzungen
5) Alter von Hauptpersonen
6) Zusätzliche Verwandte oder Zeugen
7) Proklamationsdaten und Standorte, speziell wenn sie in verschiedenen Gemeinden oder Kirchen anderer Glaubensrichtungen stattfanden
8) Genaue Ereignisdaten, wie zum Beispiel das Geburtsdatum oder das Alter des Bräutigams oder der Braut, das Alter oder Geburtsdatum einer verstorbenen Person
9) Vollständige Sätze (aus einer stilistischen und syntaktischen Perspektive wird der Eintrag keine fehlenden Elemente aufweisen, z.B. die notwendigen Verben, erläuternden Adjektive, sowie die herkömmliche Satzstellung und vollständige präpositionale Satzglieder)
10) Nur wenige Abkürzungen.

Um mit dem umfangreichen Wörterverzeichnis - das in einem Paragrapheneintrag vorkommt - umgehen zu können, wird der Forscher ein lateinisches Wörterbuch zu Rate ziehen müssen. Für diejenigen, die zusätzliche Vokabel-Hilfe benötigen, gibt es Nachschlagliteratur (siehe Ribbe und Henning im Literaturverzeichnis).

Das folgende Beispiel eines lateinischen Kirchenbucheintrages im Paragraphenformat wird für den Zweck dieser Veranschaulichung ausreichend sein.

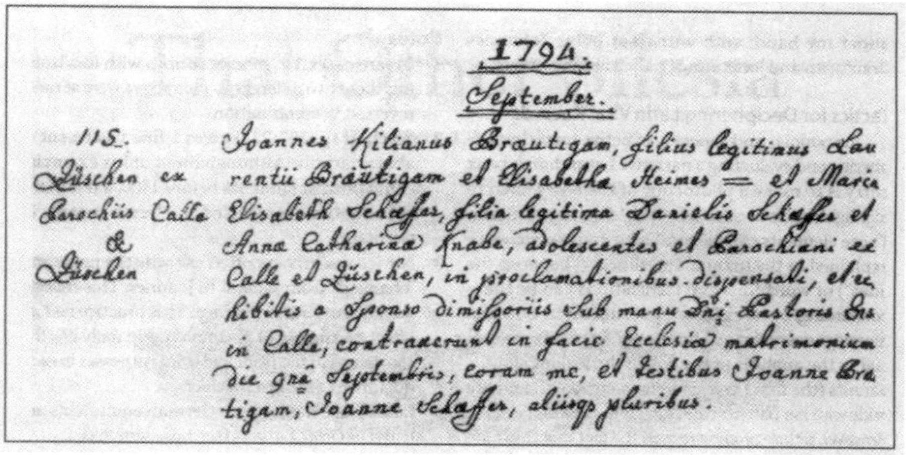
1794.
September.
115. Joannes Kilianus Bræutigam, filius legitimus Lau
Züschen ex rentii Bräutigam et Elisabetha Heimes = et Maria
Parochiis Calle Elisabeth Schæffer, filia legitima Danielis Schæffer et
& Anna Catharinæ Knabe, adolescentes et Parochiani ex
Züschen Calle et Züschen, in proclamationibus dispensati, et ex
hibitis a Sponso dimissoriis Sub manu Dni Pastoris Enst
in Calle, contraxerunt in facie Ecclesiæ matrimonium
die 9na Septembris, coram me, et Testibus Joanne Bræ
tigam, Joanne Schæffer, aliisqs pluribus.

(129) Ein katholischer Heiratseintrag im Paragraphenformat aus Westfalen

Transkription

1794. September. 115. Züschen ex Parochiis Calle & Züschen.
Joannes Kilianus Bræutigam, filius legitimus Lau
rentii Bræutigam et Elisabethæ Heimes = et Maria
Elisabeth Schæffer, filia legitima Danielis Schæffer et
Anna Catharinæ Knabe, adolescentes et Parochiani ex
Calle et Züschen, in proclamationibus dispensati, et ex
hibitis a Sponso dimmissoriis Sub manu Dni Pastoris Enst
in Calle, contraxerunt in facie Ecllesiæ matrimonium
die 9na Septembris, coram me, et Testibus Joanne Bræu
tigam, Joanne Schæffer, alliisqs pluribus.

Übersetzung

Eintrag Nr. 11 für die Pfarreien Calle und Züschen: Die Heirat des Johann Kilian Bräutigam, ehelicher Sohn des Lorenz Bräutigam und der Elisabetha Heimes, mit der Maria Elisabeth Schäffer, eheliche Tochter des Daniel Schäffer und der Anna Catharina Knabe aus den Pfarreien Calle und Züschen. Proklamationen fanden statt und Pastor Enst in Calle erließ einen Dimissorialbrief. Die Hochzeit fand am 9. September in der Pfarrkirche unter meiner Leitung statt. Trauzeugen waren Johannes Bräutigam und Johannes Schäffer unter anderem.

Analyse

Man bemerke die vielen Namen, die verdeutscht werden müssen. Wir schreiben den Doppelbuchstaben *æ* als ein deutsches *Umlaut-ä* und lassen die lateinischen Genitivendungen *–is* von

Daniel und *-e* von den Vornamen der Mütter der verheirateten Parteien aus. Der Begriff *dimissoriis* zeigt an, dass der Bräutigam einen Empfehlungsbrief, ausgestellt vom Pfarrer seiner Heimatgemeinde, zu Gunsten dieser Heirat vorgelegt hat.

Eine beliebte und üblicherweise erfolgreiche Strategie in der Entzifferung und Auswertung eines lateinischen Kirchenbucheintrages von jeder Länge ist, eine Fotokopie von jedem Eintrag anzufertigen, dann die wichtigsten Elemente zu markieren bzw. einzukreisen oder auf eine andere Art und Weise zu trennen. Solche Elemente können nummeriert und übersetzt oder in Randbemerkungen erklärt werden. Zwischenzeilig oder wörtliche Übersetzungen sind nicht häufig erforderlich und können ziemlich zeitaufwendig sein.

Für jedes Wort, das sich trotzdem den Entzifferungsbemühungen widersetzt, kann der Forscher so verfahren: Man entziffert einen jeden Buchstaben - von vorne und von hinten lesend (siehe alphabetisch rückwärts sortierte Register im Anhang).

In dem Eintrag aus Züschen sind nur sechs Namen in der Analyse des Eintrages entscheidend: der Bräutigam und seine Eltern (die ersten drei erwähnten Personen), sowie die Braut und ihre Eltern (die nächsten drei erwähnten Personen). Dennoch deckt ein genaueres Lesen die Tatsache auf, dass der Bräutigam und die Braut aus verschiedenen Heimatorten stammen. Da ein Empfehlungsbrief vom Pfarrer in Calle ausgestellt wurde, können wir auch annehmen, dass eine Erwähnung des Briefes bzw. der bevorstehenden Hochzeit im Kirchenbuch von Calle zu finden ist (mit der Bezeichnung *dimissoriales*).

Die erste Aufgabe in der Untersuchung eines lateinischen Eintrages ist, das Datum bzw. die Daten zu entziffern. Dann muss die Hauptperson (Person, die getauft, verheiratet, oder beerdigt wird) identifiziert werden. Die Rollen der übrigen Personen sollten danach festgestellt werden. Sollten Verwirrungen unter Eigennamen auftreten, so sollte man versuchen, alle Ortsnamen in dem Eintrag zu erkennen; Namen mit zwei Teilen sind fast immer Personennamen. Grammatikalische Elemente (wie etwa Verben, Adjektive und Präpositionen) können, im Bestreben unbekannte Wörter zu isolieren, identifiziert werden. Eine Liste mit lateinischen Begriffen, die häufig in Kircheneinträgen vorkommen, kann ein wertvolles Hilfsmittel der Familiengeschichtsforschung sein und stellt Definitionen zu

Begriffen bereit, die ein Froscher bei der Begegnung mit Geburts-, Heirats- und Sterbeaufzeichnungen erwarten würde.

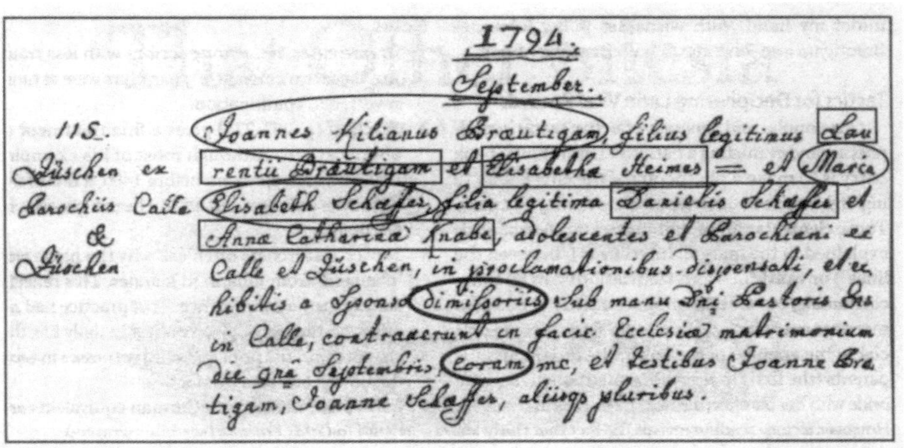
1794.
September.
115. Jüschen ex Parochiis Calle & Jüschen
Joannes Kilianus Bräutigam, filius legitimus Lau
rentii Bräutigam et Elisabetha Heimes = et Maria
Elisabeth Schäfer, filia legitima Danielis Schäfer et
Anna Catharina Knabe, adolescentes et Parochiani ex
Calle et Jüschen, in proclamationibus dispensati, et ex
hibitis a Sponso dimissoriis sub manu Dni Pastoris Bre
in Calle, contraxerunt in facie Ecclesiae matrimonium
die 9na Septembris coram me, et testibus Joanne Bra
tigam, Joanne Schäfer, aliisque pluribus.

(130) Auf einer Fotokopie des darüber aufgeführten Textes sind die kritischen Inhaltsbegriffe markiert: die Namen der heiratenden Parteien sind eingekreist, die Namen der Eltern stehen in Kästen und die Daten sind unterstrichen. Begriffe, die einer speziellen Aufmerksamkeit bedürfen, sind dick eingekreist

Zusammenfassung

Viele Familienforscher behaupten, mit Geburts-, Heirats- und Sterbeaufzeichnungen im lateinischen Alphabet geschickter umgehen zu können als mit dem deutschen Alphabet. Die Hauptgründe dafür sind die Vertrautheit mit den Buchstaben des Alphabetes und das formelhafte – fast mechanische – Muster der Einträge. Trotzdem gibt es verschiedene wichtige Elemente der lateinischen Sprache, die erlernt werden müssen, bevor sich wahre Experten entwickeln können. Der Wechsel zwischen dem lateinischen und dem deutschen Alphabet in demselben Eintrag kann verwirrend sein, sollte aber im Wesentlichen nicht den Prozess der Untersuchung von Geburts-, Heirats- und Sterbeaufzeichnungen hindern.

IV. Das Entziffern von französischen Handschriften in deutschen Manuskripten

Einführung

Obwohl die Überschrift dieses Kapitels andeutet, dass es ein französisches Alphabet gegeben haben könnte, benutzten französische Schreiber damals eigentlich das lateinische Alphabet. In beiden Sprachen werden die gleichen Buchstaben in Geburts, - Heirats- und Sterbeaufzeichnungen benutzt. Die einzigen Unterschiede sind die zusätzlichen Vokale à, á, é, è, ê, ë, ï, ô, û und der Konsonant ç, die aber den Entschlüsselungsprozess nicht wirklich erschweren. Auch französische Schreiber wandten zwei Variationen des Kleinbuchstaben *s* (*s* und *ſ*) mit der gleichen Funktion an, wie die für die lateinischen Schreiber im Kapitel III beschrieben.

Dieses Kapitel beginnt mit einer kurzen Beschreibung, weshalb die französische Sprache für das Einschreiben von Geburts-, Heirats- und Sterbeeinträgen in deutschsprachigen Gebieten Europas benutzt worden ist. Der allgemein typische Inhalt und die am häufigsten benutzten Begriffe in französischen Kirchenbüchern und Personenstandsregistern werden beschrieben und wichtige Daten- und Zahlenangaben bereitgestellt. Die wichtigsten Punkte der französischen Grammatik werden vorgelegt und Musterbeispiele aus deutschen Aufzeichnungen, die auf Französisch geschrieben wurden, werden aufgeschlüsselt, übersetzt und analysiert.[44]

---

[44] Yvette Longstaff, eine gebürtige Französin und erfahrene Mitarbeiterin in der Family History Library in Salt Lake City, gebührt mein aufrichtiger Dank für den sprachlichen Beistand.

Die Führung von Kirchenbüchern und Personenstandsregistern in französischer Sprache in Deutschland

Die Benutzung der französischen Sprache in Kirchen- und Personenstandsregistern in deutschsprachigen Gebieten Europas ist ursprünglich das Ergebnis von drei kulturellen und historischen Ereignissen. Erstens verlief über Jahrzehnte die historische Grenze der deutschen- und französischen Sprachterritorien ungefähr nordsüdlich durch Elsass-Lothringen (hauptsächlich in den Regionen westlich des Rheins und südlich der Pfalz). Während die dortige politische Herrschaft mehrere Male zwischen der Reformation (1517) und dem Ende des 1. Weltkrieges (1918) wechselte, finden wir die Benutzung von beiden Sprachen - Deutsch und Französisch - in lutherischen oder reformierten Gemeinden, sowie Lateinisch in katholischen Gemeinden wieder (ein wesentlicher Teil der Region kehrte während der Gegenreformation vor 1618 zum Katholismus zurück).

Die zweite Entwicklung war die Ankunft kleiner und oft separatistischer Gruppen französischer Flüchtlinge in deutschsprachigen Gebieten. Zu diesen zählten französisch-reformierte Kirchenmitglieder (wie die Gruppe in Frankenthal in der Nähe Worms am Rhein) und tausende von Hugenotten, die Frankreich 1685 nach der Aufhebung des Erlasses von Nantes durch Louis XIV. verließen.[45] Viele Hugenottengemeinden wurden in Hessen-Nassau gegründet und weitere entstanden in preußischen Provinzen weit nördlich und östlich, wo die Flüchtlinge von dem preußischen König Friedrich dem Großen begeistert begrüßt wurden.

Eine dritte Entwicklung war der Eingriff in das deutsche Gebiet seitens des französischen Verwaltungssystems unter Napoleon. Seit 1792 wurden französische Behörden mit Berufsbeamten in deutschen Provinzen westlich des Rheins eingeführt. Jene Beamten sollten die kirchliche Verwaltung in der Aufzeichnung von Geburts-, Heirats- und Sterbeaufzeichnungen ablösen und die erforderlichen Einträge in französischer

---

[45] Historiker vermuten, dass 1,5 Millionen Hugenotten um 1675 in Frankreich wohnten. Viele wanderten nach Nordamerika aus, noch mehr nach Deutschland. Wenigstens 800 000 mussten Frankreich verlassen.

Sprache weiterführen. Im Anschluss an den Frieden von Tilsit im Jahre 1807 wurde das betroffene Gebiet im Wesentlichen bis nördlich und östlich des Rheins weitreichend ausgedehnt.[46]

Dass das französische Personenstandswesen die kirchlichen Geburts-, Heirats- und Sterbeaufzeichnungen gänzlich ersetzen sollte, sieht man in zahlreichen Gemeinden dieser Region durch Lücken in Inventaren von Kirchenbüchern zwischen 1793 und 1812.[47] Gleichzeitig wird deutlich, dass in dieser Zeit einige Personenstandregister vom örtlichen Pastor geschrieben wurden. Glücklicherweise haben etliche Geistliche während dieser Jahre Aufzeichnungen heimlich fortgesetzt, was dem heutigen Forscher ermöglicht, die Kirchenbücher jener Jahre mit den Personenstandsregistern zu vergleichen. Dieses Phänomen kommt am häufigsten in der bayerischen Pfalz vor.

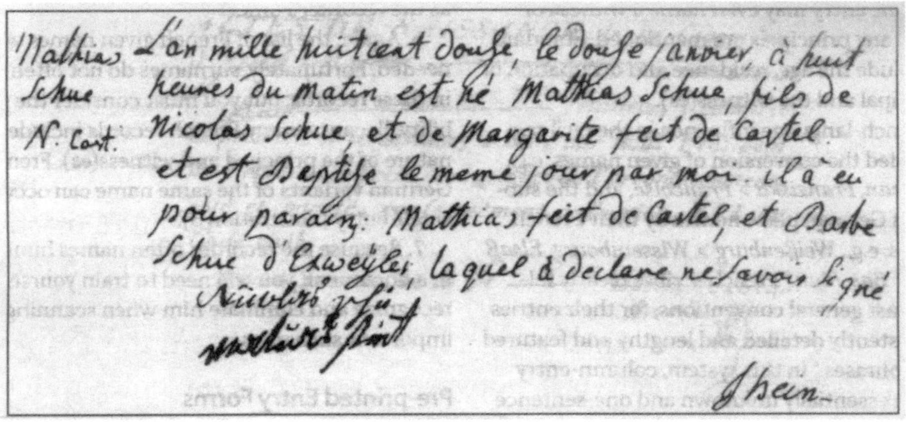
Mathias Schue N. Cast.
L'an mille huit cent douze, le douze janvier, à huit heures du matin est né Mathias Schue, fils de Nicolas Schue et de Margarite Feit de Castel. et est baptisé le même jour par moi. il a eu pour parain: Mathias Feit de Castel, et Barbe Schue d'Exweyler, laquel a declare ne savoir signé

(131) Ein in französischer Sprache geschriebener Taufeintrag in der katholischen Gemeinde Kastel im Jahre 1812

46 Dieses Gebiet schließt ein: alle deutschsprachigen Provinzen westlich des Rheins, Bremen, Lübeck, Teile von Hannover und Oldenburg sowie die linksrheinischen Gebiete Westfalens. Nachdem die Armeen Napoleons aus den deutschen Ländern vertrieben wurden, wurden die meisten Standesbeamten entlassen und Ihre Büros geschlossen. Daher findet man viele Aufzeichnungen für die Jahre 1808-1812 im Norden Deutschlands. Dagegen stellt man fest, dass die Standesbeamten im Südwesten, besonders in der Pfalz, ihre Arbeit ununterbrochen fortsetzten.

47 Das kann kaum überraschen, wenn man bedenkt, wie sich Napoleon gegen die katholische Kirche auflehnte.

Deutsche Kirchenbücher in französischer Sprache

Im Allgemeinen werden Kirchenbucheintragungen in deutschsprachigen Regionen Europas verhältnismäßig selten in französischer Sprache angetroffen. Wie erwähnt, ist es zu erwarten, dass man französische Einträge in Gemeinden von Elsass-Lothringen – wo deutsch- und französischsprachige Territorien aufeinander trafen - zu sehen bekommt. In vorherrschend deutschen Gebieten ging gewöhnlich die französische Sprache unter den französischen Einwanderern in einer oder zwei Generationen zugunsten des Deutschen völlig verloren. Das Auftreten bzw. das Format der Einträge in Französisch und Deutsch unterscheidet sich ebenso wesentlich. Während die Mehrheit der deutschen Kirchenbuchaufzeichnungen vor 1800 spärlich in ihren Einzelheiten waren, ließen die französischen Schreiber den Anschein erwecken, bereitwilliger im Aufschreiben von Einzelheiten zu sein. Die Eintragungen im Spaltenformat schienen die Regel in deutschsprachigen Geburtseinträgen gewesen zu sein. Sogar die Hochzeitsaufzeichnungen waren spärlich, indem oftmals nur die Braut und der Bräutigam genannt wurden und der vollständige Satzbau fehlte. Im Gegensatz dazu herrschte in den französischen Einträgen die Neigung, dass sich der Schriftführer in ganzen Sätzen ausdrückte, während Eintragungen im Spaltenformat überaus selten waren.

Hier sind einige Taktiken, die zum Vorteil beim Entziffern französischsprachiger Einträge in Kirchenaufzeichnungen sein können:

1) Wie mehrfach erwähnt ist die erste Aufgabe, die Sprache des vorliegenden Eintrags zu bestimmen. Einige der folgenden Vorschläge gelten nur für französischsprachige Einträge.
2) Legen Sie fest, ob es sich bei dem Eintrag um eine Geburt, eine Hochzeit, einen Sterbefall oder andere Ereignisse oder Informationen – wie Spenden, Beichten, Pastorenlisten, Geschichten, Kirchenvorschriften – handelt. Die Schlüsselwörter in den Überschriften der Geburts-, Heirats- und Sterbeaufzeichnungen sind *naissance* (Geburt) oder *baptême* (Taufe), *mariage* (Eheschließung) und *décés* (Tod) oder *sepulture* (Beerdigung).

3) Da es verschiedene Schemata oder Formate in den Einträgen gibt ist es vorteilhaft, die Reihenfolge der Grundbestandteile zu erstellen, wie zum Beispiel: das Datum, den Namen des Kindes, das Geschlecht, die Namen der Eltern, die Namen der Zeugen und des Geistlichen.
4) Haben Sie eine französische genealogische Vokabelliste zur Hand und lernen Sie die am Häufigsten verwendeten Wörter zu unterscheiden, wie zum Beispiel: die Namen der Wochentage, Tageszeiten und die Monatsnamen (siehe Anhang F).
5) Besorgen Sie sich eine Liste mit französischen Vornamen, da es oft notwendig ist, einen Namen vom Französischen ins Deutsche zu übersetzen (z.B. *Guillaume* = *Wilhelm*), wenn sie einen Ahnen entdecken. In umgekehrter Weise finden Sie den entsprechenden französischen Vornamen eines deutschen Vornamen, bevor sie die Suche anfangen, um die beiden Varianten in den Einträgen oder in den Hinweisen erkennen zu können.
6) Eine Karte der Region, in der sich die Kirchengemeinde befindet, wird hilfreich sein, da Nachbarstädte oder Gemeinden von den Namen der Personen in dem Eintrag unterschieden werden müssen.

Deutsche Personenstandsregister in französischer Sprache

Der typisch französischsprachige Eintrag in einem deutschen Personenstandsregister ist in größeren Buchstaben geschrieben und beansprucht eine ganze Seite - wenn nicht sogar zwei Seiten. Der Eintrag beginnt mit einer langen genauen Beschreibung des Datums, der Ortsangabe des Büros des Schreibers und dem Namen des Schreibers. Der Eintrag kann sogar einen oder zwei Zeugen nennen, bevor irgendwelche Informationen über den eigentlichen Personenstandsfall genannt sind. Übliche Einzelheiten sind das Alter, der Wohnort und Beruf einer Person und des bzw. der Zeugen.

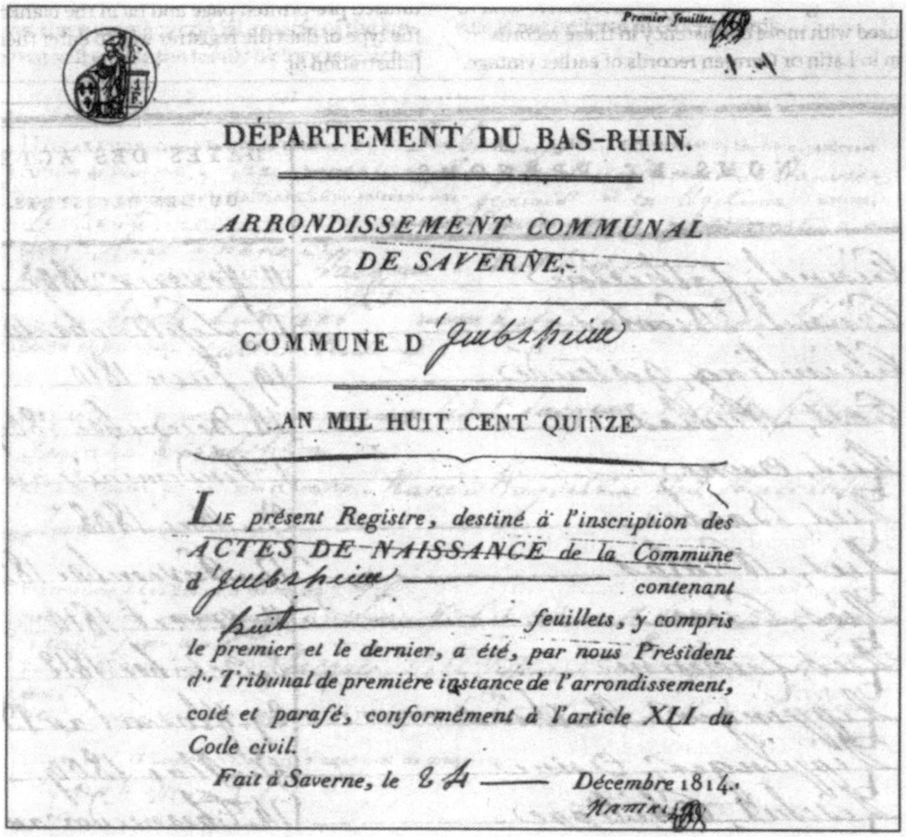

Premier feuillet.

DÉPARTEMENT DU BAS-RHIN.

ARRONDISSEMENT COMMUNAL DE SAVERNE.

COMMUNE D'Imbsheim

AN MIL HUIT CENT QUINZE.

Le présent Registre, destiné à l'inscription des ACTES DE NAISSANCE de la Commune d'Imbsheim contenant huit feuillets, y compris le premier et le dernier, a été, par nous Président d.. Tribunal de première instance de l'arrondissement, coté et parafé, conformément à l'article XLI du Code civil.

Fait à Saverne, le 24 Décembre 1814.

[illegible]

(132) Die Titelseite des Geburtsbuches des Personenstandsamtes der Stadt Imbsheim für das Jahr 1815. Achten Sie auf das Datum 24. Dezember 1814, zu welcher Zeit das Buch für den Jahrgang 1815 in dem Landkreisamt in Saverne vorbereitet wurde

Der Einfluss der französischen Sprache (mit ihrer kulturellen und politischen Tradition) in den Personenstandsregistern führte auch zu Übersetzungen von Vornamen (*Johann* = *Jean*, *Franziska* = *Francoise*), sowie von Ortsnamen (*Weißenburg* = *Wissembourg*, *Elsaß* = *Alsace* oder *Niederrhein* = *Bas-Rhin*).[48] Französische Schreiber folgten mindestens allgemeinen Gepflo-

48 Mancher Familienforscher setzt irrtümlich voraus, dass die Vorväter in Elsaß-Lothringen Französisch sprachen, besonders während der Besatzungsjahre. Die französische Sprache wurde zwar in der Schule gelehrt und in allen Amtshandlungen angewendet, doch die deutsche Sprache blieb nach wie vor im Alltag vorherrschend. Die Tatsache, dass die Unterschriften der Männer in deutscher Sprache und deutschen bzw. gotischen Buchstaben erscheinen, gilt als Beweis für diese Behauptung.

genheiten, denn ihre Einträge waren durchweg detailliert, übermäßig lang und haben formelhafte Sätze.[49] In diesem System sind Einträge im Spaltenformat hauptsächlich unbekannt, auch Einträge im Satzformat sind selten.

In der Tat bieten diese langatmigen Personenstandsaufzeichnungen eine Fülle von Informationen, wenn der Forscher sie richtig auswertet. Hier sind einige Hinweise für die Entzifferung:

1) Die Bestimmung der Sprache im Eintrag ist die erste Aufgabe.
2) Der Forscher muss ermitteln, ob es sich bei dem Eintrag um eine Geburt, eine Hochzeit, einen Sterbefall oder ein anderes Ereignis handelt. Die Überschriften der Aufzeichnungen lauten fast immer *Act de Naissance* (Geburtsurkunde), *Act de Mariage* (Eheschließung) und *Act de Décés* (Sterbeurkunde). In einigen Büchern wurden diese Überschriften in der Mehrzahl verwendet.
3) Die meisten französischen Personenstandseinträge beinhalten zwei Daten: das Datum des Ereignisses und der Einschreibung (das Letztere wird fast immer zuerst genannt). Die Daten werden sich in einigen Einträgen überschneiden, vor allem wenn das besagte Ereignis vor Mittag stattfand. Forscher sollten stets auf nichtnumerische Zeitausdrücke achten. Beispielsweise sind Adverbien und präpositionale Ausdrücke oft mit dem Ereignistag verbunden: „gestern", „letzte Nacht," „vorgestern" usw.
4) Das Datenschema ist oft sehr reichhaltig, was bedeutet, dass es die Formen „zur Stunde __ (des Morgens oder Nachmittags) des Tages __ des Monats __ des Jahres ..." bietet. Deshalb müssen Zeitausdrücke erkannt werden. Die Benutzung des französisch republikanischen Kalenders bei Jahresangaben wird nachstehend beschrieben.

---

[49] Nicht alle Schriftführer in Napoleonischer Zeit waren französische Beamte. Mehrere sind von der Unterschrift her zweifellos Deutsche. Eine sprachliche Analyse würde vielleicht ergeben, dass die Schriftführer Deutsche waren, welche die französische Sprache nicht fehlerfrei schrieben. Im Norden Deutschlands bezeichnete sich mancher Schreiber gleichzeitig als Beamter des Personenstandsamts und Pastor der Kirchengemeinde.

5) Der Ort des Ereignisses und der Ort des Büros des Schreibers können in verschiedenen Ortschaften sein. Dies ist ordnungsgemäß notiert worden und somit sollte der Forscher nach solchen Phrasen wie zum Beispiel *demeurant en Dörrenbach* (wohnhaft in Dörrenbach) schauen. Im Allgemeinen werden die Wohnorte der Hauptperson und der Zeugen sowie der Ort des Ereignisses noch einmal erwähnt, selbst wenn sie sich in der gleichen Stadt des Büros des Schreibers befinden. Dem heutigen Leser scheint das wahrscheinlich überflüssig zu sein.
6) Ein Verzeichnis französischer Vornamen kann sehr wertvoll sein. Glücklicherweise änderten sich Familiennamen in diesen Aufzeichnungen nicht sehr oft, aber die Möglichkeit muss in Betracht gezogen werden. Da viele französische Aufzeichnungen die Unterschrift der Hauptpersonen und Zeugen erforderten, können in einer einzigen Aufzeichnung häufig französische und deutsche Varianten der gleichen Namen auftreten: im Text liest man etwa *Henri Schneider* und *Pierre Becker*, als Unterschriften aber *Heinrich Schneider* und *Peter Becker.*
7) Wenn Sie ein Dokument nach wichtigen Namen durchsuchen, sollten Sie den Schreiber - der häufig als Erster in einem Dokument erwähnt wird - erkennen und ignorieren. Sein Name kann über Jahre hinweg in jeder dieser Aufzeichnungen auftauchen.

Vorgedruckte Blätter für Einträge in Kirchenbüchern und Personenstandsregistern

Als eine logische Entwicklung innerhalb des Personenstandsregistrierungssystems, das in deutschen Gebieten - vor allem nach der französischen Besetzung durch Napoleon - über Jahre hinweg vorzufinden ist, war die Benutzung von vorgedruckten Seiten, die vor dem Beginn eines jeden Jahres gedruckt und gebunden wurden. Da nicht voraussehbar war, wie viele Seiten bis zum Jahresende benötigt werden würden, fügte der Schreiber wo nötig leere oder zusätzliche handgeschriebene Seiten am

Ende hinzu. Die Vorteile der vorgedruckten Aufzeichnungen liegen für den Familiengeschichtsforscher auf der Hand: in diesen gibt es nämlich eine hohe Wahrscheinlichkeit der Voraussage des Inhaltes. Mit anderen Worten, Sie müssen nur spezifische Felder absuchen, wie zum Beispiel Zwischenräume, in denen die Vornamen oder die Daten eingetragen werden sollten. Im Grunde suchen wir nach Tendenzen, die uns beim Entziffern von Kirchenbüchern oder Personenstandsaufzeichnungen erlauben, den Inhalt eines gegebenen Eintrages vorauszusagen und Teile des Eintrags auszuschließen, die keine wichtigen Informationen bieten.

Obwohl die Aufgabe des Suchens durch solche formularhaften Erzählungseinträge in französischer Sprache häufig leichter als die Suche in lateinischen Aufzeichnungen ist, gibt es einige Vorbehalte, die beachtet werden sollten:

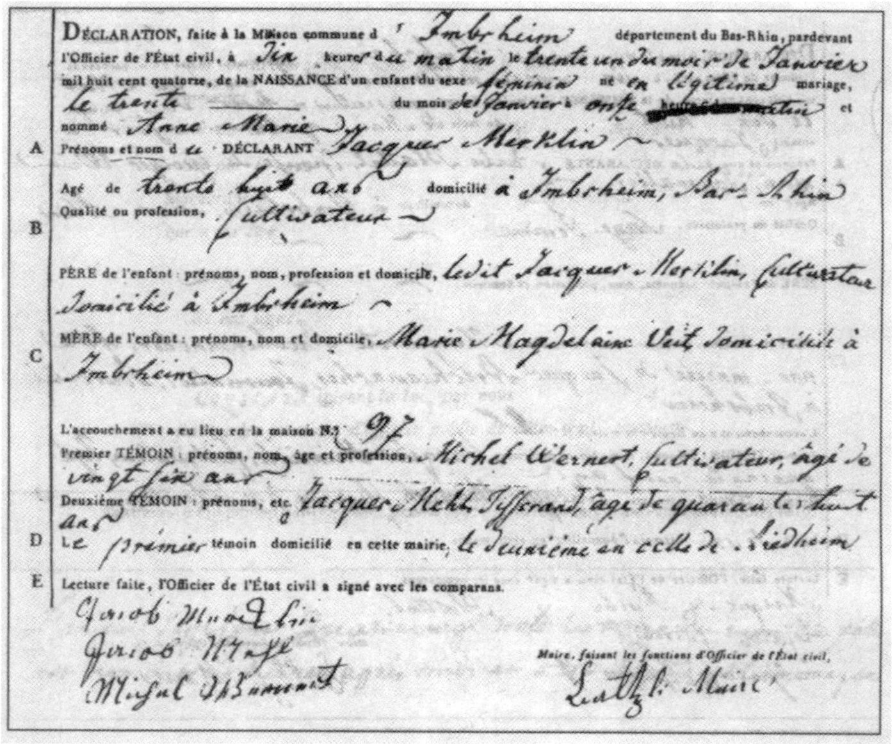
DÉCLARATION, faite à la Maison commune d' Imbrheim département du Bas-Rhin, pardevant l'Officier de l'État civil, à Six heures du matin le trente un du mois de Janvier mil huit cent quatorze, de la NAISSANCE d'un enfant du sexe féminin né en légitime mariage, le trente du mois de Janvier à onze et nommé Anne Marie

A Prénoms et nom du DÉCLARANT Jacques Merklin

Agé de trente huit ans domicilié à Imbrheim, Bas-Rhin

Qualité ou profession, Cultivateur

B

PÈRE de l'enfant: prénoms, nom, profession et domicile, ledit Jacques Merklin, cultivateur domicilié à Imbrheim

C MÈRE de l'enfant: prénoms, nom et domicile, Marie Magdelaine Veit domiciliée à Imbrheim

L'accouchement a eu lieu en la maison N.° 97

Premier TÉMOIN: prénoms, nom, âge et profession, Michel Wernert, cultivateur, âgé de vingt six ans

Deuxième TÉMOIN: prénoms, etc. Jacques Mehl, Tisserand, âgé de quarante huit ans

D Le premier témoin domicilié en cette mairie, le deuxième en celle de Riedheim

E Lecture faite, l'Officier de l'État civil a signé avec les comparans.

Maire, faisant les fonctions d'Officier de l'État civil,

(133) Eine vorgedruckte Seite eines Geburtsbuches, das im Personenstandsregister der Stadt Imbsheim im Jahre 1814 geführt wurde

1) Da Schriftführer auch fehlbare Menschen waren, können bestimmte Einzelheiten in falschen Feldern des Eintrages

auftauchen. Manchmal wird durch Durchstreichen und andere Korrekturmethoden darauf hingewiesen. Wenn Sie einen Verdacht eines solchen Problems vorfinden, prüfen Sie einige andere Felder der Form oder vergleichen Sie den Eintrag mit der vorhergehenden oder nachfolgenden Seite.

2) Zahlreiche Personenstandsregister beinhalten auch Verzeichnisse. Denken Sie daran, sie zu konsultieren, aber beachten Sie auch, dass die französische Version eines Namens in einem anderen Teil des Alphabetes gefunden werden kann als die deutsche Version (*Guillaume* = *Wilhelm* - also unter G statt W oder umgekehrt). Notieren Sie in dem oben abgebildeten Imbsheimer Eintrag die unterschiedlichen Buchstabierungen der Namen der Hauptpersonen: der Schreiber, ein Herr Baltzli, schrieb *Jacques Merklin* und *Jacques Mehl*, aber die Männer unterschrieben sich hier eindeutig als *Jacob Merklin* und *Jacob Mehl*.

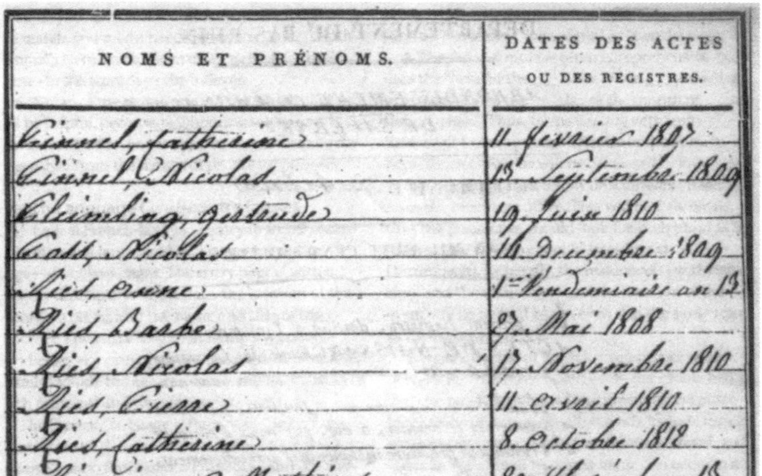

NOMS ET PRÉNOMS.	DATES DES ACTES OU DES REGISTRES.
[illegible], Catherine	11 fevrier 1807
[illegible], Nicolas	15 Septembre 1809
[illegible], Gertrude	19 Juin 1810
[illegible], Nicolas	16 Decembre 1809
[illegible], Pierre	1er Vendemiaire an 13
[illegible], Barbe	27 Mai 1808
[illegible], Nicolas	17 Novembre 1810
[illegible], Pierre	11 avril 1810
[illegible], Catherine	8 Octobre 1812
[illegible], Mathias	29 floreal an 13
[illegible], Pierre	17 Mai 1809
[illegible], Philippe	14 Thermidor an 12
[illegible], Nicolas	2 floreal an 11

(134) Das alphabetische Verzeichnis des Geburtsregisters im Standesamt Rodenbourg in Luxembourg für die Jahre 1804 – 1813. Beachten Sie die französischen Varianten der Vornamen. Der französische Kalender wurde Ende 1806 von dem gregorianischen Kalender ersetzt. In der Abbildung sieht man Einträge aus den Jahren 11, 12, und 13 (zweimal) der „unteilbaren Französischen Republik“

3) Obwohl es den Anschein hat, dass Klein- und Großbuchstaben in diesen Aufzeichnungen einheitlicher als in früheren lateinischen oder deutschen Aufzeichnungen benutzt wurden, darf man nicht annehmen, dass diese Formen einheitlich bei den Aufzeichnungen oder mit individuellen Schreibern sind.
4) Wenn Sie gewünschte Namen nicht finden, kann es hilfreich sein, die Aufzeichnungen noch einmal zu lesen und nach den Unterschriften der Hauptpersonen oder der Zeugen zu schauen.
5) In den Jahren, in denen der Schreiber vor Jahresende alle vorgedruckten Seiten verbrauchte, musste er leere Seiten einfügen; er verfasste seine eigenen langatmigen Einträge mit dem Wortlaut der vorgedruckten Seiten. Natürlich werden spezifische Punkte nicht in der gleichen Lage auf diesen Seiten auftreten (zum Beispiel: der Name der Mutter ist fünf cm weiter unten vom Seitenanfang und elf cm zur Mitte vom linken Seitenrand der vorgedruckten Form), aber sie werden wahrscheinlich in der gleichen Reihenfolge sein.
6) Bevor Sie mit der Suche beginnen, sollten Sie vielleicht eine Fotokopie von einer unbenutzten vorgedruckten Seite anfertigen und die Felder mit der Art der Daten, die der Registrator dort einsetzen sollte, ausfüllen.
7) Wenn Sie ein wichtiges Dokument gefunden haben, kann es hilfreich sein, eine Fotokopie davon anzufertigen, um wie bereits beschrieben spezifische Ausdrücke zu identifizieren und zu übersetzen.

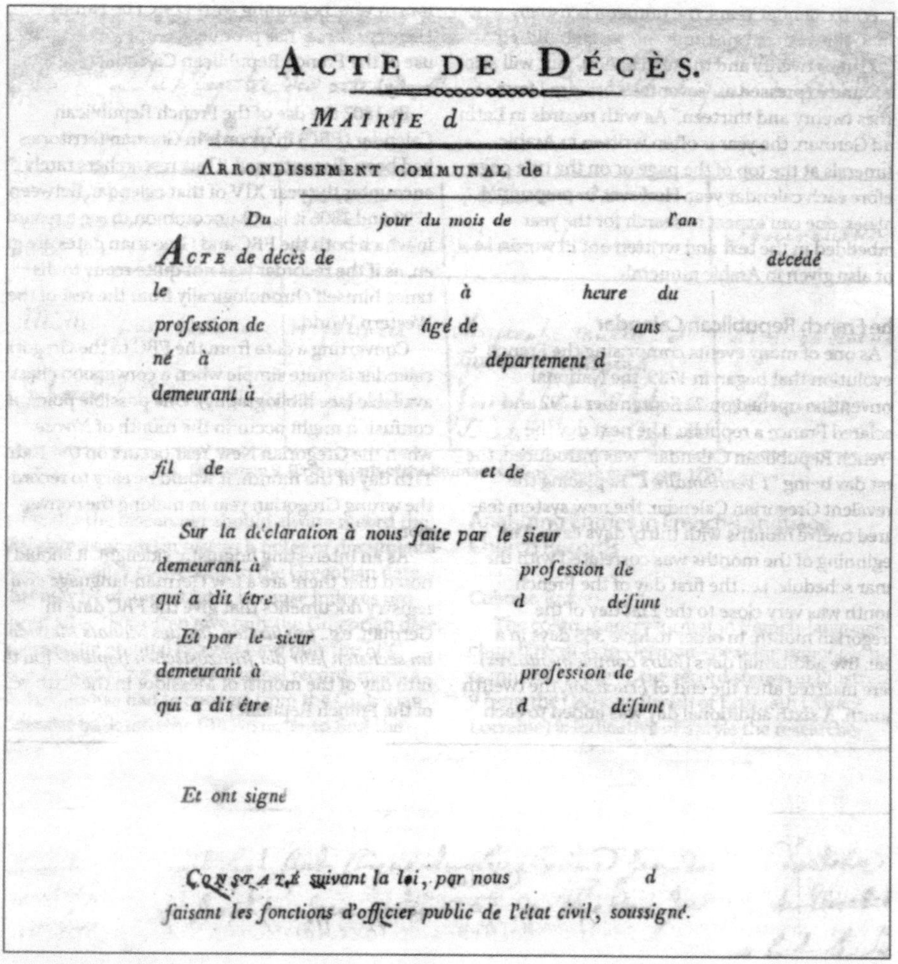

ACTE DE DÉCÈS.

MAIRIE d

ARRONDISSEMENT COMMUNAL de

Du jour du mois de l'an

ACTE de décès de décédé

le à heure du

profession de âgé de ans

né à département d

demeurant à

fil de et de

Sur la déclaration à nous faite par le sieur

demeurant à profession de

qui a dit être d défunt

Et par le sieur

demeurant à profession de

qui a dit être d défunt

Et ont signé

CONSTATÉ suivant la loi, par nous d

faisant les fonctions d'officier public de l'état civil, soussigné.

(135) Ein Vordruck einer Sterbeaufzeichnung, wie sie in einem Standesamt in der bayerischen Pfalz benutzt wurde. Die ersten leeren Felder zeigen das Datum der Aufzeichnung, während die drei Felder auf der 3. Zeile für das genaue Datum und Uhrzeit des Todesfalles bestimmt sind

Zahlen und Datumsangaben

Um die höchste Genauigkeit des französischen Personenstandswesens beibehalten zu können, schrieb man häufig die Daten und Nummern einer Aufzeichnung entweder als Wörter oder als Zahlen und Wörter. Für diejenigen, denen das französische Zahlensystem nicht so gut bekannt ist, wird empfohlen, eine Liste der Zahlen als Wörter aufzubewahren, was für die Familienforschung gewöhnlich ausreichend ist.

Besondere Beachtung verdient der Ausdruck der Nummern zwischen 70 und 99. Die Nummer 70 erscheint ausgedruckt als 60 + 10, 71 als 60 + 11 und so weiter bis Nummer 79. Die Nummer 80 wird als 4 x 20, 81 als 4 x 20 + 1 usw. bis 89 ausgedruckt. In diesem Raster ist 90 gleich 4 x 20 + 10, 91 ist 4 x 20 + 11 usw. bis 99.

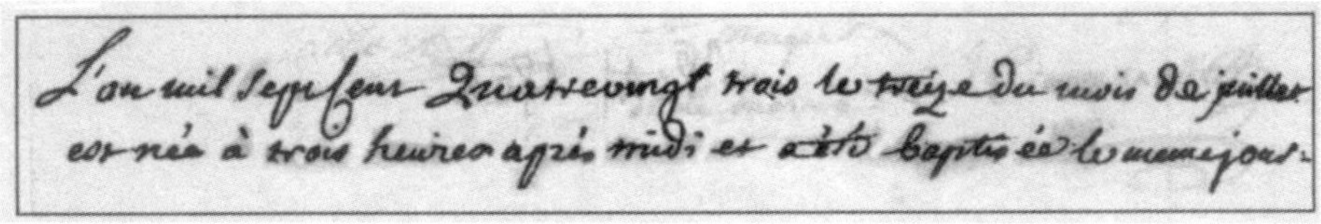
L'an mil Sept Cent Quatrevingt trois le treize du mois de juillet
est née à trois heures après midi et a été baptisée le meme jour.

(136) Ein typisches Eintragsdatum ist in Worten angegeben: *L'an mil sept Cent Quatrevingt trois le treize du mois de juillet est née à trois heures après midi...* = In dem Jahr eintausend siebenhundert dreiundachtzig [83 = 4 x 20 + 3] am 13. Tag des Monats Juli um 3 Uhr nachmittags ...

In einigen älteren Aufzeichnungen wurden Dialektäquivalente für die Zahlen 70, 80 und 90 benutzt:

70 = *septante* anstatt *soixante-dix*
80 = *octante* anstatt *quatre-vingts*
90 = *nonante* anstatt *quatre-vingt-dix*

Die Benutzung dieser veralteten Zahlen ist relativ selten in deutschsprachigen Regionen.

Jahreszahlen sind gewöhnlich so geschrieben: „Eintausend siebenhundert vier mal zwanzig und dreizehn" (1793), können aber auch als „Siebzehnhundert vier mal zwanzig und dreizehn" geschrieben sein. Wie auch in lateinischen und deutschen Aufzeichnungen ist das aktuelle Jahr häufig in arabischen Zahlen am Anfang der Seite oder auf dem Titelblatt am Anfang eines jeden Kalenderjahres zu finden. In vorgedruckten Aufzeichnungen ist das Jahr häufig in den Text eingebaut und ausgeschrieben, nicht aber einfach in arabischen Zahlen geschrieben.

Der französische Kalender

Als einer der vielen Ereignisse, die mit der Französischen Revolution von 1789 zusammenhängen, trat das neue Parlament am 21. September 1792 erstmals zusammen und wies Frankreich als eine Republik aus. Am nächsten Tag wurde der französische Kalender eingeführt, der mit 1 Vendemaire I als der erste Tag anfängt. Den gängigen gregorianischen Kalender ersetzend, bestand das neue System aus 12 Monaten mit jeweils 30 Tagen. Der Monatsanfang wurde nach dem Mond korreliert, so dass der erste Tag des französischen Monats um den 21. Tag des gregorianischen Monats lag. Um 365 Tage in einem Jahr zu erreichen, mussten fünf zusätzliche Tage (*jours complémentaires*) nach dem Ende von Fructidor, dem 12. Monat, eingefügt werden. Ein zusätzlicher 6. Tag wurde, beginnend im Jahre 1795, nach jedem 4. Jahr hinzugefügt. Mit Hilfe des von Heinz Augustin in Koblenz erstellten Computerprogramms „Kalenderhilfe für Genealogen“ (KAHIGE) können die Daten des französichen Revolutionskalenders sekundenschnell auf die Daten des gregorianischen Kalenders umgerechnet werden. Zwischen 1792 und 1806 finden wir gelegentlich Einträge, in dem beide, das französische Kalenderdatum und das gregorianische Datum angegeben sind, so als wäre der Schreiber noch nicht bereit, sich zeitlich von dem Rest der westlichen Welt zu distanzieren.

(137) Der Buchdeckel des Geburtsregisters für das Standesamt Mundenheim in Bayern für das Jahr X (10) der Französischen Republik. Beachten Sie die Daten 1801/1802, die von einem deutschen Schreiber einige Jahre später hinzugefügt wurden

Das Umrechnen eines Datums aus dem französischen Kalender zum gregorianischen Kalender ist sehr einfach, wenn Sie eine Umrechnungstabelle zur Hand nehmen. Ein möglicher Punkt der Verwechslung kann beim Monat Nivose auftreten, wenn das gregorianische Neujahr an einem 10. oder 11. Tag des Monats auftritt. Daher muss man darauf achten, nicht das falsche gregorianische Jahr bei der Umrechnung aufzuschreiben.

Gelegentlich gibt es deutschsprachige Personenstandsregister, die das Datum des Französischen Kalenders in deutscher Fassung angeben wie zum Beispiel „am fünften Tag des Monats Messidor im sechsten Jahr der französischen Republik." Das beweist, dass tatsächlich jede Kombination von sprachlichen, kulturellen und politischen Elementen in alten Aufzeichnungen möglich ist.

Letztlich sollten die französischen Kalendertage immer in Forschungsunterlagen angegeben sein, auch nach der Umrechnung zu gregorianischen Daten. Das mag später von Wichtigkeit sein, da Hinweise, die nach 1806 geschrieben worden sind, oft nur die gregorianischen Daten angeben, wobei die Originalaufzeichnungen nur die französischen Kalenderdaten aufführen. Wenn ein Forscher später die Originalaufzeichnungen einsehen will, muss er vom gregorianischen Kalender zurück in den französischen Kalender umrechnen, um den gesuchten Eintrag zu finden.

Spracheigentümlichkeiten im Französischen

Eine Anzahl von ausgezeichneten französischen Grammatikbüchern ist im Buchhandel und in Bibliotheken erhältlich, doch solche Arbeiten konzentrieren sich selten auf die Sprache, wie sie in alten Geburts-, Heirats- und Sterbeeinträgen benutzt wurde. Auf den folgenden Seiten werden zwar keine umfassenden Erörterungen der französischen Grammatik geboten, aber es werden einige kritische Aspekte der Sprache besprochen, die es dem Familiengeschichtsforscher ermöglichen, die Hauptpersonen und andere kritischen Fakten in Kirchenbüchern und Personenstandsregistern zu identifizieren. Umgekehrt gesehen kann ein Verstehen der folgenden Begriffe dem Forscher beim Eliminieren von unwichtigen Daten behilflich sein.

Geschlecht

Im Französischen gibt es verschiedene Wege, um das Geschlecht („männlich" oder „weiblich") zu definieren. Spezifische Wörter können dekliniert oder konjugiert sein, um das Geschlecht anzuzeigen. Hier sind einige Beispiele dafür:

Substantiv: *fiancé* = Verlobter, *fiancée* = Verlobte
Verb: *né* = ein männliches Kind wurde geboren,
née = ein weibliches Kind wurde geboren
Adjektiv: *décédé* = eine verstorbene männliche Person
décédée = eine verstorbene weibliche Person

Es gilt, Geschlechtsmerkmale zu erkennen, wenn man feststellen will, auf welche Person hingewiesen wird. Die meisten Adjektive und Verben folgen Substantiven, die sie beschreiben (siehe unten).

Zahl

Wie im Englischen und im Deutschen so hat auch das Französische bestimmte Sprachregeln wie etwa „Einzahl" und „Mehrzahl". Die meisten Substantive, Verben und Adjektive in der Mehrzahl enden mit –s, wie es aus diesen Beispielen deutlich wird:

homme, hommes = Mann, Männer
femme, femmes = Frau, Frauen
temoin, temoins = Zeuge, Zeugen
enfant, enfants = Kind, Kinder

Großschreibung

Das erste Wort in jedem Satz und alle Eigennamen werden im heutigen Französisch groß geschrieben. Adjektive, die auf einen Eigennamen hinweisen, werden wie im Deutschen nicht groß geschrieben. Zum Beispiel:

Alsace, alsacien = Elsass, elsässisch
Allemagne, allemand = Deutschland, deutsch

Wie erwähnt, können strenge Einheitlichkeiten in der Großschreibung in vor Hunderten von Jahren geschriebenen Aufzeichnungen nicht vorausgesetzt werden.

Satzbau

Der französische Satzbau unterscheidet sich nicht grundlegend vom deutschen. Zum Beispiel ist in einem Satz das Verb gewöhnlich an zweiter Stelle (Subjekt - Verb - Prädikat). Das Verb steht im Französischen nicht, wie häufig im Deutschen oder Lateinischen, am Ende eines Satzes. Das bedeutet, dass es relativ einfach ist, das Subjekt in einem Satz ausfindig zu machen.

Stellung der Adjektive im Satz

Im Französischen folgen viele Adjektive den Substantiven, die sie beschreiben, wie zum Beispiel: *père décédé* = verstorbener Vater (der Vater, der verstorben ist). Glücklicherweise folgen solche Adjektive sofort dem Substantiv, so dass andere Wörter oder Namen keine Verwirrungen hervorrufen können: *mère décédée en la maison No. 15 à Rittershofen* = die Mutter, die im Haus Nummer 15 in Rittershofen verstarb.

Der Forscher, der mehr über französische Spracheigentümlichkeiten und Vokabeln weiß, ist um so besser vorbereitet, handschriftliche Probleme ohne Hilfe von Selbsthilfeliteratur oder von Experten zu lösen.

Die Entzifferung französischer Einträge in deutschen Kirchenbüchern und Personenstandsregistern

Auf den folgenden Seiten werden einige besonders typische französischsprachige Einträge aus Kirchenbüchern und Personenstandsregistern gezeigt, die in deutschen Ländern geschrieben wurden. Diese Beispiele stellen die überwiegende Mehrheit solcher Aufzeichnungen dar, denen ein Familiengeschichtsforscher begegnet, wenn er nach seinen deutschen Ahnen forscht. Nach jedem Eintrag findet man den Urtext in moderner Druckschrift und eine deutsche Übersetzung, sowie eine Analyse, die kritische Elemente des Eintrags hervorhebt.

Französische Spalteneinträge in deutschen Kirchenbüchern und Personenstandsregistern

Das häufig vorkommende Spaltenformat in deutschen oder lateinischen Eintragungen ist überhaupt nicht in französischsprachigen Aufzeichnungen in deutschen Gebieten gebräuchlich. Der Eintrag aus Brumath (Abbildung 138), stellt den Stil der Aufzeichnungen dar, dem wir selten begegnen:

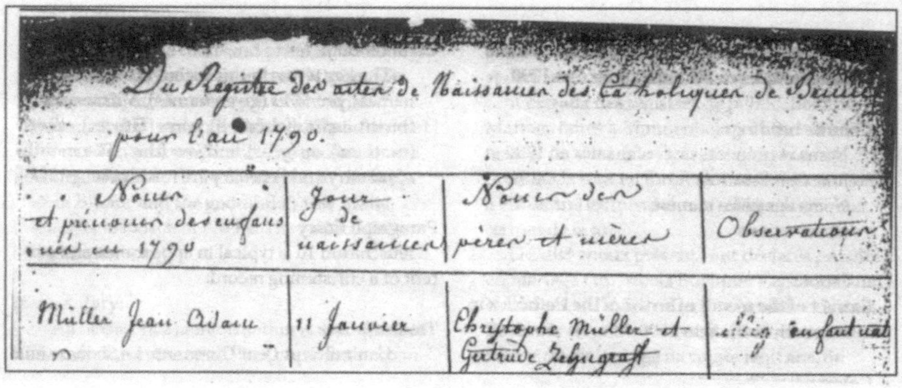
Du Registre des actes de Naissances des Catholiques de Bru[...]
pour l'an 1790.

Noms et prénoms des enfans nés en 1790	Jour de naissance	Noms des pères et mères	Observations
Müller Jean Adam	11 Janvier	Christophe Müller et Gertrude Zehngraff	[illegible]

(138) Geburtsaufzeichnung der katholischen Gemeinde in Brumath von 1790 in Spaltenform

Transkription

Extrait Du Registre des actes de Naissances des Catholiques de Brumath pour l'an 1790.

Noms et Prénoms des enfans nés en 1790	*Jour de naissances*	*Nom des pères et mères*	*Observations*
Müller Jean Adam	*11 Janvier*	*Christophe Müller et Gertrude Zehngraff*	*Illeg. enfant naturel*

Übersetzung

Auszug einer Geburtsaufzeichnung unter Katholiken in Brumath im Jahre 1790

Familiennamen und Vornamen der geborenen Kinder im Jahre 1790	Tag der Geburt	Namen der Väter und Mütter	Bemerkungen
Müller Jean [Johann] Adam	11 Januar	Christophe Müller und Gertrude Zehngraff	unehelicher natürlicher Sohn

Analyse

Suchen Sie die Rubrik Geburten (*Naissances*), so haben Sie das entscheidende Schlüsselwort gefunden, sonst können Sie zu den nächsten Hochzeits- oder Todeseinträgen weitergehen, je nachdem, was Ihr Ziel ist. Der zweitwichtigste Begriff wäre *Noms* (Familiennamen) und dann voraussichtlich die Wörter *pères et mères* (Väter und Mütter). Der Zeitausdruck *Jour* (Tag) ist wichtig, aber das Wort *l'an* (*an* = Jahr) muss nicht unbedingt verstanden werden, um das Kalenderjahr des Eintrages zu erkennen. Die von diesem Schreiber benutzten Kleinbuchstaben sind leicht erkennbar, obwohl wir sehen, dass sowohl das *n* als auch das *m* eine eher herunterführende als eine aufwärtsführende Schlaufe haben. Der Name *Christophe* enthält das lange lateinische s = *ſ*, während der Familienname *Zehngraff* mit einem *h* ähnlich dem Deutschen h = *ƒ* und einem kurzen zweiten Lateinischen *f* geschrieben wurde.

Französische Paragrapheneinträge in deutschen Kirchenbüchern

Der folgende Eintrag im Paragraphenformat stellt eine häufige Form der Kirchenbucheinträge dar. Das kann ein einfacher Satz mit mehreren Satzgliedern oder aber ein Satz einfach ohne die erwartete Zeichensetzung sein.

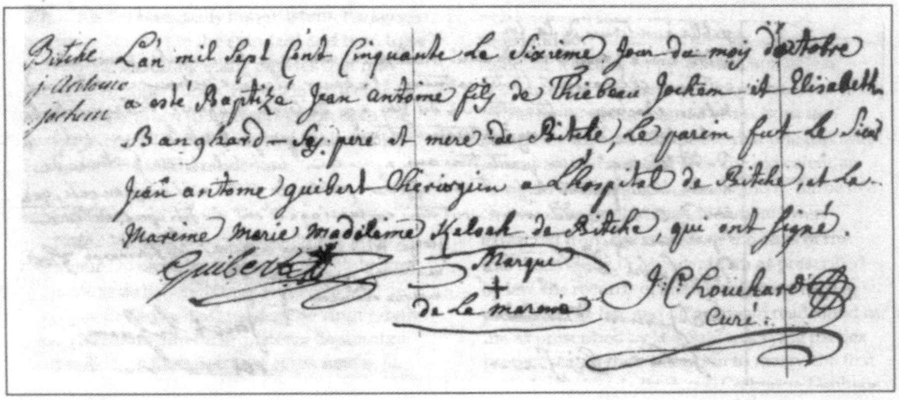

(139) Ein Taufeintrag der katholischen Gemeinde in Bitche im Elsass von 1750. Nur die Zeugen und der Schriftführer unterzeichneten das Dokument

Transkription

Bitche L'an mil Sept Cent Cinquante Le Sixième Jour de mois d'octobre
a esté Baptizé Jean antoine fils de Thiebeau Jochem et Elisabethe
Banghard – Ses pere et mere de Bitche, Le parein fut Le Sieur
Jean antoine guibert Cherurgien a L'Hospital de Bitche, et La
Mareine Marie Madeleine Kelsch de Bitche, qui ont Signé.

Übersetzung

In dem Jahre eintausend siebenhundertfünfzig am sechsten Tag des Monats Oktober wurde Jean Antoine, Sohn von Thiebeau [Diebold] Jochem und Elisabethe Banghard getauft. Der Vater und die Mutter stammen aus Bitche. Der Pate war Herr Jean [Johann] Antoine [Anton] Guibert, Chirurg im Krankenhaus von Bitche, und die Patin war Marie Madeleine [Magdalena] Kelsch von Bitche. Sie fügten ihre Unterschriften unten hinzu.

Analyse

Der Name des Kindes wird sofort nach dem Verb *Baptizé* geschrieben; folglich erwarten und finden wir die Namen der

Eltern in der nächsten Zeile. Wir bemerken, dass die Eltern nicht unterschrieben haben. Die Kleinbuchstaben lassen sich ziemlich leicht entziffern, bis auf zwei Ausnahmen: das *qu* in dem fünften Wort in der ersten Zeile ist nicht miteinander verbunden, aber doch in dem siebten Wort in Zeile 5; das Schluss *s* in dem Wort *fils* (Sohn) in Zeile 2 fällt aus irgendeinem Grund unter die Grundlinie. Dieser Schreiber zieht es vor, manche Wörter mit einem hohen Schnörkel zu beenden - besonders nach dem Buchstaben *e*. Die Großbuchstaben sind alle ersichtlich. Die Großschreibung ist in diesem Eintrag ziemlich uneinheitlich. Im Randeintrag erscheint das Kind als *J.[ean] Antoine Jochem,* was bedeutet, dass das Kind mit Rufnamen Antoine [Anton] hieß.

Wochentage		Monate		Jahreszeiten	
Montag	lundi	Januar	janvier	Frühling	printemps
Dienstag	mardi	Februar	février	Sommer	été
Mittwoch	mercredi	März	mars	Herbst	automne
Donnerstag	jeudi	April	avril	Winter	hiver
Freitag	vendredi	Mai	mai		
Samstag	samedi	Juni	juin		
Sonntag	dimanche	Juli	juillet		
		August	âout		
		September	septembre		
		Oktober	octobre		
		November	novembre		
		Dezember	décembre		

Französische Einträge in deutschen Personenstandsregistern

Als Spalteneintrag kommen Französisch geschriebene Daten in deutschen Personenstandsregistern nicht vor. Dagegen sind Einträge in Paragraphen- oder in Erzählform die Regel und neigen dazu, ziemlich lang zu sein. Viele Angaben scheinen überflüssig zu sein, beinhalten dennoch gewöhnlich viel mehr Informationen als der Durchschnittskirchen- oder Personenstandseintrag in Deutsch oder Latein. Die unten abgebildeten und analysierten Beispielseinträge begegnen uns häufig in Geburts-, Heirats- und Sterbeaufzeichnungen.

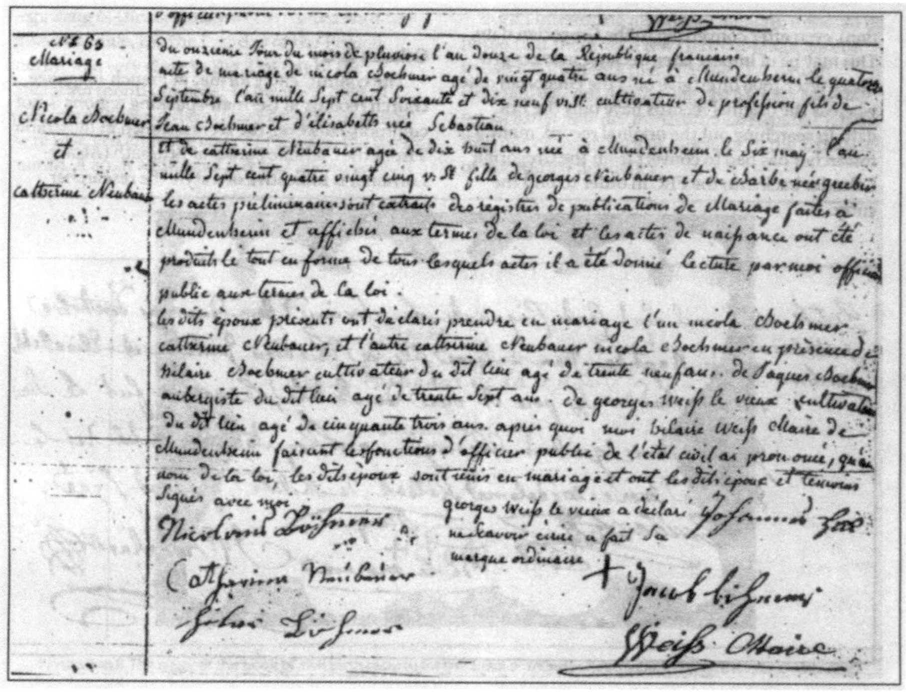

(140) Ein Heiratseintrag in Paragraphenform
im Personenstandsregister von Mundenheim/Bayern
aus dem Jahre 12 (Französischer Kalender) - umgerechnet 1804

Transkription

No. 63 Mariage Nicola Boehmer et Catherine Neubaur
Du onzieme Jour de mois de pluviose l'an douze de la Republique Francaise
acte de mariage de Nicola Boehmer agé de vingt quatre ans né à Mundenheim le quatorze
Septembre l'an mille Sept Cent Soixante et dix neuf v: St.: cultivateur de profession fils de
Jean Boehmer et d'elisabeth née Sebastian.
Et de catherine Neubauer agée de dix huit ans née à Mundenheim le Six maÿ l'an
mille Sept Cent quatre vingt cinq v: St.: fille de georges Neubauer et de Barbe née Greeber,
les actes préliminaires sont extraits de régistres de publications de Mariage faites á
Mundenheim et affichés aux termes de la loi et les actes de naissance ont été
produits le tout en forme de tous lesquels actes il a été donné lecture par moi officier
public aux termes de la loi.
Les dits èpoux prèsents ont déclarés prendre en mariage l=un nicola Boemer
Catherine Neubauer, et l'autre catherine Neubauer Nicola Boehmer en prèsence de

Hilaire Boehmer cultivateur du dit lieu agè de trente neuf ans, de Jaques Boehmer
aubergiste du dit lieu agè de trent Sept ans, de georges Weiss le vieux cultivateur
du dit lieu agè de cinquante trois ans, après qui moi hilaire Weiss maire de
Mundenheim faisant les fonctions d'officier public de l'ètat civil ai pronounce, qu=au
nom de la loi, let dits èpoux, sont unis en mariage et ont les dits epoux et témoins
Signés avec moi. Georges Weiss le vieux a déclaré
ne scavoir ecrire a fait Sa marque ordinaire.
Nicolaus Böhmer, Catharina Neubauer, Hilar Böhmer, Jacob Böhmer,
Weiss, Maire

Übersetzung

Nummer 63. Hochzeit des Nicola Boehmer und der Catherine Neubauer.

Am elften Tag des Monats Pluviose in dem 12. Jahr der Französischen Republik wurde diese Aufzeichnung von der Hochzeit des Nicola [Nikolaus] Boehmer [Böhmer], 24 Jahre alt, geboren in Mundenheim am 14. September des Jahres eintausend siebenhundert neunundsiebzig nach dem alten [Gregorianischen] Kalender, ein Bauer von Beruf, Sohn des Jean [Johann] Boehmer [Böhmer] und der Elisabeth, geborene Sebastian, mit der Catherine Neubauer, 18 Jahre alt, geboren in Mundenheim am 6. Mai des Jahres eintausend siebenhundert fünfundachtzig nach dem alten [Gregorianischen] Kalender, Tochter des Georges [Georg] Neubauer und der Barbe [Barbara], geborene Greeber. Die vorgelegten Dokumente waren, wie vom Gesetz vorgeschrieben, den Mundenheimer Hochzeitsaufgebotsaufzeichnungen entnommen, die vom Gesetz vorgeschriebenen Geburtsaufzeichnungen wurden mir vorgelegt und auch, wie vom Gesetz verlangt, laut vorgelesen. Genannte anwesende Hochzeitsparteien gaben ihre Einwilligung zu heiraten, nämlich der Nicola Boehmer der Catherine Neubauer gegenüber, danach die Catherine Neubauer dem Nicola Boehmer gegenüber, in Gegenwart des Hilaire Boehmer, Bauer des besagten Ortes, 39 Jahre alt; des Jaques Boehmer, Schankwirt des besagten Ortes, 37 Jahre alt; und des Georges Weiss der Ältere, Bauer des besagten Ortes, 53 Jahre alt; nach welchem ich, Hilaire Weiss, Bürgermeister von Mundenheim und Beamter des Standesamtes im Namen des

Gesetzes die Parteien zu rechtskräftigen Ehepartnern erklärte. Genannte Parteien und Zeugen unterzeichneten dieses Dokument mit mir. Georges Weiss erklärte, nicht schreiben zu können und unterschrieb deswegen mit seinem Zeichen X.
[Unterschriften]

Analyse

Die Elemente des Hochzeitseintrages sind ordentlich sortiert. Mit den angegebenen Namen des Bräutigams und der Braut am Seitenrand können wir unseren Weg zu den Namen der Eltern verfolgen. Der erste Paragraph befasst sich mit der Familie des Bräutigams und der zweite mit der Familie der Braut. Nach dem Familiennamen Greeber (die Mutter des Bräutigams), ist der Rest des ersten Paragraphen von wenig Nutzen für den Forscher (da beide Parteien in Mundenheim geboren wurden, wissen wir bereits, wo wir nach den Geburtsdaten zu suchen haben). Die Namen der Zeugen sind nur wichtig, wenn eine verwandtschaftliche Beziehung angegeben ist, was in diesem Eintrag nicht der Fall ist. Die Kleinbuchstaben in der Schrift des Bürgermeisters Weiss sind gut zu erkennen. Wie die meisten seiner Zeitgenossen schlingt er das *n* und *m* nach unten. Die Akzentzeichen solcher Buchstaben wie die Buchstaben *é* sind oft ziemlich weit weg. Die Buchstaben *e* und *r* neigen dazu, sehr klein zu sein. Das *e* hat fast überhaupt keine Schlaufe. Da das französische Alphabet keine Umlautbuchstaben besitzt, muss der Familienname *Böhmer* als *Boehmer* geschrieben werden. Die Großbuchstaben sind relativ gleichmäßig, wobei das *B* besondere Aufmerksamkeit verdient. Die Großschreibung ist ziemlich unregelmäßig, wobei viele Eigennamen mit anfänglichen Kleinbuchstaben geschrieben werden. Das französische Kalenderdatum *11 Pluviose 12* ist umgerechnet der 1. Februar 1804. Der „alte Kalender" ist natürlich der Gregorianische Kalender, der kurz darauf wieder eingeführt wurde. Ein guter Ansatz zu diesem Eintrag - nachdem wir eine Verbindung zu einer Ahnenlinie hergestellt haben - wäre eine Fotokopie, auf der Sie die Namen der Hauptpersonen, Daten und Alter markieren können.

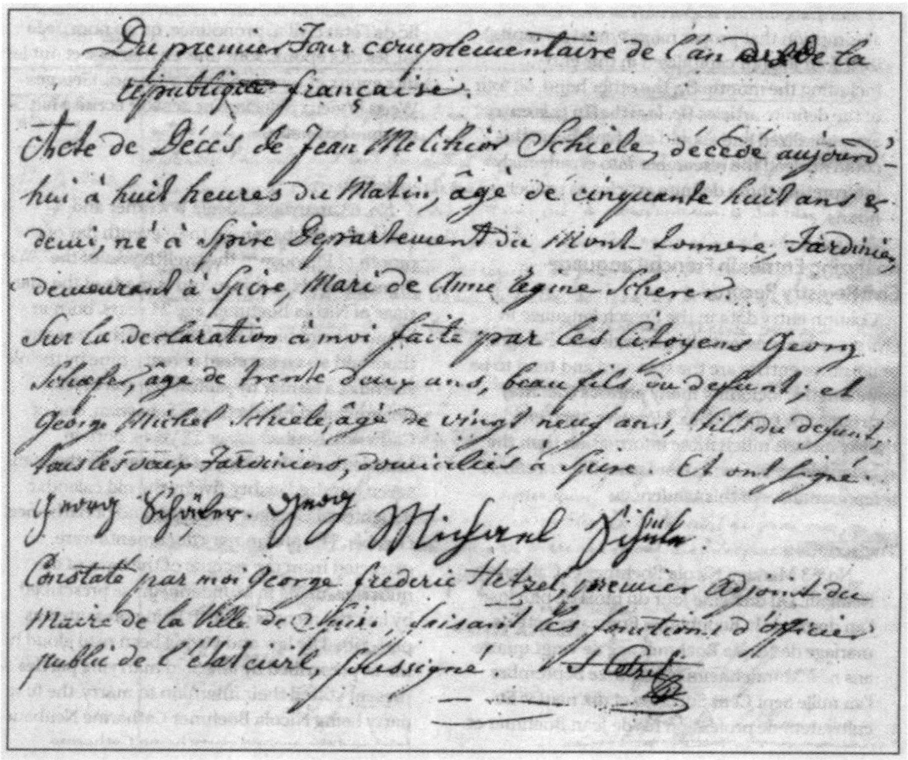

(141) Ein Sterbeeintrag im Paragraphenformat
aus dem Personenstandsregister in Speyer/Pfalz
aus dem Jahre 10 (Französischer Kalender) bzw. 1802

Transkription

Du premier Jour complementaire de l'an dix de la republique française.
Acte de Décés de Jean Melchior Schiele, décédé aujourd' – hui à huit heures du Matin, âgé de cinquante huit ans & demi, né à Spire Departement de Mont-Tonnere, Jardinier, demeurant â Spire, mari de Anne Regine Scherer.
Sur la declaration à moi faite par les Citoyens Georg Schaefer, âgé de trente deux ans, beau fils de defunt; et Georg Michel Schiele, âgé de vingt neuf ans, fils du defunt; tous les deux Jardiniers, domiciliés à Spire. Et ont signé.
Georg Schäfer, Geog Michael Schüle
Constaté par moi George Frederic Hetzel, premier Adjoint du Maire de la Ville de Spire, faisant les fonctions d'officier public de l'état civil, soussigné. F. Hetzel

Übersetzung

Am ersten Zusatztag des Jahres 10 der Französischen Republik. Aufzeichnung des heute um acht Uhr morgens verstorbenen 58 und einhalb Jahre alten Jean [Johann] Melchior Schiele, geboren bei Speyer in dem Bezirk von Mont-Tonnere, ein Gärtner und Bewohner von Speyer und Ehegatte der Anne Regine Scherer. Die hier verzeichnete Aussage wurde mir von dem Bürger Georg Schaefer, 32 Jahre alt, Schwiegersohn des Verstorbenen und Georg Michel Schiele, 29 Jahr alt, Sohn des Verstorbenen, beide Gärtner und Bewohner Speyers, gemacht. Beide unterzeichneten dieses Dokument. Die Aussage wurde von mir, George Frederic Hetzel, erster Assistent des Bürgermeisters der Stadt Speyer, Beamter des Personenstandsregisters und ein Unterzeichner dieser Aufzeichnung bestätigt.

Analyse

Wiederum können wir wichtige Elemente, wie das Alter des Verstorbenen, den Geburtsort und den Namen der Frau des Verstorbenen, die Namen seines Sohnes und Schwiegersohnes sowie die Berufe aller drei Männer ausfindig machen. Wie erwartet wurden die meisten Namen in den üblichen französischen Varianten geschrieben, einschließlich *Spire* anstatt *Speyer*. Durch die fehlenden Umlaute in diesem Alphabet hat der Schreiber den Familiennamen *Schäfer* als *Schaefer* geschrieben.

Die Familiennamen *Schiele* und *Schüle* sind die gleichen – einfach nur verschieden geschrieben - und wir sollten beide als *Schüle* (wie vom Sohn geschrieben) eintragen. Das Datum *1 Complémentaire X* ist umgerechnet der 18. September 1802. Der Schreiber scheint offenbar das Jahr anfangs vergessen zu haben und berichtigte die Eintragung (wenn das Datum unleserlich gewesen wäre, dann hätten wir das eigentliche Jahr aus vorhergehenden oder nachfolgenden Einträgen herausbekommen können). Der einzige Kleinbuchstabe, der zu beachten ist, ist das *d*, das mit einem gerundeten Schnörkel zur Linken endet. Unter den Großbuchstaben sind nur das *A* in *Actes* und das *R* in *Regine* einander derart ähnlich, dass sich der Leser Mühe geben muss. Wenn das *J* in *Jardinier* mit seinem Kreuz durch den Stamm problematisch wird, können wir es mit Hilfe des rückwärtssortierten Registers herausfinden.

Vorgedruckte französische Einträge in deutschen Personenstandsregistern

Vorgedruckte Geburts-, Heirats- und Sterbeeinträge entlasten die Forscher von vielen Bürden im Entzifferungsprozess. Kritische Kategorien sind gedruckt, die Lage einzelner Elemente bleibt unverändert und vereinfacht daher das Durchsuchen. Nachfolgend sind zwei Beispiele von typischen Formularen für Geburts- und Sterbeaufzeichnungen abgedruckt, die von Personenstandsbeamten benutzt wurden.

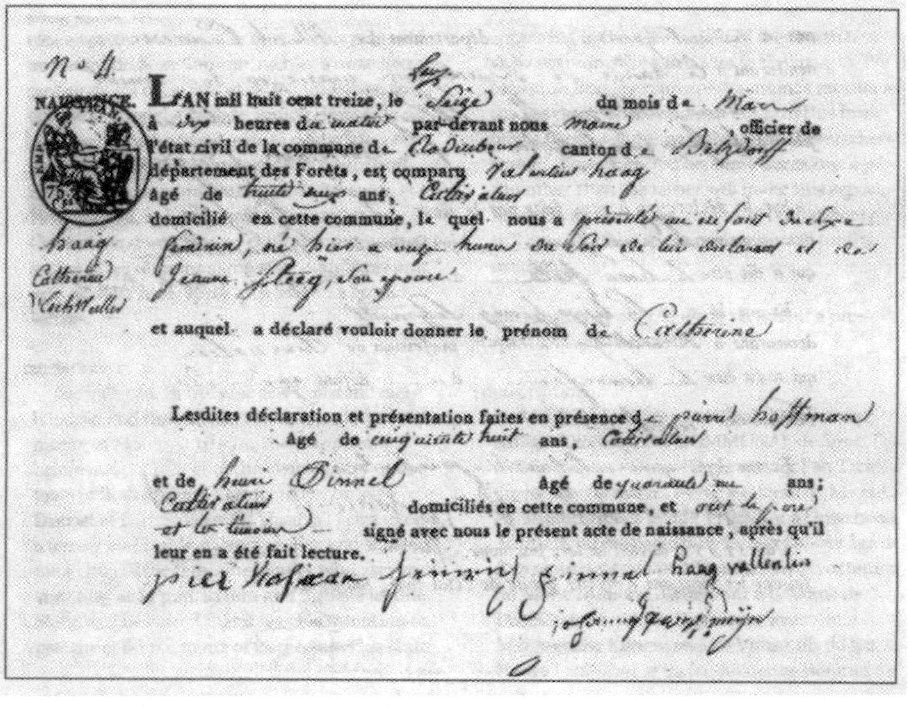

(142) Ein vorgedruckter Geburtseintrag des Personenstandsamtes von Rodenbourg in Luxemburg von 1813

Transkription

No. 4 NAISSANCE. *Catherine Haag, Lochweiler.*
L'AN mil huit cent treize, le *seize* du mois d*e Mars*
à *dix* heures d*u matin* par-devant nous *maire,* officier de
l'état civil de la commune d*e Rodenbour* canton d*e Betzdorff*
département des Forêts, est compar*u Valentin Haag*
âgè de *trente deux* ans, *Cultivateur*
domicilié en cette commune, l*e* quel nous a *prèsenté un enfant du Sexe*
feminin, né hier a onze heures du Soir de lui declarant et de

Jeanne Steeg, Son epouse
et auquel a declare vouloir donner le prénom d*e Catherine.*
Lesdites déclaration et présentation faites en présence d*e pierre Hoffman*
âgè de *cinquante huit* ans, *Cultivateur,*
et de *Henri Binnel,* âgè de *quarante un* ans;
Cultivateur, domiciliés en cette commune, et *ont le père*
et les témoins signé avec nous le présent acte de naissance, après qu'il
leur en a été fait lecture.
Pier Hofman Heinrich Pinnen Haag Vallentin
Johannes Georg Meyer

Übersetzung

Geburtseintrag Nummer 4. Catherine Haag, Lochweiler. Im Jahre eintausend achthundert und dreizehn, am 16. Tag des Monats März um 10 Uhr morgens, erschienen vor mir, dem Beamten des Personenstandsamtes der Stadt Rodenbourg, Landkreis Betzdorf, Bezirk Forets, Valentin Haag, 32 Jahre alt, ein Bauer und Einwohner dieser Stadt, und zeigte mir ein Kind weiblichen Geschlechtes, das ihm und seiner Frau Jeanne [Johanna] geborene Steeg gestern um 11 Uhr nachts geboren wurde, und er gab an, dass es seine Absicht sei, dem Kind den Namen Catherine zu geben. Diese Aussage und das Vorzeigen des Kindes fanden statt im Beisein von Pierre [Peter] Hoffmann, 58 Jahre alt, ein Bauer und Henri [Heinrich] Binnel, 41 Jahre alt, ein Bauer, beide Einwohner dieser Stadt. Der Vater und die Zeugen fügten, auf diesem Geburtseintrag unten, ihre Unterschriften meiner hinzu, nachdem ihnen der Wortlaut vorgelesen wurde.

Analyse

Durch das Siegel in der oberen linken Ecke wird das Dokument amtlich. In der Randbemerkung steht der Name der Stadt, wo das Kind geboren wurde (Lochweiler war nicht groß genug, um ein eigenes Personenstandsamt zu haben). Das Wort *hier* (gestern) sagt uns, dass das Kind am vorhergehenden Tag geboren wurde, also am 15. März. Die Eigennamen werden in beiden Sprachen - Französisch und Deutsch - geschrieben. Der Forscher sollte sich diese für zukünftige Vergleiche aufschreiben. Beim Suchen nach weiteren Kindern dieser Familie brauchen wir uns, während des Überfliegens nach Familiennamen am Rand, nur auf den Namen, der in der zweiten Hälfte auf der 4. Zeile erscheint, zu konzentrieren. Den Namen der Mutter finden wir im ersten großen Feld, was durch Wörter wie *son épouse* (seine Frau) bestätigt wird. Wichtig ist, dass manchmal eine andere Person als der Vater den Bericht erstattete; unter solchen Umständen erscheinen die Namen beider Eltern in dem Feld der Mutter. Die Kleinbuchstaben im Alphabet des Standesbeamten Herrn Meyers sind relativ klein, so dass die, die sich zwischen der Grundlinie und der Mittellinie befinden, sich ähneln. Das *m* und das *n* biegen tiefer nach unten und manche Wörter weisen Unterbrechungen auf, z.B. *Cultiv ateur* in den Zeilen 5, 11, und 13, sowie *en fant* auf Zeile 6. Von den großen Buchstaben lenkt das *H* durch die Ausgangskurve nach innen unsere Aufmerksamkeit auf sich. Das große *S* in *Steeg* ist ein wenig merkwürdig, doch kann kaum ein anderer Buchstabe vor *t* stehen. Die Unterschrift *Pier* [Pierre] *Hofman* zeigt, dass der deutsche Schreiber versucht hat, seinen Vornamen französisch zu schreiben. Variationen in der Schreibweise eines Familiennamens - eher die Regel als die Ausnahme - ragen bei *Binnel* und *Pinnel* hervor. Der Ortsname *Radebour* heißt eigentliche *Radebourg*, was uns daran erinnert, dass bei der Aussprache im Luxembourgischen das Ausgangs-g völlig verschwinden kann.

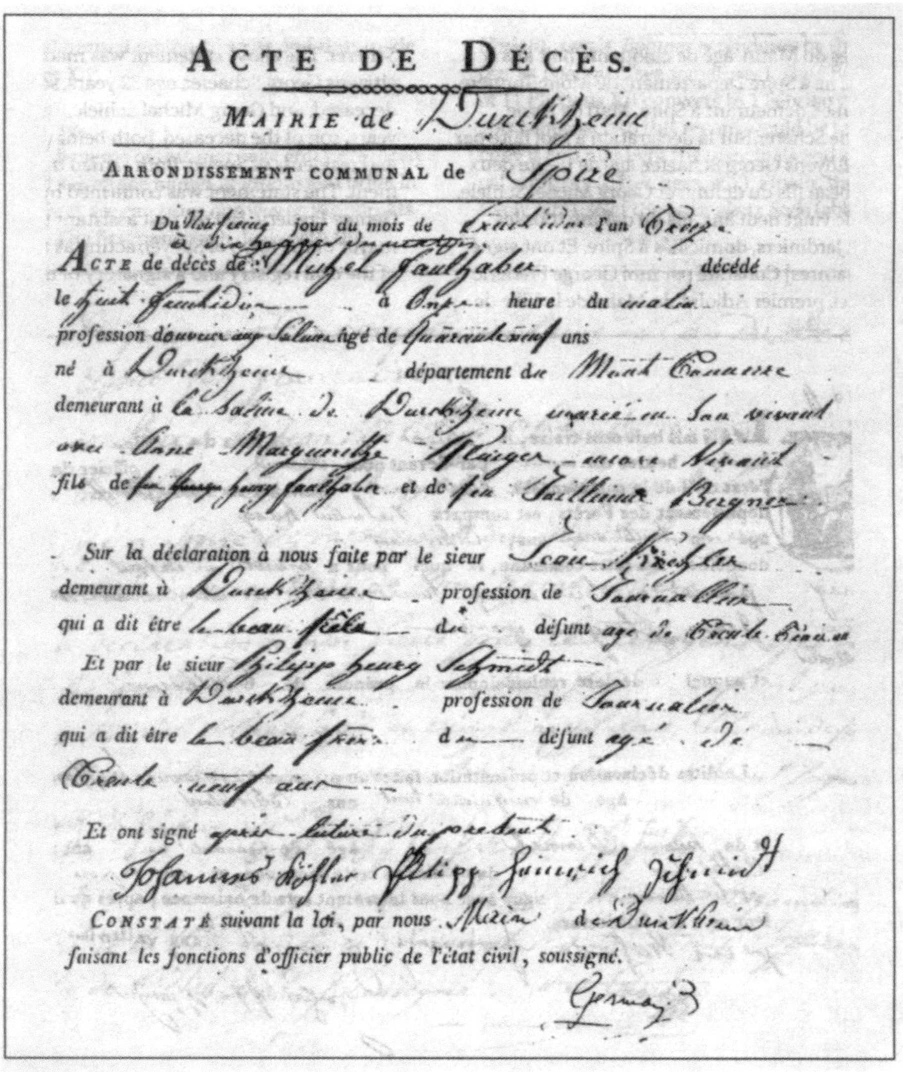

(143) Ein vorgedruckter Sterbeeintrag aus dem Standesamt der Gemeinde Dürkheim aus dem Jahre XIII (Französischer Kalender) bzw. 1805

Transkription

ACTE DE DÉCÉS,
MAIRIE d*e Durckheim,*
ARRONDISSEMENT COMMUNAL de *Spire.*
Du *Neufieme* jour du mois de *Fructidor* l'an *Treize*
à dix heures du matin.
ACTE de décés de *Michel Faulhaber* décédé
le *huit Fructidor* à *Onze* heure du *matin*
profession d'*ouvrier aux Salines* âgè de *Quarante neuf* ans
né à *Durckheim* département d*u Mont Tonnerre*

demeurant à *la Saline de Durckheim marié en Son vivant*
avec Anne Marguerithe Klinger – encore Vivant –
fils de *feu Henry Faulhaber* et de *feu Juillienne Bergner.*
Sur la déclaration á nous faite par le sieur *Jean Koehler*
demeurant á *Durckheim* profession de *Journallier*
qui a dit être *le beau frère* du défunt *age de Trente Trois ans.*
Et par le sieur *Philipp henry Schmidt*
demeurant à *Durckheim* profession de *Journalier*
qui a dit être *le beau frère* du defunt *agè de*
Trente neuf ans.
Et ont signé *après lecture du present.*
Johannes Köhler   *Philipp Heinrich Schmidt.*
CONSTATÉ suivant la loi, par nous *Maire* de *Durckheim*
faisant les fonctions d=officier de l=état civil, soussigné.
German.

Übersetzung

Sterbeeintrag, Stadt Dürkheim, Bezirk Speyer. Aufgezeichnet am neunten Tag des Monats Fructidor im Jahre dreizehn um zehn Uhr morgens. Eintrag des Todes von Michael Faulhaber, der am 8. Fructidor um elf Uhr mittags starb, von Beruf Salzarbeiter, 49 Jahre alt, geboren in Dürkheim, Bezirk Mont Tonnere, ein Einwohner der Salzstadt Dürkheim, Ehemann der noch lebenden Anne Marguerithe Pflueger und Sohn des verstorbenen Henry [Heinrich] Faulhaber und der verstorbenen Juillienne [Juliana] Bergner. Die oben genannte Erklärung fand statt im Beisein von Herrn Jean [Johann] Koehler [Köhler], ein Einwohner von Dürkheim, von Beruf Arbeiter, der auch ein Schwager des Verstorbenen ist, 39 Jahre alt war. Beide fügten unten ihre Unterschriften zu meiner hinzu, nachdem das Vorherstehende ihnen laut vorgelesen worden war.
Johannes Köhler, Philipp Heinrich Schmidt.
Mit der Kraft des Gesetzes durch mich, den Bürgermeister von Dürkheim und der Funktion als Beamter des Personenstandsamtes. German

Analyse

Zwischen den ersten zwei Zeilen hat der Schriftführer die Uhrzeit des Tages, an dem der Eintrag vorgenommen wurde, eingefügt. Der Forscher wird auf solche Details achten müssen; in diesem Eintrag ist sie aber belanglos. Wieder sehen wir den deutschen Familiennamen *Köhler* als *Koehler* geschrieben, da das französische Alphabet keine Umlautbuchstaben kennt. Beim Durchsuchen nach bestimmten Personen- oder Familiennamen ist es nur notwendig, die Mitte der zweiten Zeile dieses Textes zu studieren, da es wirklich keinen anderen Platz gibt, wo der Name des Verstorbenen auftauchen kann. Das französische Kalenderdatum 9 Fructidor XII ist umgerechnet der 27. August 1804. Wie erwähnt, ist es oft hilfreich, eine unbenutzte Vordruckseite dieser Art zu kopieren, danach jede Beschreibung und Art von Daten, die gefunden werden, in ein leeres Feld aufzuschreiben oder den französischen Text zwischen den Zeilen zu übersetzen. Die Kleinbuchstaben sind in diesem Text sehr klein. Viele *m* und *n* Buchstaben scheinen mit einem unabhängigen Parallelstrich geschrieben worden zu sein. Das *h* sieht mit dem Schwanz merkwürdig aus, aber wir entziffern - durch eventuelle Benutzung des alphabetisch rückwärts sortierten Verzeichnisses - das Wort *huit* (achten) in Zeile sechs durch seine Bedeutung. Der Schreiber hat einige Betonungszeichen in solchen Wörtern wie in *âge* weggelassen, die aber zu keinen großen Missverständnissen führen sollten. Unter den Großbuchstaben finden wir mehrere Varianten des *P* wie in *Pflueger*, aber es gibt noch andere gute Beispiele, wenn es von einem *l* gefolgt wird. Der einzige Name, der ohne einen Großbuchstaben beginnt, ist der Vorname *henry* in Zeile 12, aber ein Vergleich mit der unteren Unterschrift löst auch diese Frage auf.

Zusammenfassung

Da die Schriftführer in den deutschen Gebieten fast immer das lateinische Alphabet in französischsprachigen Geburts-, Heirats- und Sterbeeinträgen benutzten, ist die größte Herausforderung beim Entziffern solcher Texte die Übersetzung eines französischen Wortes ins Deutsche. Wie bei allen Entzifferungsprozessen kann der Forscher auswählen, ob er vom Einfachen zum Komplizierten oder umgekehrt arbeiten möchte. In Fällen, wo nur einige Begriffe sich ändern, kann man sie isolieren und versuchen, diese Buchstabe für Buchstabe zu identifizieren, bis sie als logische Wörter oder Namen erkenntlich sind und begründet werden können. Ob Anfänger oder Experte, jeder Forscher wird gelegentlich mit der Vorgehensweise „Wort für Wort“ oder „Buchstabe für Buchstabe“ arbeiten müssen, damit er genügend Informationen des Textes übersetzen oder niederschreiben kann, um somit seine Forschungsziele zu erreichen. Die wichtigen Begriffe werden wahrscheinlich Personen- und Ortsnamen sein, da diese die am wenigsten vorhersagbaren Elemente in Geburts-, Heirats- und Sterbeeinträgen sind.

Während sich Anfänger leicht einschüchtern lassen, wenn sie mit einer weiteren Sprache in Geburts-, Heirats- und Sterbeeinträgen konfrontiert werden, werden sie bald vielen anderen zustimmen, dass die Entzifferung von französischen Einträgen in Kirchenbüchern und Personenstandsregistern eine machbare Aufgabe ist. Der formelhafte Charakter dieses Aufzeichnungsstiles vereinfacht die Ortung und Identifizierung spezifischer Elemente der Eintragung. Dies erlaubt uns unseren Blickpunkt auf einen Familiennamen oder ein Ereignisdatum einzuschränken. Wenn der Schriftführer ein kompetenter „Schönschreiber“ war, werden die Buchstaben des lateinischen Alphabetes relativ leicht zu entziffern sein. Das Übersetzen von typisch französischen Ausdrücken in Geburts-, Heirats- und Sterbeeinträgen ist keine komplizierte Angelegenheit, da es gewöhnlich grammatikalische Hinweise (wie z.B. Geschlecht) gibt, die zur Interpretation der Beschreibung führen.

Eine ausgezeichnete Hilfe für Familiengeschichtsforscher bei ihrer Arbeit mit Urkunden aus französischer Zeit bietet die 1942 erschienene Publikation „Die französischen Personenstandsurkunden im linksrheinischen Deutschland - Ein Leitfaden für Standesbeamte und Ahnenforscher“, die in wesentlichen Auszügen als CD im Verlag E. und U. Brockhaus in Wuppertal neu aufgelegt worden ist (siehe dazu Anzeige im Schluss dieses Buches).

V. Weitere historische Beispiele

Einführung

Es ist nicht möglich, alle Dokumente zu nennen, auf die Geschichtsforscher bei ihrer Suche nach bestimmten Themenbereichen und Personen stoßen. Allerdings lässt sich eine charakteristische Auswahl solcher Dokumente zusammenstellen, die besonders häufig auftreten. Genau diesem Zweck dient dieses Kapitel des Buches.

Schon seit 1971 sammle ich während meiner Forschungsarbeit handgeschriebene Dokumente. Zusätzlich haben mir viele Auftraggeber Dokumente zukommen lassen, die übersetzt oder analysiert werden sollten oder die im Zusammenhang mit ihrer Ahnenforschung von Nutzen waren. Dies ermöglicht mir den Zugriff auf tausende für die heutige Forschung interessante Dokumente. Diese Dokumente stellen nicht bloß ein weites Spektrum von Themenbereichen dar, sondern auch eine große Vielfalt besonderer Merkmale. Manche sind auffallend schön, andere sehr unordentlich und wiederum andere fast unlesbar. Sowie originale Dokumente als auch Abzüge auf Papier, Mikrofilm oder digitale Aufnahmen können das Lesen vereinfachen oder erschweren. Da ich fast drei Millionen Wörter aus deutschen Dokumenten übersetzt habe, wage ich zu behaupten, dass mir schon alles bekannt ist. Allerdings könnte ich schon morgen auf ein Dokument stoßen, dessen Merkmale mir neu sind (und für diese kontinuierliche Herausforderung bin ich sehr dankbar).

In handgeschriebenen Beispielen lassen sich einerseits Bildung und Kompetenz, aber auch der Kenntnisstand eines Anfängers und ein möglicher Mangel an Grammatik- und Satzbaukenntnis erkennen. Die Aufgabe, solche Texte zu entschlüsseln, kann durch solche Merkmale sehr einfach bis ganz unmöglich sein (ja, ich gebe zu, dass es Wörter gibt, die niemand lesen kann). Obwohl ich kein Befürworter der Graphologie bin, fühle ich mich im Stande, einiges über gewisse Verfasser aussagen zu können. Damit versuche ich allerdings bloß, ihre

Schreibweise von Buchstaben zu erklären, die wir so mühevoll versuchen, zu entziffern.

Auf den folgenden Seiten befinden sich 32 Dokumente, deren Art meiner Meinung nach in der Geschichtsforschung besonders häufig auftritt. Es handelt sich hier um eine Auswahl von Dokumenten, die aus meiner eigenen Sammlung stammen und auch solchen, die von anderen Quellen erworben wurden. Alle Quellen werden sorgfältig angegeben. An dieser Stelle möchte ich mich bei meinen Freunden und Kollegen bedanken, die mir bei diesem Projekt geholfen haben.

Die hier enthaltenen Musterdokumente sind allesamt Originale und auf keinerlei Weise verändert worden. In manchen Fällen verwende ich nur die erste von mehreren Seiten eines Dokuments, wobei man auf den nicht abgebildeten Teil schließen kann. Alle Abbildungen sind nach meinem Verständnis von bester Qualität. Auf jede Abbildung eines Dokuments folgt eine buchstabengetreue Transkription (einschließlich von Abkürzungen, Rechtschreibvariationen, Grammatikfehlern, genauen Zeilenumbrüchen, usw.) und meine Kommentare zu Inhalt, Handschrift und Eigenarten des Dokuments.
Ich hoffe, dass jeder Leser durch diese Beispiele noch eigenständiger handgeschriebene deutsche Dokumente entziffern, lesen und verstehen kann.

Todeseintrag im Kirchenbuch

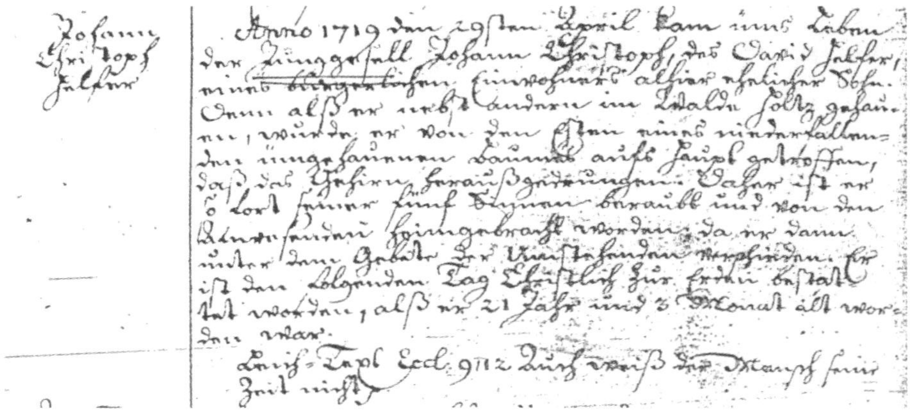

Transkription

Johann Christoph Helfer

Anno 1719 den 29sten kam üms Leben
der Junggesell Johann Christoph, des David Helfer,
eines bürgerlichen Einwohners alhier ehelicher Sohn.
Denn alß er nebst andern im Walde Holtz gehau=
en, wurde er von den Esten eines niederfallen=
den ümgehauenen Baumes aufs Haupt getroffen,
daß das Gehirn heraußgedrungen. Daher ist er
so fort seiner fünf Sinnen beraubt und von den
Anwesenden heimgebracht worden. Da er dann
unter dem Gebete der Umstehenden verschieden. Er
ist den folgenden Tag Christlich Zur Erden bestat=
tet worden, alß er 21 Jahr und 3 Monat alt wor=
den war.
Leich=Text Eccl. 9/12 Auch weiß der Mensch seine
Zeit nicht.

Analyse

Die Aufzeichnungen von Kirchenbestattungen enthalten gelegentlich Details über den Tod des Verstorbenen. In diesem Fall führte ein Unfall im Wald zu einer grausamen Verletzung und schließlich innerhalb weniger Stunden zum Tod. Die Handschrift des Schreibers (höchstwahrscheinlich der Pastor) ist hervorragend und die meisten Buchstaben lassen sich leicht erkennen. Sein *st* ist einzigartig breit verbunden und *üms* hat einen unnötigen Umlaut. Nur die Großbuchstaben *A* (obwohl diese Schreibweise in Süddeutschland sehr üblich ist) und *D* sind schwieriger zu erkennen. Das Wort *Esten* = *Ästen* ist zweifellos eine phonetische Variante und *Holtz* enthält ein überflüssiges *tz* (auch sehr üblich). An einigen Stellen wurden wie für dieses Zeitalter üblich Hilfsverben ausgelassen. *Eccl.* = *Ecclesiastes* = *Der Prediger Salomo* in der deutschen Bibel.

Bußregister

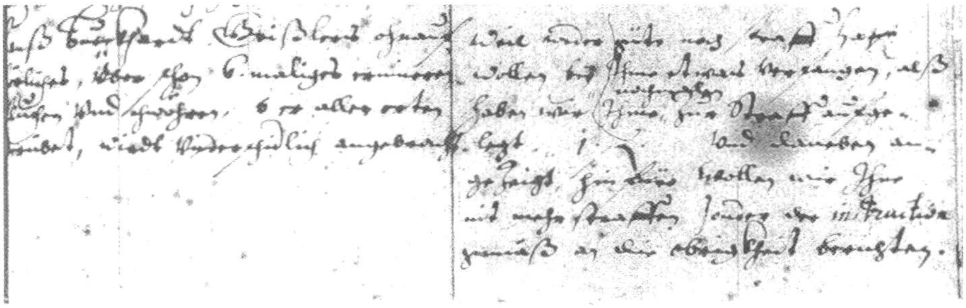

Transkription

[28 October 1655]
Hanß Burckhardt Geißlers ohnauf=
hörliches, über schon 6. maliges erinnertes
Fluchen und schwören, so er allerorten
erübet, wirdt underschidlich angebracht

Weil wider güte noch straff haten
wolen bey Ihme etwas verfangen alß
habn wir ihme nochmalen Zur Straff
[aufge=legt]
Und daneben an=
gezeigt, hinfüro wollen wir Ihme
nit mehr straffen sonder der instruction
gemäß an die obrigkheit berichten.

Dieser frühneuhochdeutsche Text heißt im heutigen Deutsch etwa:
Hanss Burckhardt Geissler wurde wegen Fluchens und Schwörens überall in der Ortschaft wenigstens sechsmal von mehreren Personen angezeigt worden.
Weil weder Gnade noch Strafe bisher geholfen hat, ihn zum besseren Verhalten zu bewegen, haben wir ihn noch einmal bestraft und angezeigt. Hinfort wollen wir ihn nicht mehr bestrafen, sondern ihn wie angewiesen an die Obrigkeit abgeben.

Analyse

In den Aufzeichnungen eines disziplinarischen Kirchenrates in Baden finden wir in der linken Spalte das Vergehen und in der rechten Spalte den Gerichtsbeschluss des Kirchenrates. Dieser

Fall verschafft uns einen tieferen Einblick in die gesellschaftlichen Ereignisse innerhalb einer kleinen Stadt und wie mit denjenigen verfahren wurde, die gegen die dortigen Regeln verstießen. Der Text ist im heute sogenannten Frühneuhochdeutsch geschrieben und enthält viele Rechtschreibvariationen im Badener Dialekt: *ohn-* steht für *un-*, *underschidlich* = *unterschiedlich*, *wider* = *weder*, *hinfüro* = *hinfort*, *obrigkheit* = *Obrigkeit*.

Amtliches Familienregister

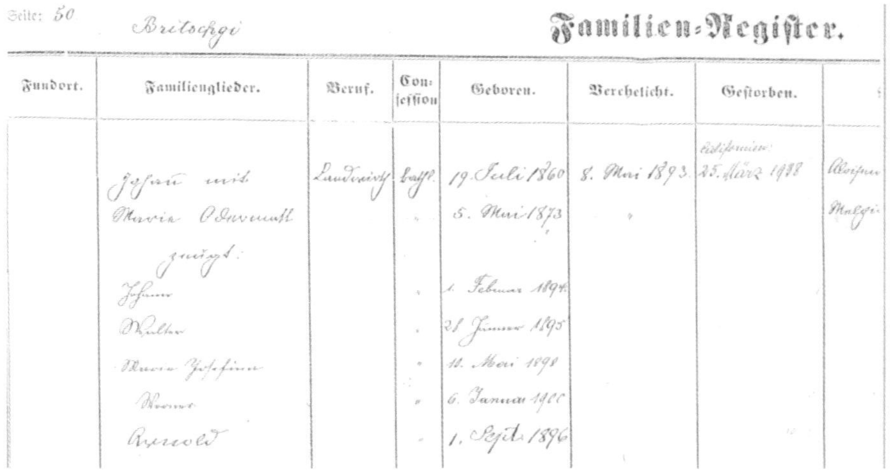

Transkription

Seite: *50* *Britschgi* Familien-Register

Fundort	Familienglieder	Beruf.	Con-fessi-on	Geboren.	Verehelicht.	
	Johan mit	*Landwirth*	*kathl.*	*19. Juli 1860*	*8. Mai 1893*	*Aloisiu*
	Marie Odermatt		*"*	*5. Mai 1873*	*"*	*Melchio*
	zeugt:					
	Johann		*"*	*1.Februar 1894*		
	Walter		*"*	*28.Jänner 1895*		
	Marie Josefina		*"*	*10. Mai 1898*		
	Werner		*"*	*6. Januar 1900*		
	Arnold		*"*	*1. Sept 1896*		

Analyse

Die standesamtliche Registrierung von Personendaten wurde in vielen Städten der Schweiz in der ersten Hälfte des 19. Jahrhunderts eingeführt. Diese Form der Eintragung ist sehr einfach und leserlich. Der Schreiber benutzte lateinische Schriftzeichen für Familiennamen und die Namen von Monaten (mit Ausnahme von *Jänner,* der schweizerischen Variante für *Januar*). Alle deutschen Schriftzeichen lassen sich sofort erkennen. Der Anfangsbuchstabe *J* in *Josefina* sieht merkwürdigerweise aus wie ein *Y* (was am Anfang von Namen nicht vorkommt und daher keine Beachtung verdient). Irgendwie wurde der Name des Sohnes *Arnold* vergessen und daher später nicht der Reihenfolge nach hinzugefügt. Die letzte Spalte hat keine

Überschrift und beinhaltet lediglich die Namen *Aloisiu* [*Aloisius*] und *Melchio* [*Melchior*], die wohlmöglich die Namen des Schreibers sind.

Autobiografie

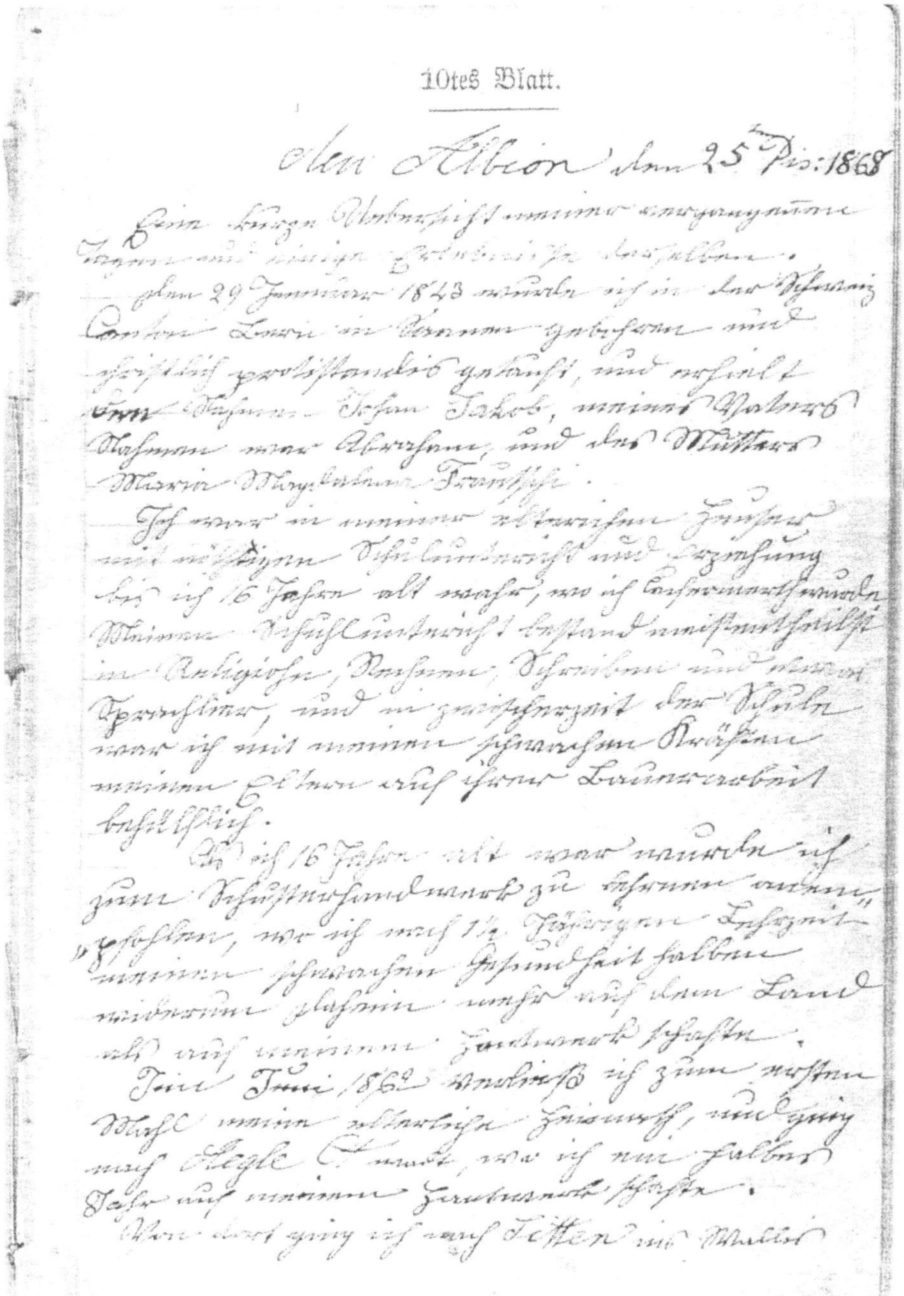
10tes Blatt.

New Albion den 25 Dez: 1868

Ein kurzer Verbericht meiner vergangenen Jahren und einige Erlebnisse derselben.

Am 29 Januar 1843 wurde ich in der Schweiz Canton Bern in [illegible] geboren und christlich protestantisch getauft, und erhielt den Namen Johann Jakob, meines Vaters Namen war Abraham, und der Mutter Maria Magdalena [illegible].

Ich war in meinem elterlichen Hause mit nöthigem Schulunterricht und Erziehung bis ich 16 Jahre alt war, wo ich [illegible]. Meinen Schulunterricht bestand meistentheils in Religion, Rechnen, Schreiben und etwas Sprachlehre, und in Zwischenzeit der Schule war ich mit meinen schwachen Kräften meinen Eltern auf ihrer Bauernarbeit behülflich.

Als ich 16 Jahre alt war wurde ich zum Schuhmacherhandwerk zu lernen [illegible] geschickt, wo ich nach 1½ jähriger Lehrzeit meiner schwachen Gesundheit halben wiederum [illegible] mehr auf dem Land als auch [illegible] Handwerk schaffte.

Im Juni 1862 verließ ich zum ersten Mahl mein elterliches Heimwesen, und ging nach Aegle C. Waadt, wo ich ein halbes Jahr auf meinem Handwerk schaffte.

Von dort ging ich nach Sitten in Wallis

Transkription

10tes Blatt

Neu Albion den 25 Dis: 1868

*Eine kurze Ueberschrift meiner vergangenen
Tagen und einige Erlebnisse derselben.*

*Den 29 Jennuar 1843 wurde ich in der Schweiz
Canton Bern in Saanen gebohren und
christlich protistandis getauft, und erhielt
den Nahmen Johan Jakob, meines Vaters
Nahmen war Abraham, und des Mutters
Maria Magdalena Frautschi.*

*Ich war in meiner elterichen Heuser
mit nöthigen Schulunterricht und Erziehung
bis ich 16 Jahre alt wahr, wo ich Confermerth wurde
meinen Schulunterricht bestand meistenstheilst
in Religiohn, Rechnen, Schreiben und einmal
Sprachlier, und in zwischerzeit der Schule
war ich mit meinen schwachen Kräften
meinen Eltern auf ihrer Bauerarbeit
behülflich.*

*Als ich 16 Jahre alt war wurde ich
zum Schusterhandwerk zu lehrnen anem-
-pfohlen, wo ich nach 1 ½ Jährigen Lehrzeit
meinen schwachen Gesundheit halben
widerum daheim mehr auf dem Land
als auf meinem Hantwerk schafte.*

Analyse

Der 25jährige Verfasser schrieb Groß- und Kleinbuchstaben wahrscheinlich so, wie er sie als Kind lernte. Seine Buchstaben sind relativ gleichförmig, so dass die Transkription nicht schwerfällt. Bemerkenswert sind seine Neigung, das kleine *s* mit dem darauffolgenden Buchstaben zu verbinden und dass er das *J*-Symbol sowohl für *J* als auch *I* benutzt. Seine unregelmäßige Rechtschreibung hingegen ist eine Herausforderung. Zum Beispiel benutzte er die beiden Begriffe *Hantwerk* und *Handwerk* in Bezug auf das Schusterhandwerk. Häufig schrieb er ein überflüssiges *h* nach langen Vokalen, wie in *Religiohn* und *wahr* (aber nur einmal, da er *war* sonst viermal richtig schrieb). Sein Gebrauch von Kommata und Punkten ist ziemlich unregelmäßig und sein Satzbau manchmal unvollständig. Seine Schreibweise der Begriffe *protistantis* [*protestantisch*] und *Conferemerth* [*konfirmiert*] könnte auf seinen schweizerischen Dialekt hinweisen. Einzelne und doppelte Konsonanten kommen ebenfalls unregelmäßig vor, wie beispielsweise *Untericht* [*Unterricht*] und *schafte* [*schaffte*]. Aus diesem Mann wurde schließlich ein wohlhabender Kaufmann, der sich in St. Paul, Minnesota, niederließ und in seinen späteren Jahren eine teure Weltreise (einschließlich Saanen) genießen konnte.

Persönlicher Brief 1

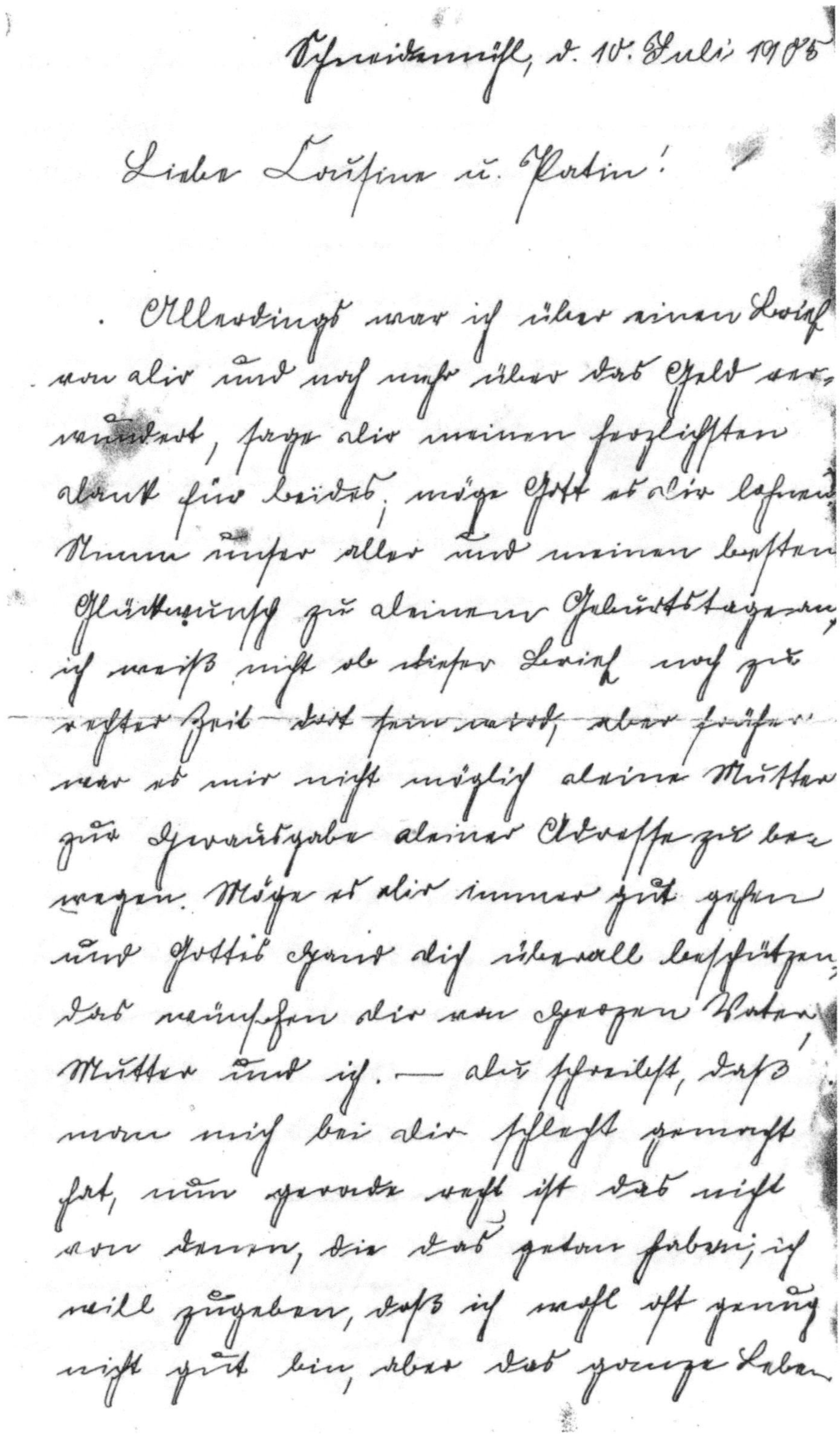

Schneidemühl, d. 10. Juli 1905

Liebe Cousine u. Patin!

Allerdings war ich über einen Brief von dir und noch mehr über das Geld verwundert, sage dir meinen herzlichsten Dank für beides; möge Gott es dir lohnen. Nimm unser aller und meinen besten Glückwunsch zu deinem Geburtstage an; ich weiß nicht ob dieser Brief noch zu rechter Zeit dort sein wird, aber früher war es mir nicht möglich deine Mutter zur Herausgabe deiner Adresse zu bewegen. Möge es dir immer gut gehen und Gottes Hand dich überall beschützen; das wünschen dir von Herzen Vater, Mutter und ich. — Du schreibst, daß man mich bei dir schlecht gemacht hat, nun gerade recht ist das nicht von denen, die das getan haben; ich will zugeben, daß ich wohl oft genug nicht gut bin, aber das ganze Leben

Transkription

Schneidemühl, d. 10. Juli 1905

Liebe Cousine u. Patin!

Allerdings war ich über einen Brief
von Dir und noch mehr über das Geld ver=
wundert, sage Dir meinen herzlichsten
Dank für beides; möge Gott es Dir lohnen.
Nimm unser aller und meinen besten
Glückwunsch zu deinem Geburtstage an,
Ich weiß nicht ob dieser Brief noch zu
rechter Zeit dort sein wird, aber früher
war es mir nicht möglich Deine Mutter
zur Herausgabe Deiner Adresse zu be=
wegen. Möge es Dir immer gut gehen
und Gottes Hand Dich überall beschützen,
das wünschen Dir von Herzen Vater,
Mutter und ich. – Du schreibst, daß
man mich bei Dir schlecht gemacht
hat, nun gerade recht ist das nicht
von denen, die das getan haben; ich
will zugeben, daß ich wohl oft genug
nicht gut bin, aber das ganze Leben…

Analyse

Dies ist die erste Seite eines vierseitigen Briefes. Wie bei so vielen anderen Briefen, die Deutsche an ausgewanderte Verwandte schrieben, konzentriert auch dieser sich hauptsächlich auf persönliche Angelegenheiten wie den Geburtstag des Empfängers und persönliche Beziehungen. Der Verfasser (eine erwachsene Frau) ist geübt, hat offensichtlich einige Jahre Schulbildung hinter sich und schon viele Briefe geschrieben. Rechtschreibung und Grammatik sind fehlerfrei. Personalpronomen (*Dich, Dir, Deine*) wurden damals groß geschrieben. Die Großbuchstaben *A, D* (sehr breit) und *H* (fast vollständig unter die Grundlinie gerutscht) lassen sich nicht auf den ersten Blick erkennen. Das am Wortende stehende *s* verläuft sich nicht einfach, sondern hat ein ausgeprägtes Häkchen. Alle diakritischen Zeichen lassen sich leicht erkennen.

Persönlicher Brief 2

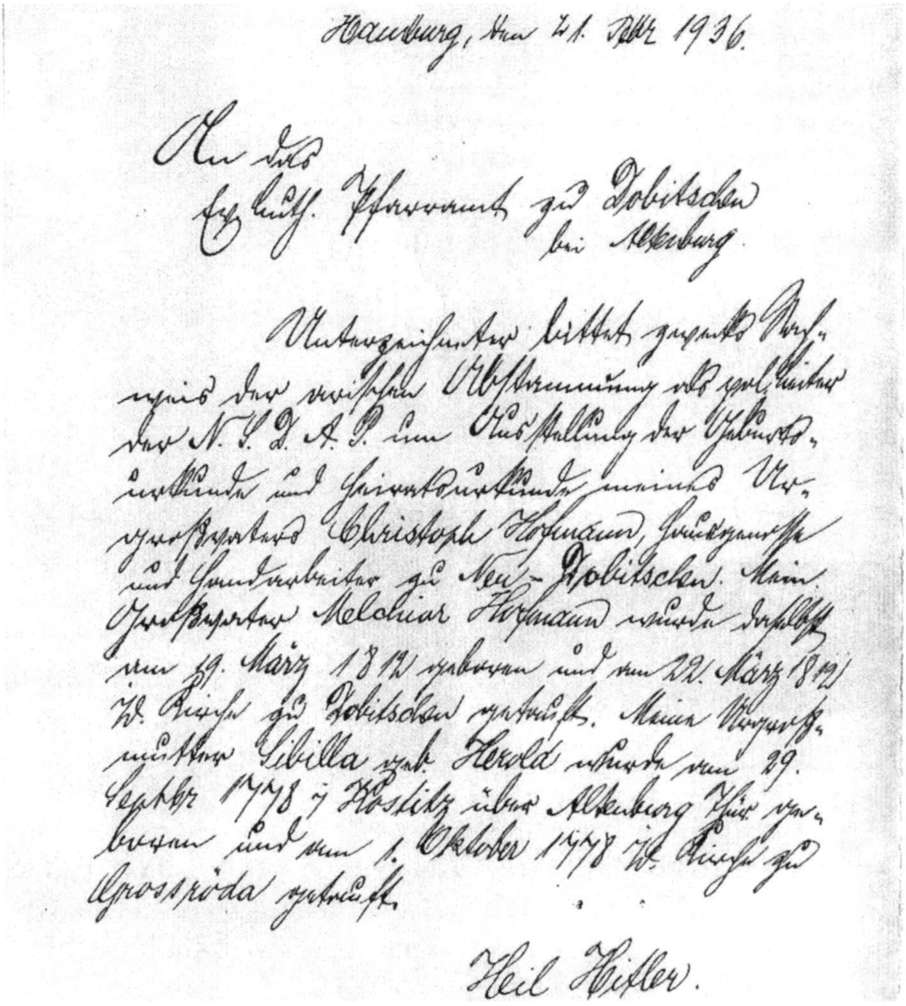

Transkription

Hamburg, den 21. Febr 1936.

An das

Ev. Luth. Pfarramt zu Dobitschen

bei Altenburg

Unterzeichneter bittet, zwecks Nachweis der arischen Abstammung als pol. Leiter der N.S.D.A.P. um Ausstellung der Geburtsurkunde und Heiratsurkunde meines Urgroßvaters Christoph Hofmann, Hausgenosse und Handarbeiter zu Neu-Dobitschen. Mein

Großvater Melchior Hofmann wurde daselbst am 19. März 1812 geboren und am 22. März 1812 Id. Kirche zu Dobitschen getauft. Meine Urgroß-Mutter Sililla geb. Herold wurde am 29. Septbr 1778 in Koslitz über Altenburg Thür. geboren und am 1. Oktober 1778 Id. Kirche zu Großröda getauft.

Heil Hitler!

Analyse

Der Verfasser dieses Briefes soll anonym bleiben, falls irgendjemand annimmt, dass er mehr als bloß ein örtliches Mitglied der Nazi-Partei (*N.S.D.A.P. = Nationalsozialistische Deutsche Arbeiterpartei*) war. Solche Briefe waren zur Zeit des Dritten Reiches (1933-1945) quer durch Deutschland im Umlauf, als die Menschen versuchten, ihre arische (man lese: nicht jüdische) Abstammung nachzuweisen. Der Verfasser verwendete Buchstaben aus dem alten deutschen Alphabet sowie aus dem lateinischen für die Namen von Personen, Ortschaften, und Monaten. Seine Rechtschreibung und Satzbau sind soweit richtig, allerdings benutzt er ein paar eigene Abkürzungen, wie *Id* für *in der* und *Septbr* für *September*. Er schreibt viel und daher treten wesentliche Varianten von Schriftzeichen auf, besonders bei Großbuchstaben (*A, C, D, N, P* und *T*). Das am Wortende stehende kleine *s* kann zunächst schwer zu erkennen sein, da es einen Bogen nach links und nicht vorwärts macht. Die Abstände zwischen Wörtern sind groß und unverkennbar. Seine Umlaute sind recht klein geschrieben und trotz einiger Varianten von einem U-Bogen einfach zu unterscheiden.

Persönlicher Brief 3

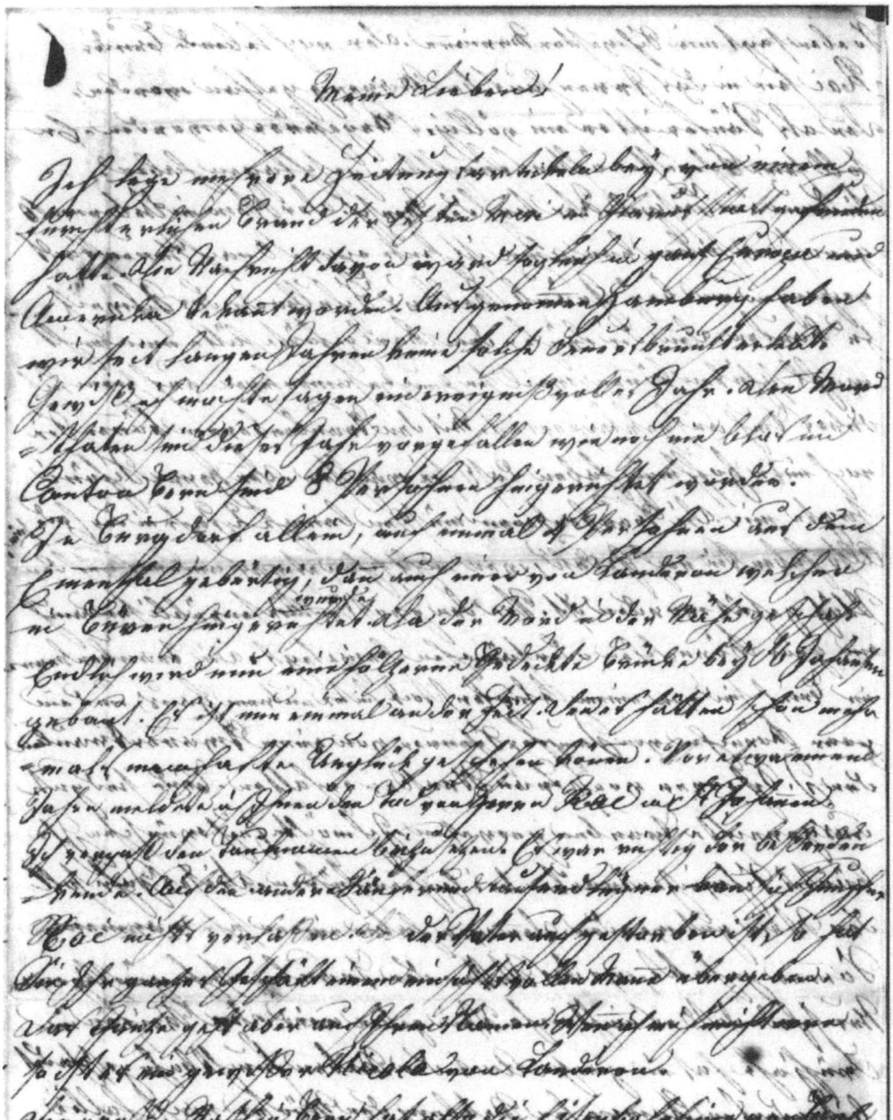

Transkription

Meine Lieben!
Ich lege unsere Zeitungsartikeln beÿ, von einem
fürchtlichen Brand der letzten Mai in Glarus stattgefunden
hatte. Die Nachricht davon ward sogleich in ganz Europa und
Amerika bekannt worden. Ausgenommen Hamburg haben
wir seit langen Jahren keine solche Feuersbrunst erlebt.
Gewiß ich möchte sagen ein ereignißvolles Jahr. Denn Mord
-thaten sind dieses Jahr vorgefallen wie noch nie blos im
Canton Bern sind 8 Persohnen hingerichtet worden.
In Burgdorf allein, auf einmal 4 Persohnen aus dem
Emmenthal gebürtig, dann auch einer von Landeron welcher
in Büren hingerichtet wurde. Da der Mord in der Nähe geschah.
Endlich wird nun eine hölzerne Gedeckte Brüder bey St. Johannsen
gebaut. Es ist nun einmal an der Zeit. Denn es hätten schon mehr
-mals namhafte Unglück geschehen können. Vor etwa einem
Jahre meldete ich Ihnen den Tod von Herrn Rae in St. Johannen.
Ich vergaß den Taufnamen beizusetzen. Es war richtig son bißenden
Hunde. Auf den andern Säufer und tausend Lügner kann sich Jungfer
Rae nichts verlaßen. Da der Vater auch gestorben ist, so hat
Sie Ihr ganzes Geschäft einem einsichtsvollen Manne übergeben.
Das Gantze geht aber auf Ihren Namen. Wenn ich mich nicht irre
so ist es ein gewißer Nicola von Landeron.
Der große Rath in Bern hat also die Eisenbahnlinie von Biel
gegen Aarberg nach Bern anerkannt und genehmigt. In Zeit
von 2 Jahren soll sie fertig und brauchbar sein. Da will
ich denn auch einmal die berühmte Bundesstadt Bern noch
einmal mit der Eisenbahn besuchen. Denn der Bundespalast soll
ein ausgezeichnet schönes Gebäude von innen und außen sein.

Analyse

Ab und zu trifft ein Geschichtsforscher auf ein Dokument, das ihn besonders herausfordert. Dieser Brief wurde von einem begabten Schreiber verfasst, der auf beide Seiten schrieb (wie die meisten Brieffreunde um 1870-80), aber das Papier war so dünn, dass die Tinte auf beiden Seiten durchschien. Etwa 60% des Geschriebenen kann man als Schatten auf der anderen Seite sehen. Das deutsche Verb *wegdenken* trifft hier also genau zu (vor allem wenn *wegdenken* auch *wegmachen* würde). Der Leser darf nur die Buchstaben anschauen, die nach rechts schräg geschrieben sind und die anderen außer Acht lassen, was nach einiger Übung gelingen wird. Sogar ohne das Durchscheinen bereitet dieser Verfasser heutigen Lesern einige Schwierigkeiten. Er benutzt abweichende Rechtschreibung (u.a. *blos* > *bloß*, *Gantze* > *Ganze*) und macht einige Grammatikfehler (*ward . . . bekannt worden*), aber solche Fehler halten uns nicht davon ab, seine Nachricht zu verstehen. Einige der Großbuchstaben wie *B*, *D*, *F*, *H* und *M* entsprechen nicht dem Standard. Das kleine *e* und *n* sehen fast gleich aus und man könnte das *a* mit ihnen verwechseln. Der Verfasser benutzt U-Bögen und Umlaute einheitlich, aber diese Zeichen befinden sich meist über dem darauffolgenden Buchstaben (und man muss danach ausschauen). Das am Wortende stehende *ch* ähnelt sehr oft dem *f*, so wie in *auch* und *auf*. Bei dieser Art von Text muss man Buchstabe für Buchstabe vorgehen.

Postkarte 1

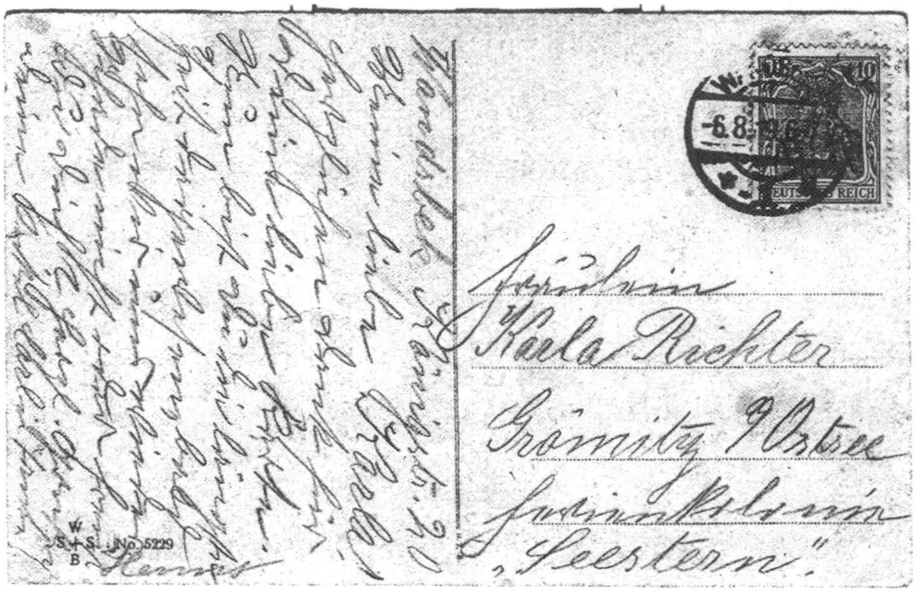

Transkription

Wandsbek
6.8. 1919…6

Fräulein
Karla Richter
Grömitz a/Ostsee
Ferienkolonie
"Seestern"

Wandsbek Königstr. 20
Meine liebe Karla!
Herzlichen Dank für
Dein liebe Karte.
Nun bist Du die längste
Zeit dagewesen, bald
Sehn wir uns wieder.
Schade nicht oder freust
Du Dich? Herzl. Grüße
Dein Onkel Carl u. Tante
Henni

Analyse

Es ist vielleicht überraschend, dass in Zentraleuropa geschriebene Postkarten in ihrem Inhalt manchmal ebenso belanglos waren, wie die in anderen Ländern. Diese 26 Worte beinhalten nur eine Botschaft, nämlich dass Karla bald aus ihrem Urlaub zurückkommen wird. Trotz ihres geringen Inhaltes wurden Postkarten meist in Eile geschrieben. Glücklicherweise versuchte dieser Verfasser nicht hunderte kleine Wörter auf die Karte zu quetschen, wie es so oft der Fall ist. Das Geschriebene lässt sich außergewöhnlich leicht lesen. Der Verfasser gebrauchte Großbuchstaben für Pronomen und besitzanzeigende Fürwörter wie *Du*, *Dich* und *Deine*. Diakritische Zeichen lassen sich sogleich erkennen und nur eine Abkürzung wird verwendet (*herzl.* > *herzliche*). Nur das kleine *a* weicht maßgeblich vom Standard ab, da es so gut wie keine Rundung hat.

Postkarte 2

Transkription

1915.04.9 msg
Am 9/4. 1915 Liebste Mutter!
Ich warde jeden Tag auf eine Nachricht aber Duh
bist jetzd wieder ein Bisl nachläsig mit den
schreiben. Ich theile dir nochmals mit das Meine Oster
Pakede alle verkomen sind jetzd hab ich kein
Paked schon seid 23/3 nicht erhalten die Osterfeiertag
ging es mir sehr schlecht mir hatten kaum ein Stück Brot
zu Essen aber jetzd get es uns Gott sei Dank wider
besser weil wihr wider Brot und Minasch bekomen
und könen uns auch Katofel kochen. Liebe Mutter Ich
bitte schike mihr auch Kaffe und edwas Zuker schreib
aber nicht auf die Pakede drauf waß drin ist schreib
Außer dem werd so ist es gut. Ich schlise meine Worde es
grachten schon wider die Ganonen. Es grüst Dich und Anschi
Oft und Inigst. Vatter Ernst bin ich gesund.

Die hochdeutsche Version lautet:
Ich warte jeden Tag auf eine Nachricht, aber du bist jetzt wieder ein bisschen nachlässig mit dem Schreiben. Ich teile dir nochmals mit, dass meine Osterpakete alle verloren gegangen sind. Jetzt habe ich seit dem 23.3. keine Pakete erhalten. Am Osterfei-

ertag ging es mir schlecht. Wir hatten kaum ein Stück Brot zu Essen, aber jetzt geht es uns Gott sei Dank wieder besser, weil wir wieder Brot und Menage [Truppenverpflegung] bekommen und können uns auch Kartoffel kochen. Liebe Mutter [Ehefrau], ich bitte dich, schicke mir auch Kaffee und etwas Zucker. Schreibe aber nicht auf die Pakete, was drinnen ist. So ist es gut. Ich schließe meine Worte, denn die Kanonen feuern schon wieder. Viele Grüße und Küsse oft und innigst von deinem Vater [Ehemann]. Ich bin gesund.

Analyse

Die bescheidene Nachricht eines einfachen k. und k. Soldaten an seine Frau erinnert den heutigen Leser daran, dass nicht jeder, der anno dazumal Feder oder Bleistift in die Hand nahm, die Schule lange besucht hatte. In diesem Fall handelt es sich um den in Wien geborenen Schuhmacher, Franz Schlakhuber, der das erwartete achte Jahr in der Volksschule wohl nicht vollendete. Man erkennt vor allem die im Dialekt austauschbaren Buchstaben *b:p, d:t, g:k* (*warde = warte, Pakede = Pakete, edwas = etwas, jetzd = jetzt*). Viele Anzeichen der vor 1905 geregelten Schreibweise sind dem heutigen Leser leicht erkennbar und verständlich: *wihr = wir, Duh = Du, Zuker = Zucker, schlise = schließe, wider = wieder, theile = teile*).
Groß- und Kleinschreibung sind hier höchst unregelmäßig und Satzzeichen (Punkt, Semikolon, usw.) sind kaum vorhanden. Ob groß oder klein, k ist schwer zu erkennen, sowie auch g. Einzel- und Doppelbuchstaben sind auch nicht regelmäßig: *Kaffe > Kaffee, könen > können, verkomen > verkommen, Kartofel > Kartoffel, waß > was*. Schlakhuber nannte seine Frau „Mutter“ und sich selbst „Vater.“
Bei solch schwierigen Texten können aus bereits erschlossenen Wörtern einzelne schwierige Buchstaben ersichtlich werden.

Telegramm

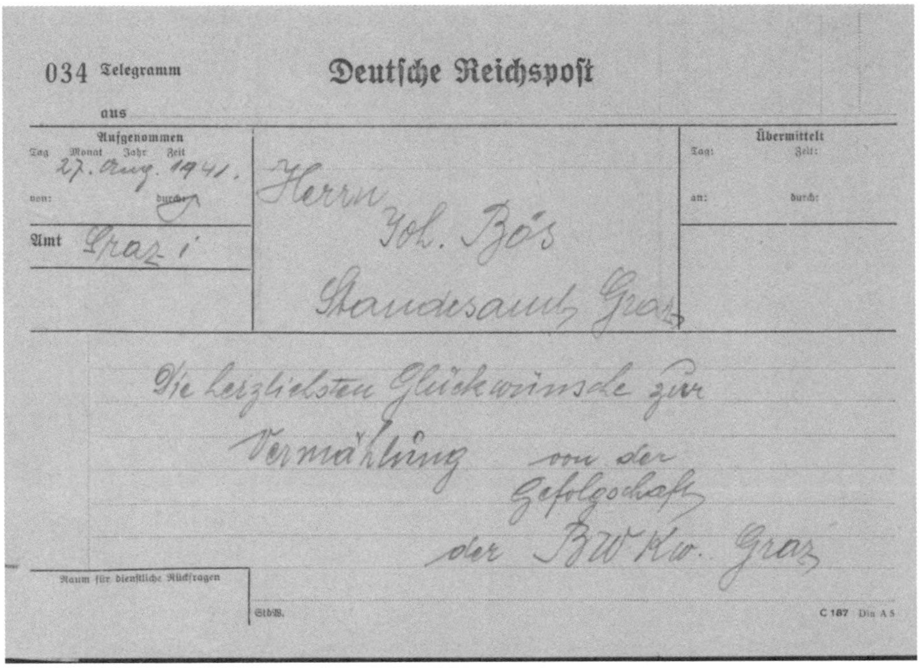

034 Telegramm aus
Deutsche Reichspost
Aufgenommen Tag Monat Jahr Zeit 27. Aug. 1941. von: durch:
Amt Graz I
Herrn Joh. Bös Standesamt Graz
Übermittelt Tag: Zeit: an: durch:
Die herzlichsten Glückwünsche zur Vermählung von der Gefolgschaft der B W Kw. Graz
Raum für dienstliche Rückfragen
Stb.W. C 187 Din A 5

Transkription

034 Telegramm Deutsche Reichspost

Aufgenommen Tag Monat Jahr Zeit *27. Aug. 1941.* von: durch: [*initials*] Amt: Graz I	*Herrn* *Joh. Bös* *Standesamt Graz*	Übermittelt Tag: Zeit: an: durch:
Die herzlichsten Glückwünsche zur *Vermählung* *von der* *Gefolgschaft* *der B W Kw. Graz*		

Analyse

Wie auch in anderen Ländern sind Nachrichten per Telegramm kurz gefasst. Daher bietet das Handgeschriebene dieses Angestellten nur wenig Text zur Auswertung. Er verwendet zwar nur das lateinische Alphabet, benutzt aber immer noch den U-Bogen, was darauf hinweist, dass er ursprünglich Deutsche Schrift gelernt hat. Das *J* in Johann könnte wie ein *Y* aussehen, aber dieser Buchstabe wird im Deutschen so selten benutzt, dass er fast nie in einem Vornamen vorkommt. Merkwürdig ist, dass dem Bräutigam dieses Telegramm genau an dem Tag ins Standesamt geschickt wurde, an dem die Hochzeit stattfinden sollte.

Geschäftsbrief

Wien, den 4. Juli 1943

An die

Gemeinde Techendorf

am Weissensee.

Ende Mai – noch ehe ich sonst etwas am Weissensee unternahm – fragte ich bei der Gemeinde Techendorf an, ob dort ein Einzelzimmer in einem der Sommermonate zu haben wäre. Ich erwähnte dabei ausdrücklich, dass ich mit Krankenkassenbeitragsbewilligung und ärztlichem Zeugnis für vier Wochen komme. Auf das Rückantwortkuvert pflege ich immer Hauptschullehrerin i.R. zu schreiben. In Beantwortung dieses Schreibens sandte mir die Gemeinde 2 Prospekte und ein Einlageblatt bezüglich Ermässigung der Vollpensionspreise sowie der Bemerkung: Vergessen Sie bitte nicht, die Kleiderkarte mitzunehmen. Das heisst also nach menschlichem Ermessen: Wenn Du eine Wohnung findest, kannst Du kommen.

Nun – nachdem ich endlich ein Zimmer gefunden hatte – verweigert man mir auf einmal die

Transkription

Wien, den 4. Juli 1943
An die
Gemeinde Techendorf
am Weissensee.
Ende Mai – noch ehe ich sonst
etwas am Weissensee unternahm – fragte ich
bei der Gemeinde Techendorf an, ob dort ein
Einbettzimmer in einem der Sommermonate
zu haben wäre. Ich erwähnte dabei ausdruck
lich, daß ich mit Krankenkassenbeitragsbewilligung
und ärztlichem Zeugnis für vier Wochen komme.
Auf das Rückantwortskuvert pflege ich immer
Hauptschullehrerin i. R. zu schreiben. In Beantwor-
tung dieses Schreibens sandte mir die Gemeinde
2 Prospekte und ein Einlegeblatt bezüglich er-
mäßigung der Vollpensionspreise sowie der Be-
merkung: Vergessen Sie bitte nicht, die Kleider-
karte mitzunehmen. Das heißt also nach mensch-
lichem Ermessen: Wenn Du eine Wohnung fin-
dest, kannst Du kommen.

Analyse

Diese Verfasserin schrieb sehr diszipliniert und einheitlich, so wie man es von einer in den Ruhestand eingetretenen Lehrerin erwarten kann. Alle Groß- und Kleinbuchstaben gleichen dem Alphabet eines Lehrbuches mit einer einzigen Ausnahme. Ihr *E* hat sowohl vorne als auch hinten schwungvolle Verzierungen. Das lateinische Alphabet verwendet sie jedoch nicht gleichmäßig. Zusätzlich zu den vorhersehbaren Ortsnamen schrieb sie folgende Wörter in lateinischer Schrift, wahrscheinlich um diese hervorzuheben: *Gemeinde, Krankenkassenbeitragsbewilligung, ärztlichem Zeugnis, vier* und *Hauptschullehrerin*. Daraus kann man deutlich schließen, dass sie mit ihrer Behandlung zumindest sehr unglücklich war. Dabei darf man nicht vergessen, dass der Brief geschrieben wurde, als sich der Zweite Weltkrieg einem bitteren Ende näherte und der Ort Techendorf womöglich Flüchtlinge vom Osten aufnahm. Dieser zweiseitige Brief wurde an den Sender mit einer einfachen Aussage unten auf der zweiten Seite zurückgeschickt: "Keine Zimmer frei."

Wanderbuch

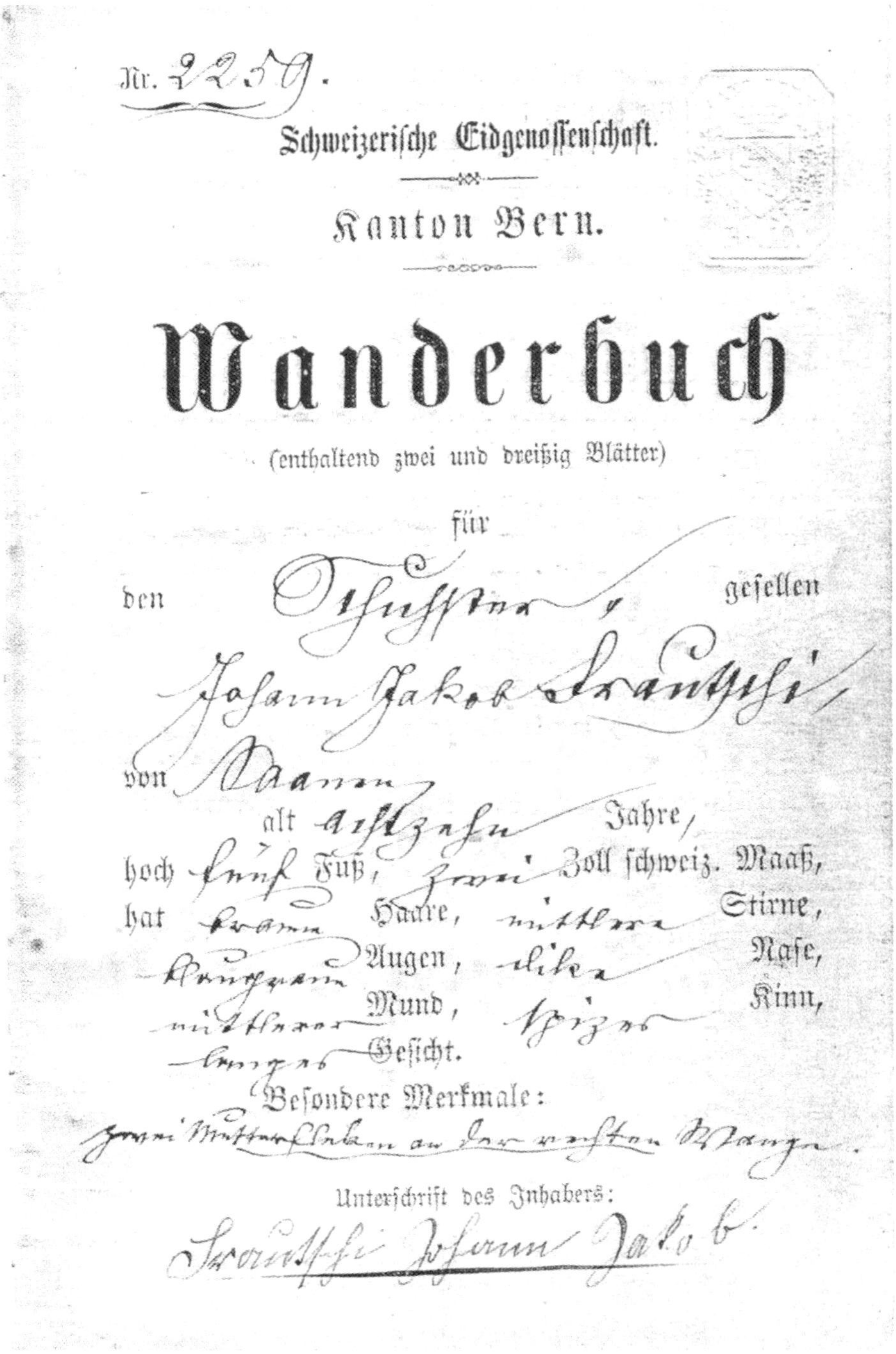

Nr. 2259.

Schweizerische Eidgenossenschaft.

Kanton Bern.

Wanderbuch

(enthaltend zwei und dreißig Blätter)

für

den Schuster gesellen

Johann Jakob Krautschi,

von Mamm

alt achtzehn Jahre,

hoch fünf Fuß, zwei Zoll schweiz. Maaß,

hat braune Haare, mittlere Stirne,

braune Augen, dicke Nase,

mittleren Mund, spitzes Kinn,

langes Gesicht.

Besondere Merkmale:

zwei Muttermalen an der rechten Wange.

Unterschrift des Inhabers:

Krautschi Johann Jakob.

Transkription
Nr. *2259.*
Schweizerische Eidgenossenschaft
Kanton Bern
Wanderbuch
(enthaltend zwei und dreißig Blätter)
für
den *Schuster-* gesellen
Johann Jakob Frautschi,
von *Saanen,*

alt *achtzehn* Jahre,
hoch *fünf* Fuß, *zwei* Zoll schweiz. Maaß,
hat *braune* Haare, *mittlere* Stirne,
blaugraue Augen, *dike* Nase,
mittlerer Mund, *spizer* Kinn,
langes Gesicht.

Besondere Merkmale:
zwei Mutterfleken an der rechten Wange.
Unterschrift des Inhabers:
Frautschi Johann Jakob.

Analyse

Jahrhunderte lang verließen Wandergesellen für mindestens drei Jahre und einen Tag ihr Zuhause, um die für einen Handwerksmeister notwendigen Fähigkeiten zu entwickeln. Sie trugen solche Dokumente wie dieses bei sich, um ihre Anstellung der Innung beweisen zu können. Um 1858 wurde die ausführliche Beschreibung der Person in schriftlicher Form vollzogen und in späteren Jahren meist durch ein Foto ersetzt. Die Großbuchstaben (nur fünf auf dieser Seite) schrieb dieser Beamte ziemlich deutlich, ebenso alle Kleinbuchstaben mit Ausnahme von *a.* In den Namen des Mannes sowie im Heimatort *Saanen* ähnelt es dem lateinischen *a.* Drei Wörter sind falsch buchstabiert: *dike* > *dicke, spizer* > *spritzer* und *Mutterfleken* > *Mutterflecken.*

Zeugnis

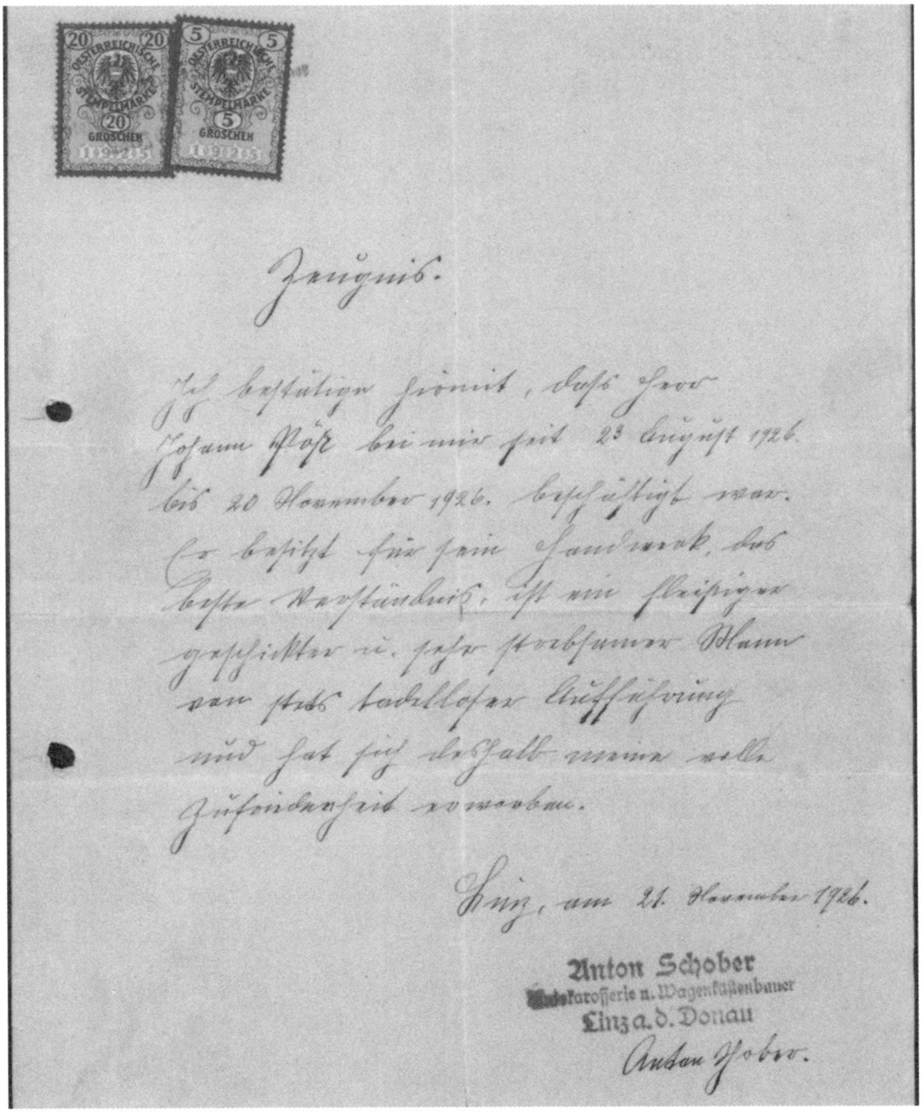

Transkription:

Zeugnis
Ich bestätige hirmit, dass Herr
Johann Pöß bei mir seit 23 August 1926.
bis 20 November 1926. beschäftigt war.
er besitzt für sein Handwerk, das
beste Verständnis, ist ein fleißiger

geschickter u. sehr strebsamer Mann
von stets tadelloser Aufführung
und hat sich deshalb meine volle
Zufriedenheit erworben.

Linz, am 21. November 1926.
Anton Schober
Autokarosserie u. Wagenkastenbauer
Linz a d. Donau
Anton Schober.

Analyse

Während sich dieser Wandergeselle in seinen Jahren fern von Zuhause von Ort zu Ort und Arbeitgeber zu Arbeitgeber begab, sammelte er von jeder (scheinbar erfolgreichen) Anstellung eine positive Aussage über seine Arbeitsqualität und seinen Charakter. Gebührenmarken waren in der Österreich-Ungarischen Monarchie für alle gesetzlich zulässigen Dokumente erforderlich. Herr Schobers Handschrift war ausgezeichnet. Er benutze ausschließlich Zeichen der Deutschen Schrift (oder *Kurrent,* wie es seine österreichischen Lehrer genannt hätten). Sein *ß* in *Pöß* und *fleißiger* sind jedoch verschieden. Sein großes *M* könnte man mit einem *W* verwechseln. Der Name des Wandergesellen wurde eigentlich *Böß/Pöss* geschrieben, was den Leser an den üblichen Wechsel der bilabialen Konsonanten *b* und *p* erinnert.

Gewerbegenehmigung

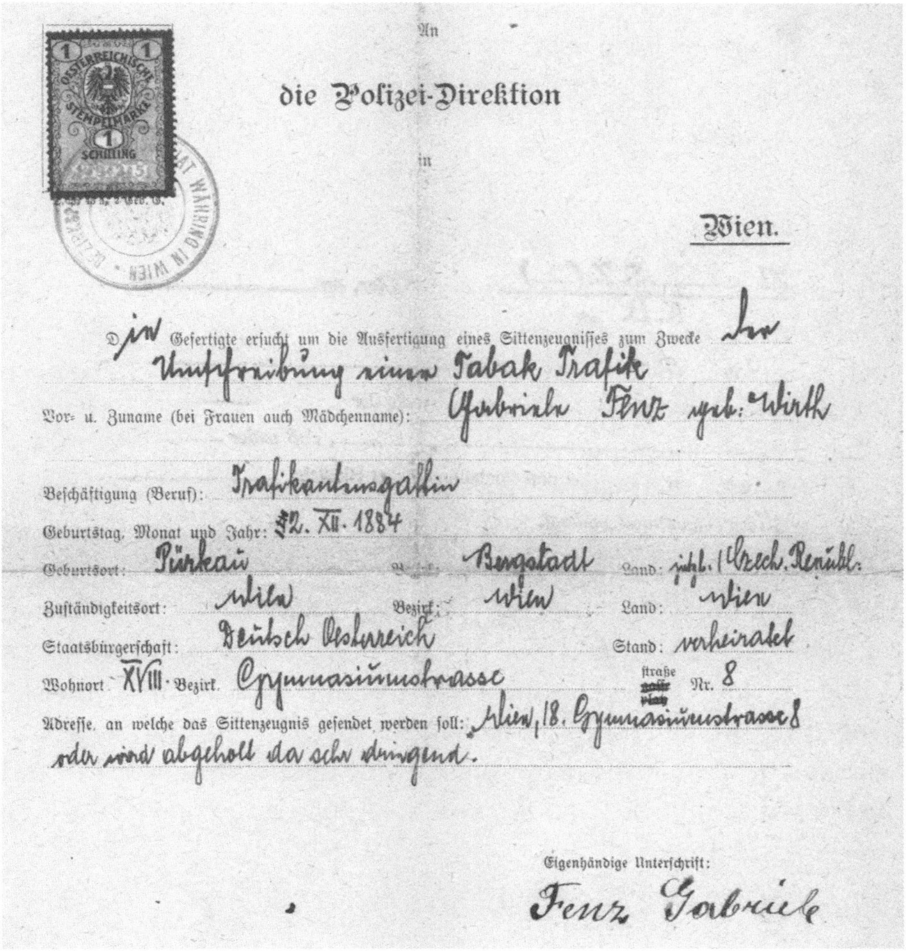

1 Österreichische Stempelmarke 1 Schilling

An

die Polizei-Direktion

in

Wien.

Die Gefertigte ersucht um die Ausfertigung eines Sittenzeugnisses zum Zwecke der Umschreibung einer Tabak Trafik

Vor- u. Zuname (bei Frauen auch Mädchenname): Gabriele Fenz geb. Wirth

Beschäftigung (Beruf): Trafikantensgattin

Geburtstag, Monat und Jahr: 2. XII. 1884

Geburtsort: Pürkau Bezirk: Bergstadt Land: jetzt: Czech. Republ.

Zuständigkeitsort: Wien Bezirk: Wien Land: Wien

Staatsbürgerschaft: Deutsch Österreich Stand: verheiratet

Wohnort XVIII. Bezirk, Gymnasiumstrasse straße Nr. 8

Adresse, an welche das Sittenzeugnis gesendet werden soll: Wien, 18. Gymnasiumstrasse 8 oder wird abgeholt da sehr dringend.

Eigenhändige Unterschrift: Fenz Gabriele

Transkription

An

die Polizei-Direktion

in Wien

D*ie* Gefertigte ersucht um die Ausfertigung eines Sittenzeugnisses zum Zwecke *der Umschreibung einer Tabak Trafik*

Vor- u. Zuname (bei Frauen auch Mädchenname): *Gabriele Fenz geb. Wirth*

Beschäftigung (Beruf): *Trafikantensgattin*

Geburtstag, Monat und Jahr: *2.XII.1884*

Geburtsort: *Pürkau,* Bezirk: *Bergstadt,* Land: jetzt: *Czech. Republ.*

Zuständigkeitsort: *Wien,* Bezirk: *Wien,* Land: *Wien*

Staatsbürgerschaft: *Deutsch Oesterreich* Stand: *verheiratet*
Wohnort: *XVIII* Bezirk *Gymnasiumstrasse* straße Nr. *8*
Adresse, an welche das Sittenzeugnis gesendet werden soll:
Wien, 18. Gymnasiumnstrasse 8
oder wird abgeholt da sehr dringend.

Eigenhändige Unterschift:
Fenz Gabriele

Analyse

Mit dieser Anfrage bat Frau Fenz um die Übertragung des Geschäfts, das wohl ihrem Mann gehörte (er lebte zu dieser Zeit noch). Es ist sehr ungewöhnlich, dass ein österreichisches Dokument nicht datiert ist, aber dieser Antrag wurde in den frühen 1920er Jahren gestellt -- die einzige Epoche, in der Österreich offiziell „Deutschösterreich" genannt wurde. Der Beamte verwendete die Deutsche Schrift und lateinische Zeichen wie üblich im Wechsel, begann dann aber ab der Zeile beginnend mit „Staatsbürgerschaft" alle Wörter nach dem lateinischen Alphabet zu schreiben (gleichzeitig benutzte er weiterhin den U-Bogen, den es im lateinischen Alphabet nicht gibt). Anmerkung: Ein Tabak-Trafik-Geschäft gibt es noch immer überall in Österreich. Man kauft dort Fahrkarten für die Straßenbahn und Zigaretten (daher der Name), sowie kleine Dinge wie Zeitungen und Zeitschriften.

Arbeitsgenehmigung

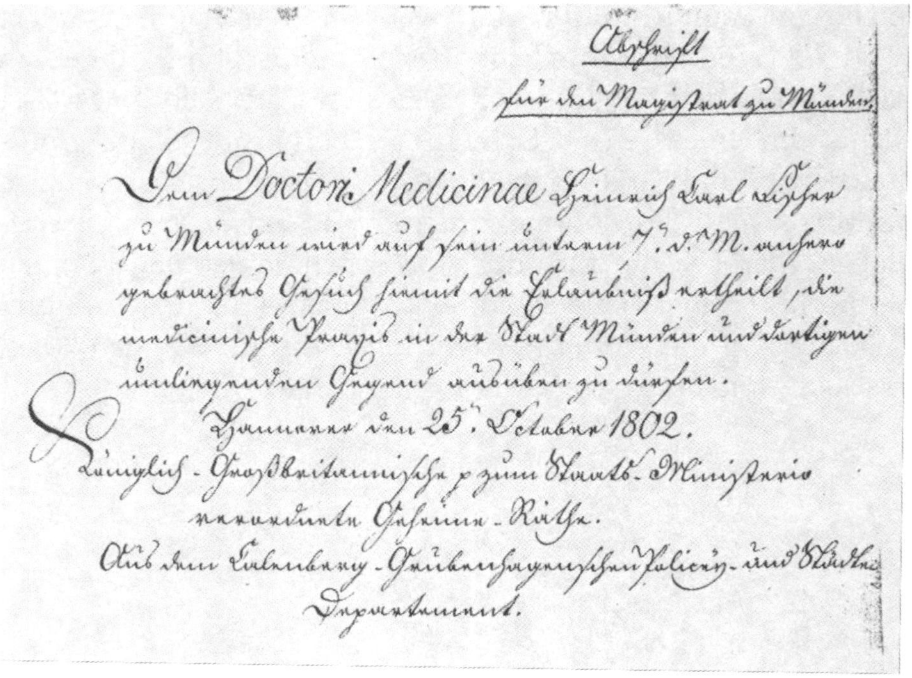

Transkription

<u>*Abschrift*</u>
<u>*für den Magistrat zu Münden*</u>

Dem Doctori Medicinae Heinrich Carl Fischer
zu Münden wird auf sein unterm 7t. d. M. anhero
gebrachtes Gesuch hiemit die Erlaubniß ertheilt, die
medicinische Praxis in der Stadt Münden und dortigen
umliegenden Gegend ausüben zu dürfen.
Hannover den 25. October 1802.
Königlich-Großbritannische p zum Staats-Ministerio
verordnete Geheime-Räthe.
Aus dem Calenberg-Grubenhagenschen Policeÿ- und Städbei
Departement.

Analyse

Dokumente wie diese Genehmigung sind recht selten, da viele nicht von Familien aufbewahrt wurden. Man mag behaupten, dass die Handschrift des Schreibers wunderschön ist, da er ein Dokument abschrieb und kein neues entwarf. Allerdings lässt sich kaum ein besseres Beispiel für Linienführung, Schriftgröße, Zeichenabstand und Einheitlichkeit vorstellen. Das einzige Schriftzeichen, das enorme Unterschiede aufweist, ist der U-Bogen. Man beachte auch die stilistischen, hinten angehängten Schnörkel (Bögen) bei den Großbuchstaben *A, C, E, F, G, H* und sogar *O*. Nur die Wörter *Doctori Medicinae* sind nach dem lateinischen Alphabet geschrieben.

Testamentsabschrift

Transkription

Der Instmann Cuba Klein hat die Erlaubniß
sich zum 1t. April 1889 eine anderes Unterkommen zu
beschaffen, da er rechtzeitig gekündigt, demselben wird
gewissenhaft bescheinigt, daß er ein brauchbarer und
tüchtiger Arbeiter ist und sich als ein solcher stets be-
wiesen hat, derselbe verläßt Deutschland und wird
nach Amerika verziehen, es wird demselben meinerseits
das beste Fortkommen gewünscht.
Kehrwalde am 15t. Mai 1888.
Der Testamentsvollstrecker
der Krauseschen Erben
[Stempel und Unterschrift]

Analyse

Dieses Dokument ist für Arbeitsplatz- und Erbschaftszwecke von hohem Wert. Cuba Klein hatte scheinbar einen Anteil an der Erbschaft Krause und musste beweisen, dass er Deutschland unter ehrenvollen Umständen verließ. Der Testamentsvollstrecker konnte Klein daher nicht von der Begleichung ausschließen und wir vermuten, dass Klein dem Vollstrecker mitgeteilt hatte, wo er sich in den Vereinigten Staaten aufhielt. Der Testamentsvollstrecker gebrauchte die übliche Kombination von Deutscher Schrift und lateinischen Schriftzeichen, letzteres nur für den Namen des Auswanderers und die Wörter, *April* und *Amerika*. Der einzige hier vielleicht schwer zu entziffernde Kleinbuchstabe ist das *h*, das im Grunde nie eine Schleife unter der Grundlinie hat. In manchen Fällen ähnelt es ganz besonders dem *s*, vor allem am Wortende (*nach*, *sich*).

Schulzeugnis

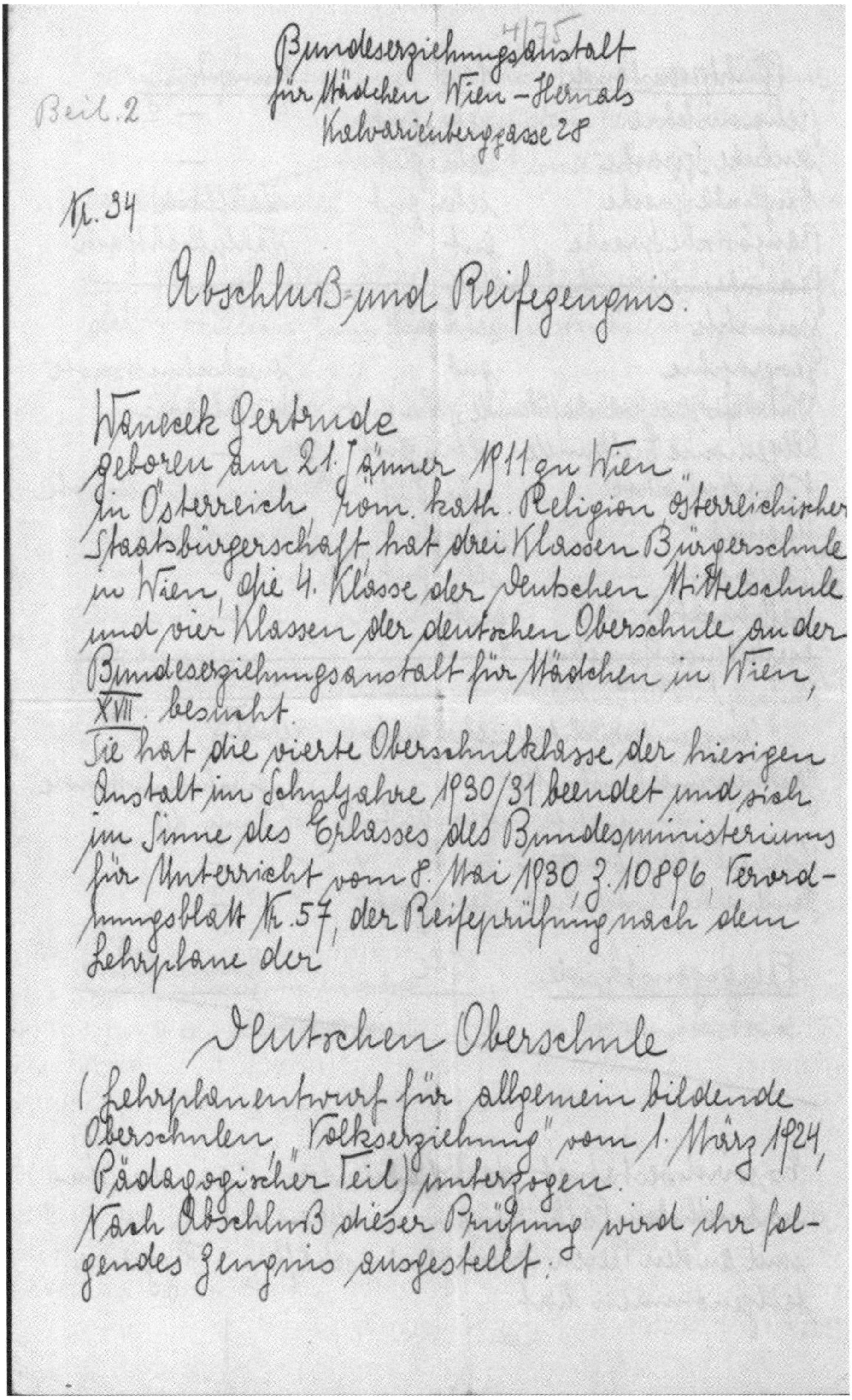
4/75

Bundeserziehungsanstalt
für Mädchen Wien-Hernals
Kalvarienberggasse 28

Beil. 2

Nr. 34

Abschluß- und Reifezeugnis.

Waneck Gertrude
geboren am 21. Jänner 1911 zu Wien
in Österreich, röm. kath. Religion, österreichischer
Staatsbürgerschaft, hat drei Klassen Bürgerschule
in Wien, die 4. Klasse der deutschen Mittelschule
und vier Klassen der deutschen Oberschule an der
Bundeserziehungsanstalt für Mädchen in Wien,
XVII. besucht.
Sie hat die vierte Oberschulklasse der hiesigen
Anstalt im Schuljahre 1930/31 beendet und sich
im Sinne des Erlasses des Bundesministeriums
für Unterricht vom 8. Mai 1930 Z. 10896, Verord-
nungsblatt Nr. 57, der Reifeprüfung nach dem
Lehrplane der

Deutschen Oberschule

(Lehrplanentwurf für allgemein bildende
Oberschulen, „Volkserziehung" vom 1. März 1924,
Pädagogischer Teil) unterzogen.
Nach Abschluß dieser Prüfung wird ihr fol-
gendes Zeugnis ausgestellt.

Transkription

*Bundeserziehungsanstalt
für Mädchen Wien-Hernals
Kalvarienberggasse 28*

Nr. 34

Abschluß- und Reifezeugnis

Wanecek Gertrude
geboren am 21. Jänner 1911 zu Wien-
in Österreich, röm. kath. Religion, österreichischer
Staatsbürgerschaft, hat drei Klassen Bürgerschule
in Wien, die 4. Klasse der Deutschen Mittelschule
und vier Klassen der Deutschen Oberschule an der
Bundeserziehungsanstalt für Mädchen in Wien,
XVII. besucht.
Sie hat die vierte Oberschulklasse der hiesigen
Anstalt im Schuljahre 1930/31 beendet und sich
im Sinne des Erlasses des Bundesministeriums
für Unterricht vom 8. Mai 1930, Z. 10896, Verord-
nungsblatt Nr. 57, der Reifeprüfung nach dem
Lehrplane der

Deutschen Oberschule

(Lehrplanentwurf für allgemein bildende
Oberschulen, "Volkserziehung" vom 1. März 1924,
Pädagogischer Teil) unterzogen.
Nach Abschluß dieser Prüfung wird ihr fol-
gendes Zeugnis ausgestellt:

Analyse

Dies ist die erste Seite des Schuldokuments von Gertrude Wanecek. Scheinbar folgte der Verfasser der Empfehlung vieler Schulbeamte, die *Kurrentschrift* (in Österreich) mit einem international annehmbaren Alphabet zu ersetzen. Während die Großbuchstaben sofort zu erkennen sind, verdienen einige Kleinbuchstaben einen genaueren Blick. Die Buchstaben *a*, *d* und *g* sind mit künstlerischen Kreisen versehen. Nur das *ß* ist von der *Kurrentschrift* geblieben. In den meisten Fällen verläuft das kleine *c* (vor *h* und *k* wie erwartet) rückwärts unter den bereits gezogenen Bogen. Wie von einem Schulbeamten zu erwarten ist die Rechtschreibung fehlerfrei.

Vormundschaftsgericht

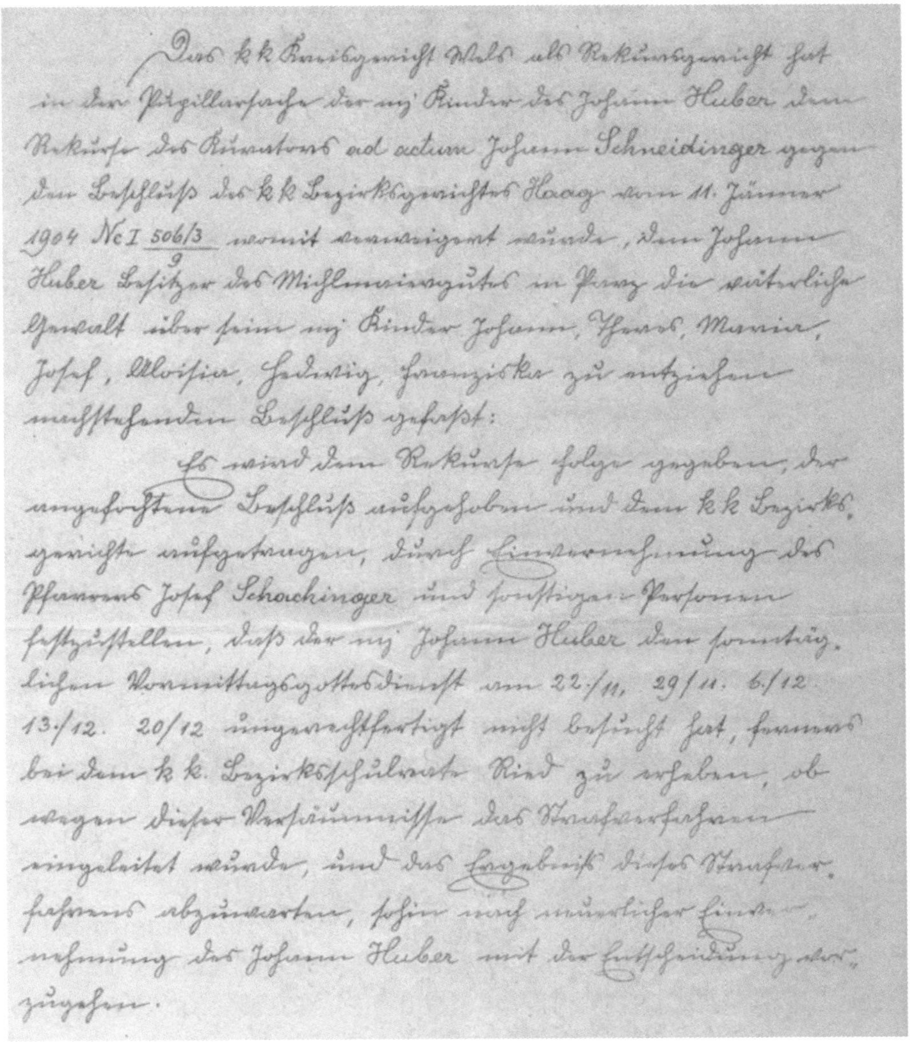
Das k k Kreisgericht Wels als Rekursgericht hat in der Pupillarsache der mj Kinder des Johann Huber dem Rekurse des Kurators ad actum Johann Schneidinger gegen den Beschluß des k k Bezirksgerichtes Haag vom 11. Jänner 1904 No I 506/3 9 womit verweigert wurde, dem Johann Huber Besitzer des Michlmaiergutes in Parz die väterliche Gewalt über seine mj Kinder Johann, Theres, Maria, Josef, Aloisia, Hedwig, Franziska zu entziehen nachstehenden Beschluß gefaßt:

Es wird dem Rekurse Folge gegeben, der angefochtene Beschluß aufgehoben und dem k k Bezirksgerichte aufgetragen, durch Einvernehmung des Pfarrers Josef Schachinger und sonstiger Personen festzustellen, daß der mj Johann Huber den sonntäglichen Vormittagsgottesdienst am 22/11, 29/11. 6/12 13/12. 20/12 ungerechtfertigt nicht besucht hat, ferner bei dem k. k. Bezirksschulrate Kund zu erheben, ob wegen dieser Versäumnisse das Strafverfahren eingeleitet wurde, und das Ergebnis dieses Strafverfahrens abzuwarten, sohin nach neuerlicher Einvernehmung des Johann Huber mit der Entscheidung vorzugehen.

Transkription

Das k k Kreisgericht Wels als Rekursgericht hat in der Pupillarsache der mj. Kinder des Johann Huber dem Rekurse des Kurators ad actum Johann Schneidinger gegen den Beschluß des k k Bezirksgesrichtes Haag vom 11. Jänner 1904 no I 506/3 9 womit verweigert wurde, dem Johann Huber Besitzer des Michlmaiergutes in Parz die väterliche Gewalt über seine mj. Kinder Johann, Theres, Maria, Josef, Aloisia, Hedwig, Franziska zu entziehen nachstehenden Beschluß gefaßt:

Es wird dem Rekurse folge gegeben, der angefochtene Beschluß aufgehoben und dem k k Bezirks-Gerichte aufgetragen, durch Einvernehmung des Pfarrers Josef Schachinger und sonstigen Personen festzustellen, daß der mj. Johann Huber den sonntäglichen Vormittagsgottesdienst am 22./11, 29./11. 6/12. 13./12. 20/12 ungerechtfertigt nicht besucht hat, ferners bei dem k k Bezirksschulrate Ried zu erheben, ob Wegen dieser Versäumnisse das Strafverfahren eingeleitet wurde, und das Ergebniß dieses Strafverfahrens abzuwarten, sohin nach neuerlicher Einvernehmung des Johann Huber mit der Entscheidung vorzugehen.

Analyse

Dieser Beschluss wurde vom Kaiserlichen und Königlichen Bezirksgericht Wels in Oberösterreich am 27.1.1904 erlassen und an das Gericht in Haag geleitet. Die österreichische bürokratische Ausdrucksweise erreichte ihren Höhepunkt während der Herrschaft von Kaiser Franz Joseph I. (1848-1916). Dieses Dokument ist dafür ein hervorragendes Beispiel. Schreibkunst, Satzbau und Stil des Gerichtsschreibers sind vollkommen. Ausschließlich die Nachnamen der Beteiligten und der lateinische Begriff *ad actum* sind mit lateinischen Schriftzeichen geschrieben. Alle deutschen Schriftzeichen entsprechen der Norm mit zwei kleinen Ausnahmen. Das große *E* hat eine eindeutige (jedoch kontinuierliche) schnörkelhafte Ausschmückung und das Wort *Ergebniss* endet nicht mit einem *ß*, sondern einer Kombination aus einem anfänglichen *s* und abschließendem *s*. Bis auf dieses Wort ist die Rechtschreibung des Verfassers zeitgemäß einwandfrei.

Scheidungsgericht

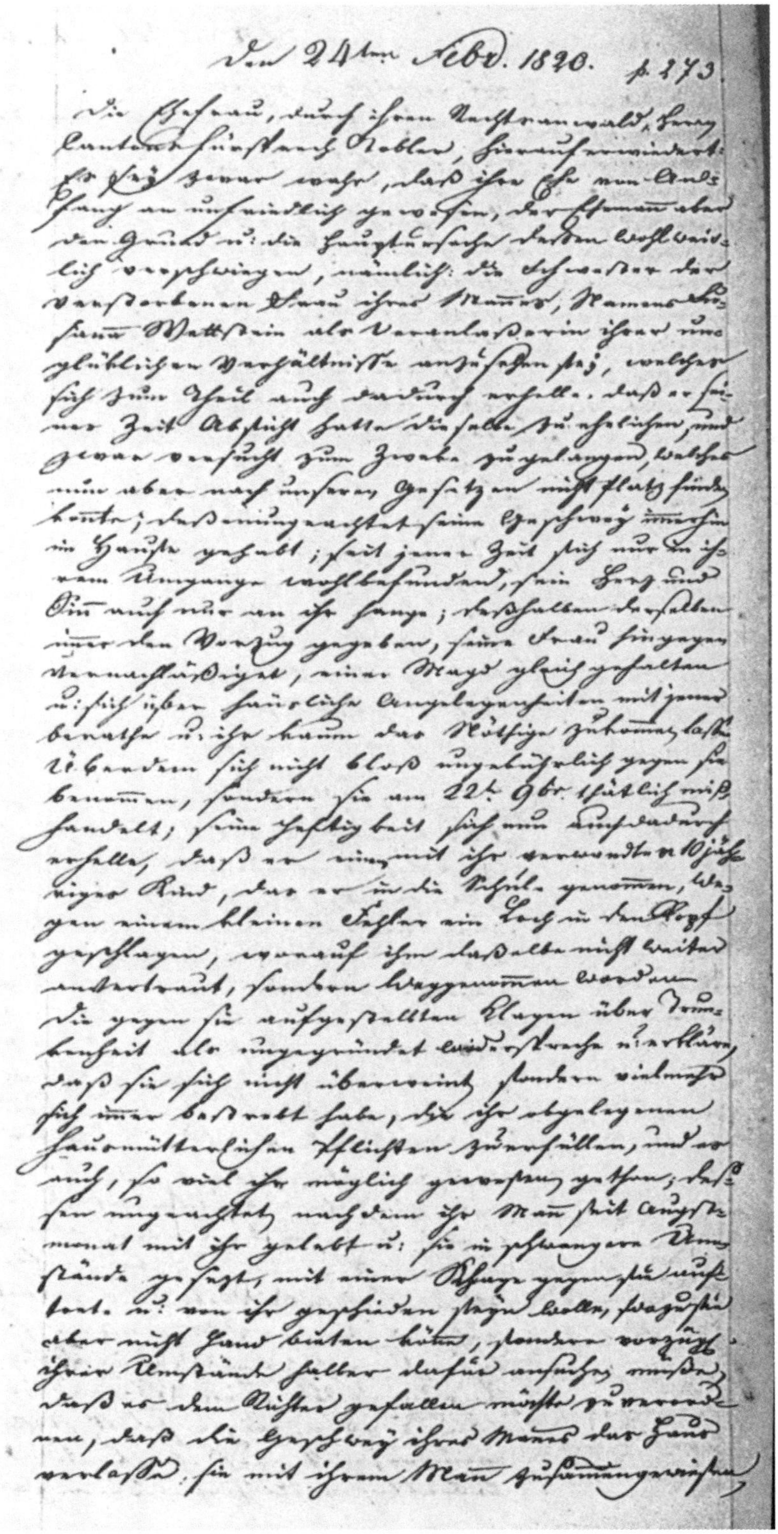

den 24ten Febr. 1820. p. 273

Transkription

Den 24ten Febr. 1823 p. 273
Die Ehefrau, durch ihren Rechtsanwald, Herrn Cantonnfürstench. Tobler, hierauf erwiedert:
Es seÿ zwar wahr, daß ihre Ehe von Anfang an unfriedlich gewesen, der Ehemann aber den Grund u: die Hauptursache dessen wohlweislich verschwiegen, nämlich die Schwester der verstorbenen Frau ihres Mannes, Namens Susanne Wettstein als Veranlaßerin ihrer unglücklichen Verhältnisse anzusehen seÿ, welches sich zum Theil auch dadurch erhelle, daß er seinner Zeit Absicht hatte die selbe zu ehelichen, und zwar versucht zum Zweke zu gelangen, welches nun aber nach unseren Gesetzen nicht Platz finden konnte; deßenungeachtet seine Geschweÿ immerhin im Hause gehabt; seit jener Zeit sich nur in ihrem Umgange wohlbefundend, sein Herz und Sinn auch nur an ihr hange; deßhalben derselben immer den Vorzug gegeben, seine Frau hingegen vernachläßiget, einer Magd gleich gehalten u. sich über haüsliche Angelegenheiten mit jener berathe u. ihr kaum das Nöthige zukommen lassen überdem sich nicht bloß ungebührlich gegen sie benommen, sondern sie am 22ten 9br thätlich mißhandelt; seine Heftigkeit sich nun auch dadurch erhelle, daß er eines mit ihr verwandten 10jähriges Kind, das er in die Schul genommen, wegen einem kleinen Fehler ein Loch in den Kopf geschlagen, worauf ihm daßelbe nicht weiter anvertraut, sondern weggenommen worden
Die gegen sie aufgestellten Klagen über Trunkenheit als ungegründet wiederspreche u. erkläre, daß sie sich nicht überweint sondern vielmehr sich immer bestrebt habe, die ihr obgelegenen hausmütterlichen Pflichten zu erfüllen, und es auch, so viel ihr möglich gewesen gethan; dessen ungeachtet, nachdem ihr Mann seit Augstmonat mit ihr gelebt u: sie in schwangern Umstände gesezt, mit einer Klage geben sie auftrat u. von ihr geschieden seÿn wollte, wozu sie

aber nicht Hand bieten könne, sondern vorzüg.
ihrer Umstände halber dafür ansuchen müße,
daß es dem Richter gefallen möchte zu verord-
nen, daß die Geschweÿ ihres Mannes das Haus
verlasse, sie mit ihrem Mann zusammengewiesen, ...

Analyse

Diese traurige, jedoch interessante Aussage des Anwalts des Angeklagten ist vom Schreiber eines schweizerischen Gerichts in wunderschöner, professioneller Handschrift geschrieben. Nur wenige Schriftzeichen weichen von der üblichen Schreibweise ab, besonders das anfängliche kleine *s* hat einen anführenden Strich entlang der Mitte, wodurch es einem *f* ähneln kann. Das Ausgangs-*s* neigt dazu, sehr klein zu sein und reicht kaum bis zur mittleren Höhe. Bei vielen Wörtern lassen sich Unterbrechungen zwischen Buchstaben erkennen, nicht weil die Tinte ausging (keine Schriftzeichen haben innere Lücken), sondern weil der Schreiber den Stift vom Papier abhob (besonders wenn der letzte Strich eines Buchstaben linksläufig abschließt). Am Ende einer Zeile werden Wörter durch das = Zeichen getrennt und Abkürzungen sind mit einem Doppelpunkt wie in *u*: gekennzeichnet.

Namensänderung

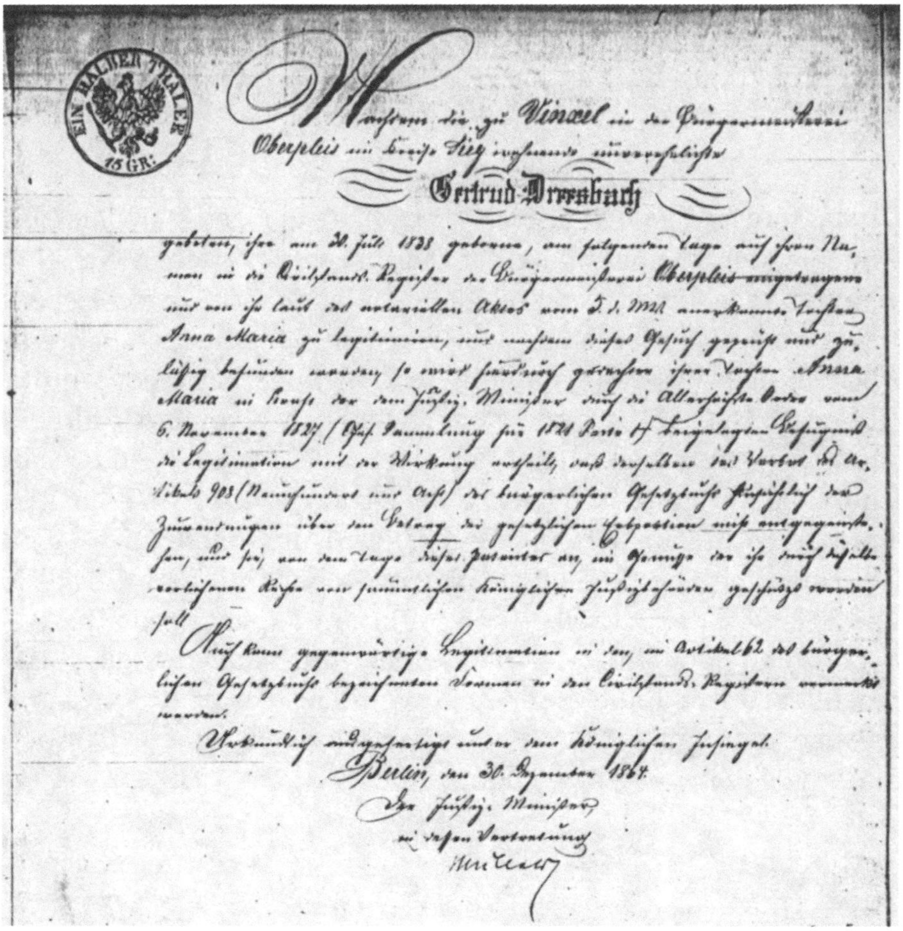

Transkription

Nachdem die zu Vinxel in der Bürgermeisterei
Oberpleis im Kreise Sieg wohnende unverehelichte
Gertrud Dreesbach

gebeten, ihre am 30. Juli 1838 geborne, am folgenden Tage auf ihren Namen in die Civilstands-Register der Bürgermeisterei Oberpleis eingetragene und von ihr laut des notariellen Aktes vom 5. d. Mts. anerkannte Tochter Anna Maria zu legitimirten, und nachdem dieses Gesuch geprüft und zuläßig befunden worden, so wird hierdurch gedachter ihrer Tochter Anna Maria in Kraft der dem Justiz. Minister durch die Allershöchste Order vom 6. November 1827 (Ges. Sammlung für 1824 Seite 1) beigelegten Befugniß die Legitimation mit der Wirkung ertheilt, daß derselben das Verbot des Artikels 908 (Neunhundert und Acht) des bürgerlichen Gesetzbuchs hinsichtlich der Zuwendungen über den Betrag der gesetzlichen Erbpartien nicht entgegenstehen, und sie, von dem Tage dieses Patentes an, im Genusse der ihr durch dasselbe verliehenen Rechte von sämmtlichen königlichen Justizbehörden geschützt werden soll.

Auch kann gegenwärtige Legitimation in den, im Artikel 62 des bürgerlichen Gesetzbuchs bezeichneten Formen in den Civilstands-Registern vermerkt werden.

Urkundlich ausgefertigt unter dem königlichen Insiegel.
Berlin, den 30. December 1864.
Der Justiz-Miniter
In dessen Vertretung
[Unterschrift des Beamten]

Analyse

Obwohl der Verfasser dieses Dokuments von Beruf Schreiber war, der sehr einheitlich schrieb, bereitet das Lesen seiner Handschrift wesentliche Herausforderungen. Beispielsweise reichen die zwei Kleinbuchstaben *t* und *d* entgegen der Erwartung des Lesers sehr häufig nicht die übliche Höhe. Das doppelte *ss* ist ebenfalls sehr gedrungen geschrieben. Wobei der Gebrauch von diakritischen Zeichen direkt über Buchstaben wie *u* und *i* hilfreich wäre, benutzt der Schreiber diese meist nicht. Viele U-Bögen und Punkte über dem *i* befinden sich über den nachfolgenden Buchstaben. Dies ist ein typisches, bürokratisches Dokument, das gemäß den Gesetzen Preußens ausgestellt wurde. Daher kommen einige Bezugnahmen auf spezielle Gesetze sowie gesetzliche Ausdrücke vor, die es in der Alltagssprache nicht gibt.

Ehevertrag

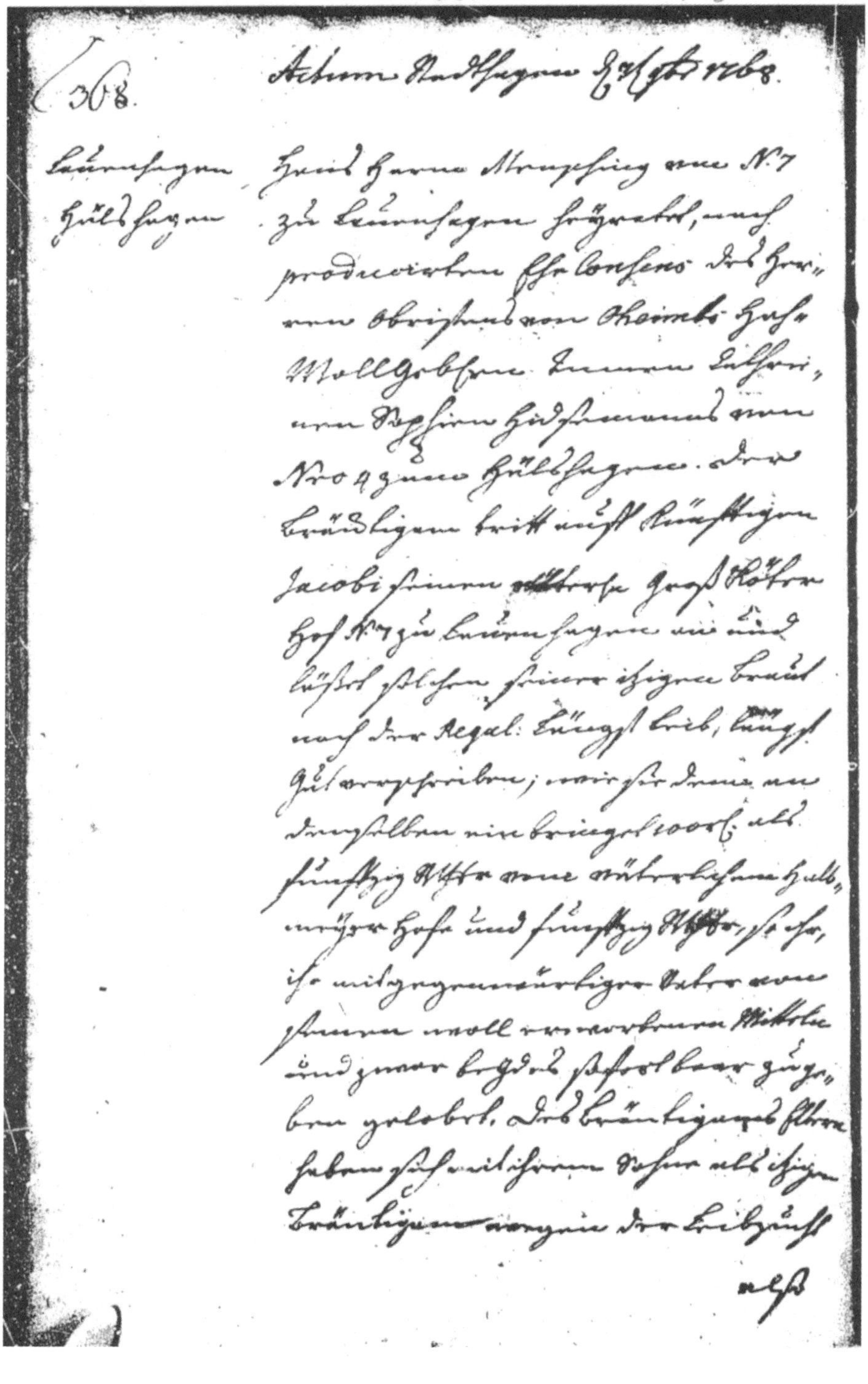

Transkription

368 Actum Stadthagen den 3ten 9br 1768.
Lauenhagen
Hülshagen

Hans Harm Mensching von N. 7
zu Lauenhagen heÿratet, nach
producirten Ehe Consens des Her-
ren Obristens von Oheimbs Hoch-
wollgebhren Annen Cathrin-
nen Sophien Hidsemanns von
Nro 4 zum Hülshagen. Der
Bräutigam tritt auff künftigen
Jacobi seinen elterln Groß Köter
Hof N. 7 zu Lauenhagen an und
läßet solchen seiner itzigen Braut
nach der Regal. längst lieb, längst
Gut verschreiben; wie sie dann an
denselben ein bringet worden als
fünfzig Rthlr vom väterlichen Halb-
meyer Hofe und fünfzig Rthlr, so ihr,
ihr mitgegenwärtiger Vater von
seinen woll erworbenen Mitteln
und zwar beydes sofort baar zuge-
ben gelobet. Des Bräutigams Eltern
haben sich mit ihrem Sohne als itzigem
Bräutigam wegen der Leibzucht
also verglichen, daß sie beÿde auff
vollen Leibzucht erhalten

Analyse

Dieser Vertrag enthält ausgezeichnete Details zur bevorstehenden Eheschließung zwei junger Leute, die beide in wohlhabenden Familien mit Gutsbetrieben im alten Fürstentum Schaumberg-Lippe aufwuchsen. Hier ist nur die erste Seite zu sehen. Solche Verträge ziehen sich häufig über viele Seiten. Der Schreiber war wohl ein Gerichtssekretär oder der Protokollant des örtlichen Gutsherrn vor Ort. Der Anfang des Vertrags verwendet größtenteils für ein solches Dokument übliche Standardformulierungen (üblich nur unter Besitzern mit hohem Gutsbesitz) und weist einige eingeübte Formulierungen auf.

Der Verfasser hat ein großes Maß an Erfahrung und gebraucht daher (für andere und ihn allein ausgenommen) nicht normgerechte Abkürzungen, die sich jedoch trotzdem erkennen lassen (*wollgebhren* = *wohlgeborenen, Rthlr* = *Reichstaler, elterln* = *elterlichen*). Er benutzt eine alte Possessivform, indem er ein *-n* an die drei Namen der Braut anhängt. Ein Forscher sollte so etwas entfernen. Man beachte den Gebrauch von *c*, wo normalerweise ein *k* oder *z* stehen sollte (*Consens* = *Konsens, producirten* = *produzierten*). Großbuchstaben entsprechen zwar nicht immer dem Standard, aber nur das *A* (wie in *Annen*) ist schwierig zu erkennen. Die Kleinbuchstaben *a, e,* und *o* neigen dazu sehr klein zu sein und sehr ähnlich auszusehen. Umlaute und U-Bögen sind einheitlich und vorhersehbar.

Wehrpass

Transkription

Erich Köhler
(Eigenhändige Unterschrift des Inhabers – Rufname, Familienname)

[rechte Seite]

I. Angaben zur Person

1	Familien- name	*Köhler*
2	Vornamen (Rufname unterstreichen)	*Erich, Otto.*
3	Geburtstag, -monat, -jahr	*30.7.1906*
4	Geburtsort Verwaltungs bezirk (s. B. Kreis, Reg. Bezirk)	*Hümme* *Hofgeismar Kassel*
5	Staats- angehörig- keit	*Deutsches Reich*

6	Religion	*evgl.*
7	Familien-stand	*verh.*
8	Beruf (nach Berufs-verzeichnis)	erlernter *Schlosser* ausgeübter *dto*
9	Eltern	Vater Mutter *Karl Köhler* *Wilhelmina Köhler* (Rufname, Familienname) (Rufname, Familienname) *Landwirt* *Nachtigall* Beruf (nach Berufsverzeichnis) Mädchen-name *†1916* (wenn verstorben, † und Sterbejahr) (wenn verstorben, † und Sterbejahr)

Analyse

Fast 10 Millionen deutsche Männer und Frauen besaßen diesen Militärausweis zu Hitlers Zeiten. Der Inhalt lässt sich erahnen. Erich Köhler unterschrieb seinen Namen mit lateinischen Schriftzeichen, daher mag es sein, dass ein Beamter alles andere in ziemlich korrekter Deutscher Schrift schrieb. Nur das große *H* (*Hümme, Hofgeismar*) entspricht nicht dem Standard, denn es sieht dem kleinen *h* ähnlicher als dem großen *H*. Die Abkürzungen *evgl.* und *verh.* stehen für *evangelisch* und *verheiratet*. Dieses Dokument wurde Erich Köhler 1945 irrtümlicherweise von einem amerikanischen Soldaten abgenommen. Meine Bemühungen, Köhler oder dessen Familienangehörige ausfindig zu machen, blieben leider erfolglos.

Kriegsgefallenenmeldung

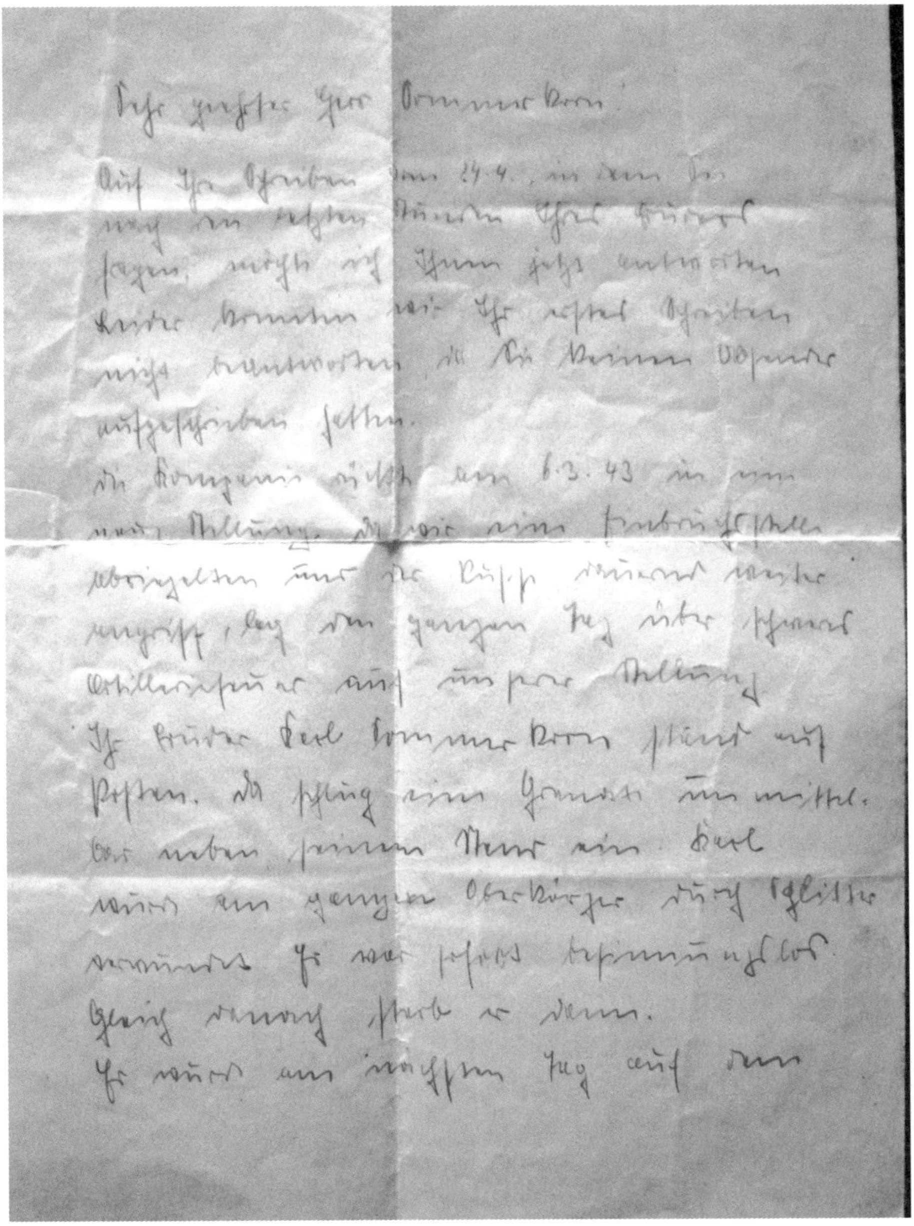

Sehr geehrter Herr Sommerkorn!

Auf Ihr Schreiben vom 24.4., in dem Sie nach den letzten Stunden Ihres Bruders fragen, möchte ich Ihnen jetzt antworten. Leider konnten wir Ihr erstes Schreiben nicht beantworten, da Sie keinen Absender aufgeschrieben hatten.

Die Kompanie rückte am 6.3.43 in eine neue Stellung. Da wir eine [illegible] [illegible] und der Russe dauernd weiter angriff, lag den ganzen Tag über schweres Artilleriefeuer auf unsere Stellung.

Ihr Bruder Karl Sommerkorn stand auf Posten. Da schlug eine Granate unmittelbar neben seinem Stand ein. Karl wurde am ganzen Oberkörper durch Splitter verwundet. Er war sofort besinnungslos. Gleich danach starb er dann.

Er wurde am nächsten Tag auf dem

Transkription

Sehr geehrter Herr Sommerkorn!

Auf Ihr Schreiben vom 24.4. in dem Sie
nach den letzten Stunden Ihres Bruders
fragen, möchte ich Ihnen jetzt antworten.
Leider konnten wir Ihr erstes Schreiben
nicht beantworten, da Sie keinen Absender
aufgeschrieben hatten.
Die Kompanie rückte am 6.3.43 in eine
neue Stellung. Da wir eine Einbruchstelle
abriegelten und der Russe dauernd weiter
angriff, lag den ganzen Tag über schweres
Artilleriefeuer auf unserer Stellung.
Ihr Bruder Karl Sommerkorn stand auf
Posten. Da schlug eine Granate unmittel-
bar neben seinem Stand ein. Karl
wurde am ganzen Oberkörper durch Splitter
verwundet. Er war sofort besinnungslos.
Gleich danach starb er dann.
Er wurde am nächsten Tag auf dem

Heldenfriedhof Utschno in der Nähe von
Naraja Russa begraben. Von seinem Grab
ließen wir eine Aufname machen, die
wir Ihnen zusenden, sobald wir sie in
Händen haben.
Ich möchte Ihnen noch nachträglich mein
Beileid ausdrücken. Karl Sommerkorn
wird uns stets als Soldat und Kame-
rad in gutem Andenken bleiben.

Heil Hitler
Gunter Vollmer
Oberleutnant u Kompaniechef

Analyse

Eine der traurigsten Mitteilungen während der Kriegszeit war sicherlich die Nachricht, dass ein Familienangehöriger im Kampf gefallen war. Dieser ist der zweite Brief an Familie Sommerkorn im hessischen Darmstadt bezüglich des Todes von Karl Sommerkorn (1908-1943). Der Kompanieführer antwortet freundlicherweise auf die Anfrage des Bruders, hat allerdings entweder keine Schreibmaschine (die meist übliche Art) oder keine Zeit, eine zu gebrauchen. Die Handschrift erscheint mal entspannt, mal gehetzt, aber die Schriftzeichen sind gleichmäßig. Möglicherweise wurde dieser Brief mit einem Bleistift geschrieben, da weder sehr dicke noch sehr dünne Linien vorkommen. Die Großbuchstaben erschweren dem Leser kaum das Lesen, jedoch bereiten einige Kleinbuchstaben Schwierigkeiten. Das kleine *e* und *n* neigen dazu, sich eng zusammenzufügen und das kleine *a* entspricht eher lateinischer als deutscher Schrift. Das kleine *d* entspricht ganz und gar nicht dem Standard und verbindet sich häufig mit dem darauffolgenden Buchstaben. Umlaute sind sehr klein, dürfen aber nicht mit dem viel größeren U-Bogen (meistens eine gerade Linie) verwechselt werden.

Wehrdienstnachweis

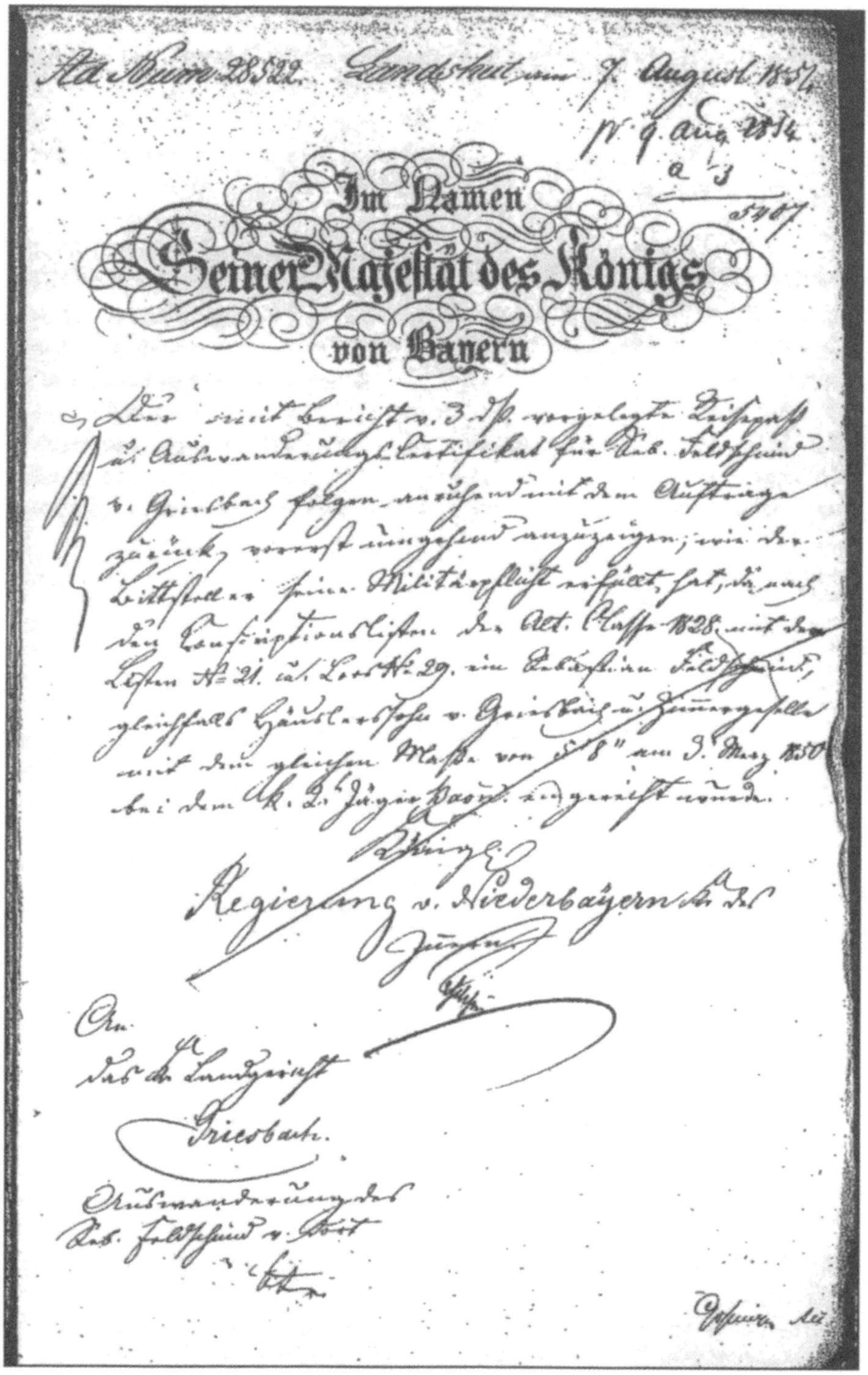

Im Namen
Seiner Majestät des Königs
von Bayern

Transkription

Ad Num 28522 *Landshut am 7. August 1854*
9. Aug 1854
A 3
5407

Im Namen
Seiner Majestät des Königs
von Bayern

Der mit Bericht v. 3.dP vorgelegte Reisepaß
u. Auswanderungs-Certifikat für Seb. Feldschmid
v. Griesbach folgen anruhend mit dem Auftrage
zurück, vorerst umgehend anzuzeigen, wie der
Bittsteller seine Militärpflicht erfüllt hat, da nach
den Conscriptionslisten der Alt. Class 1828 mit den
Listen N. 21 u. Loos N. 29. ein Sebastian Feldschmid,
gleichfalls Häuslerssohn v. Griesbach u. Zimmergeselle
mit dem gleichen Maße von 5'8" am 3. Merz 1850
bei dem k. 2. Jägerbaon. eingereicht wurde.

König.
Regierung v. Niederbayern K. des
Innern
[signature]

An
das k. Landgericht
Griesbach.
Auswanderung des
Seb. Feldschmidt v. dort
[Unterschrift]

Analyse

Hier handelt es sich um ein hervorragendes Beispiel für die Art bürokratischer Dokumente, die in deutschen Ämtern ausgestellt wurden. Man sollte annehmen können, dass es keine zwei Männer von demselben kleinen Ort, mit derselben Größe, mit demselben Gewicht und demselben relativ seltenen Nachnamen geben kann. Dennoch musste Sebastian Feldschmid die Beamten zufriedenstellen, bevor er auswandern durfte. Der sehr dekorative, vorgedruckte Briefkopf ist typisch für Bayern zurzeit vor 1871. Die Handschrift ist die eines geschulten Schreibers, ist jedoch nicht besonders ansehnlich. Das große *R* und *C* (selten in jenem Dokument) kann man nicht unbedingt auf den ersten Blick erkennen. Von allen Kleinbuchstaben weist nur das *d* eindeutige Varianten auf. Manchmal ist es mit dem darauffolgenden Buchstaben verbunden, manchmal nicht. Der U-Bogen ist extrem gestalterisch.

Volkszählungsinstruktion

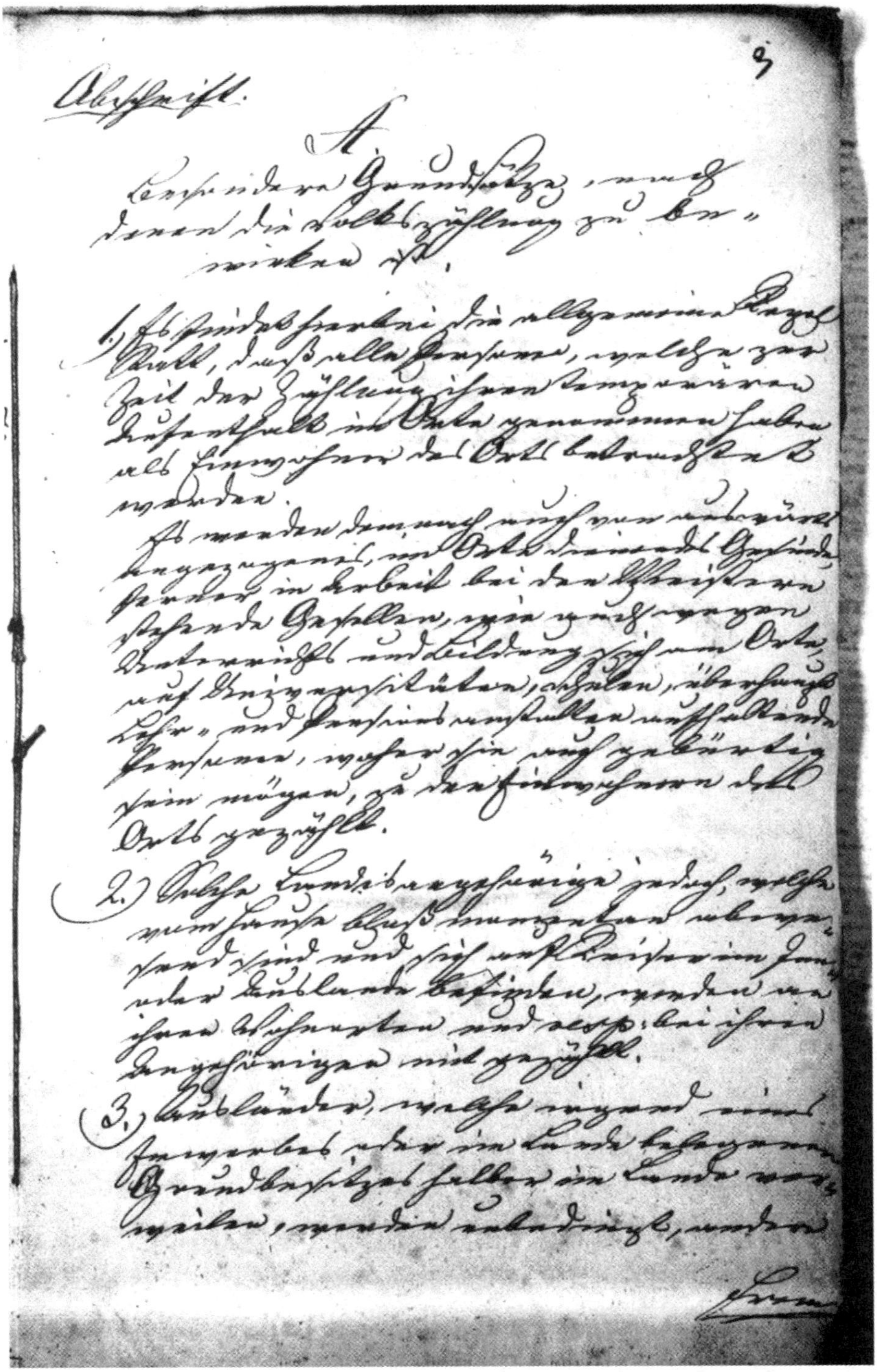

Abschrift.

A.

Besondere Grundsätze, nach denen die Volkszählung zu bewirken ist.

1, Als Grundsatz stehet die allgemeine Regel fest, daß alle Personen, welche zur Zeit der Zählung ihren temporairen Aufenthalt im Orte genommen haben, als Einwohner des Orts betrachtet werden.

Es werden demnach auch von anderwärts hergezogene, im Orte dienende Gesinde, in Arbeit bei den Meistern stehende Gesellen, wie auch wegen Unterrichts und Bildung sich am Orte auf Erziehungsanstalten, Schulen, überhaupt Lehr- und Bildungsanstalten aufhaltende Personen, woher sie auch gebürtig sein mögen, zu den Einwohnern des Orts gezählt.

2.) Solche Landesangehörige jedoch, welche vom Hause bloß momentan abwesend sind und sich vorübergehend im In- oder Auslande befinden, werden an ihren Wohnorten und resp. bei ihren Angehörigen mitgezählt.

3.) Ausländer, welche wegen eines Gewerbes oder im Lande belegenen Grundbesitzes selbst im Lande verweilen, werden unbedingt, wenn

Transkription

H.

Besondere Grundsätze, nach
denen die Volkszahlung zu be=
wirken ist.

1., Es findet hierbei die allgemeine Regel
Statt, daß alle Personen, welche zur
Zeit der Zählung ihren temporären
Aufenthalt im Ort genommen haben
als Einwohner des Orts betrachtet
werden.
Es werden demnach auch von auswärts
angezogenes, im Orte dienendes Gesinde,
ferner in Arbeit bei den Meistern
stehende Gesellen, wie auch wegen
Unterrichts und Bildung sich am Orte,
auf Universitäten, Schulen, überhaupt
Lehr- und Pensionsanstalten aufhaltende
Personen, woher sie auch gebürtig
sein mögen, zu den Einwohnern des
Orts gezählt.
2., Solche Landesangehörige jedoch, welche
vom Hause bloß momentan abwe=
send sind und sich auf Reisen im Im=
oder Auslande befinden, werden an
ihren Wohenorten und resp: bei ihren
Angehörigen mit gezählt.
3., Ausländer, welche irgend eines
Erwerbes oder im Lande belegenen
Grundbesitzes halber im Lande ver=
weilen, werden unbedingt, andere …

Analyse

In Vorbereitung auf jede Volkszählung, die vor der Gründung des Deutschen Reiches (1871) in den deutschen Staaten durchgeführt wurde, erließen die Beamten der jeweiligen Hauptstädte besondere Anweisungen an Beamte und Zähler. Diese Anweisungen zogen sich häufig über viele Seiten hinaus und zwischen 1816 und 1864 wurden sie meist handgeschrieben. Die Verfasser waren gewöhnlich berufliche Schreiber mit

Erfahrung und regelmäßiger Handschrift. In manchen Staaten wurden die Vorschriften mittels Lithographie (Flachdruckverfahren) an jeden Landkreis und jede Stadt verteilt.
In diesem Beispiel aus dem Jahre 1834 sind nur wenige Kleinbuchstaben erwähnenswert: Das *e* hat zwei Hauptstriche, die hier jedoch so eng zusammen geschrieben sind, dass sie wie ein einzelner Hauptstrich erscheinen. Anstatt das t unten durchzustreichen, zog er einen Kreis und schrieb dann den nächsten Buchstaben weiter. Dieser Schreiber benutzte zwei verschiedene Umlautmarkierungen - zum einen durchgehenden Schriftzug mit zwei Hauptlinien und zum anderen zwei kleine getrennte Striche. Das grolle *A (Angehörigen)* und *U (Unterrichts)* sehen sich ähnlich - wie man vielleicht erwarten würde. Das *E* weist zwei deutlich verschiedene Schreibvarianten auf, die man beim Vergleich des Wortes *Einwohner* mit den Worten *Es* und *Erwerbes* sehen kann. Sein *R (Regel, Reisen)* ist recht gestalterisch geformt.

Volkszählungsliste

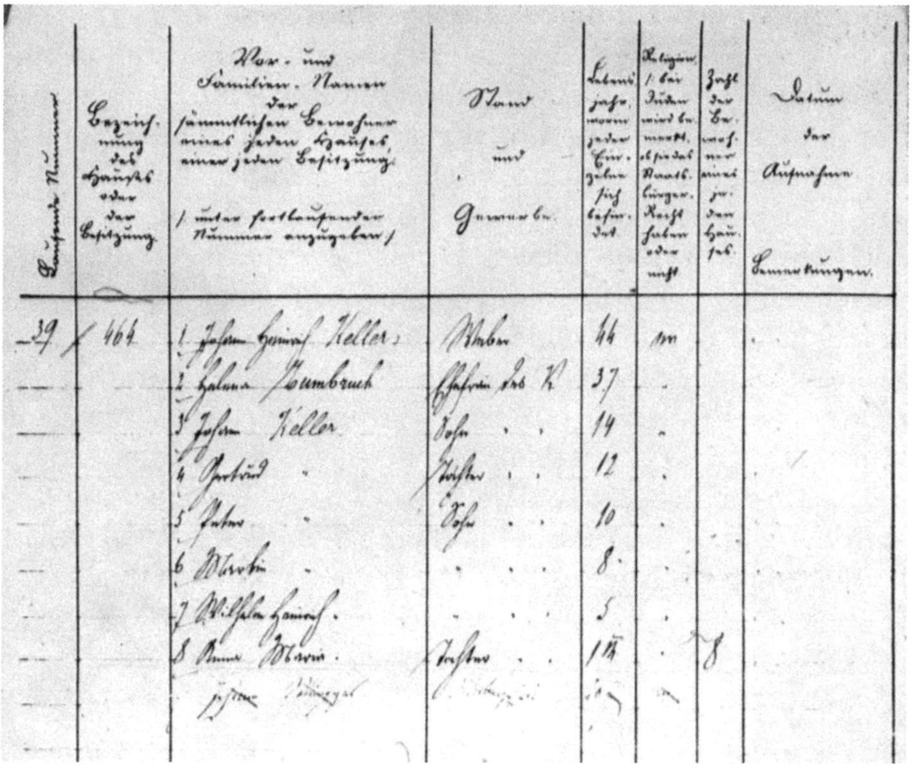

Transkription

1: Laufende Nummer
2: Bezeichnung des Hauses oder der Besitzung
3: Vor- und Familien=Namen der sämmtlichen Bewohner eines jeden Hauses, einer jeden Besitzung / unter fortlaufender Nummer anzugeben
4: Stand und Gewerbe
5: Lebens=jahr, worin jeder Ein=zelne sich befin=det
6: Religion, / bei Juden wird be=merkt, ob sie das Staats=bürger=Recht haben oder nicht
7: Zahl der Be=woh=ner eines je=den Hau=ses
8: Datum der Aufnahme; Bemerkungen

3 und 4

1. Johann Heinrich Keller	*Weber*
2. Helena Zumbruch	*Ehefrau des V.*
3. Johann Keller	*Sohn " "*
4. Gertrud "	*Tochter " "*
5. Peter "	*Sohn " "*

6. Martin "	*"*	*"*	*"*
7. Wilhelm Heinrich "	*"*	*"*	*"*
8. Anna Maria "	*Tochter*	*"*	*"*

Analyse

Dieses Dokument einer Volkszählung wurde auf einer Seite und mit handgeschriebenen Spaltenüberschriften verfasst. Das Original wurde 1846 zur Verteilung im gesamten Rheinland lithographiert. Es handelt sich um die Handschrift eines geübten Beamten in Düsseldorf, dessen Schriftbild außergewöhnlich einheitlich aussieht. Manche Wörter erscheinen unvollständig jedoch war seine Stiftfeder wahrscheinlich so spitz, dass die Tinte eine sehr feine Linie zog und daher ab und zu sogar ganz verschwand. Er benutzte das derzeitige Standardsymbol für den Bindestrich (=), platzierte es auf der Grundlinie und zog es ein wenig schräg nach oben. Der Zähler, der die Seite f Familie Keller ausfüllte, schrieb ebenfalls recht einheitlich und deutlich. Das große *A* in *Anna* ist keine gewöhnliche Schreibvariante, lässt sich aber in diesem Vornamen problemlos entziffern. Die Zeichen " sollen Wiederholungszeichen repräsentieren. *Ehefrau des V.* bedeutet *Ehefrau des Vorigen.* Die zwei kleinen Buchstaben in der Spalte *Religion* sind wie erwartet *ev (evangelisch)* und *ka (katholisch).*

Bürgerschaftsaufnahme

Aufnahme-Urkunde. A. No 93706.

Auf Ansuchen ist der am 15. Juni 1874 zu Altenburg i/Sachsen-Altenburg geborene

Karl Max Louis Hofmann

nebst seiner Ehefrau Kirstine Catharina Johanna geborene Hartung, geboren hierselbst, am 16. September 1876 und seinen beiden minderjährigen Söhnen: 1, Kurt Albert Johannes, geboren hierselbst, am 9. Mai 1901 und 2, Henry Eduard August, geboren hierselbst, am 27. Februar 1905,

am 4. Juni neunzehnhundert und acht als Hamburgischer Staatsangehöriger aufgenommen worden.

Hamburg, den 4. Juni 1908.

Der Senator, Chef der Aufsichtsbehörde für die Standesämter

i. A.

Dr. v. Bargen

Rat

Ausgehändigt d. 4. Juni 1908

Transkription

Aufname-Urkunde *A. No. 93706*

[Stadtwappen]

Auf Ansuchen ist der am 15. Juni 1874
zu Altenburg i/Sachsen-Altenburg geborene
Karl Max Louis Hofmann
nebst seiner Ehefrau Justine Catharina Johanna gebornen
Hartung, geboren hierselbst, am 16. September 1876 und seinen
beiden minderjährigen Söhnen: 1, Kurt Albert Johannes, ge-
boren hierselbst, am 9. Mai 1901 und 2, Henry Eduard August,
geboren hierselbst, am 27. Februar 1905,
am 4. Juni neunzehnhundert und acht als
Hamburgischer Staatsangehöriger aufgenommen
worden.
Hamburg, den 4. Juni 1908
[Stempel] *Der Senator, Chef der Aufsichtsbehörde*
für die Standesämter
i.A.
Dr. v. Bargen
Rat
Ausgehändigt d. 4. Juni 1908

Analyse

Junge Männer, die von einem kleinen Ort in eine große Stadt umsiedelten, beantragten oft ihre Aufnahme in die Bürgerschaft und erhielten diese erst, nachdem das Bürgermeisteramt den Antragsteller identifiziert und überprüft hatte. Diese Dokumentsform war wahrscheinlich viele Jahre lang in Hamburg gebräuchlich. Die Seite ist mit deutschen Schriftzeichen vorgedruckt, wobei das Handgeschriebene in lateinischer (Eigennamen und *Juni*) und der Rest in Deutscher Schrift geschrieben ist. Der Schreiber ist kompetent und seine Handschrift ist besonders einheitlich. Alle Schriftzeichen entsprechen in jeder Hinsicht dem Standard. Überhaupt weicht nur das *h* ab, da es oft keine erkennbare Schleife hat.

Einwohnermeldekartei Deutschland

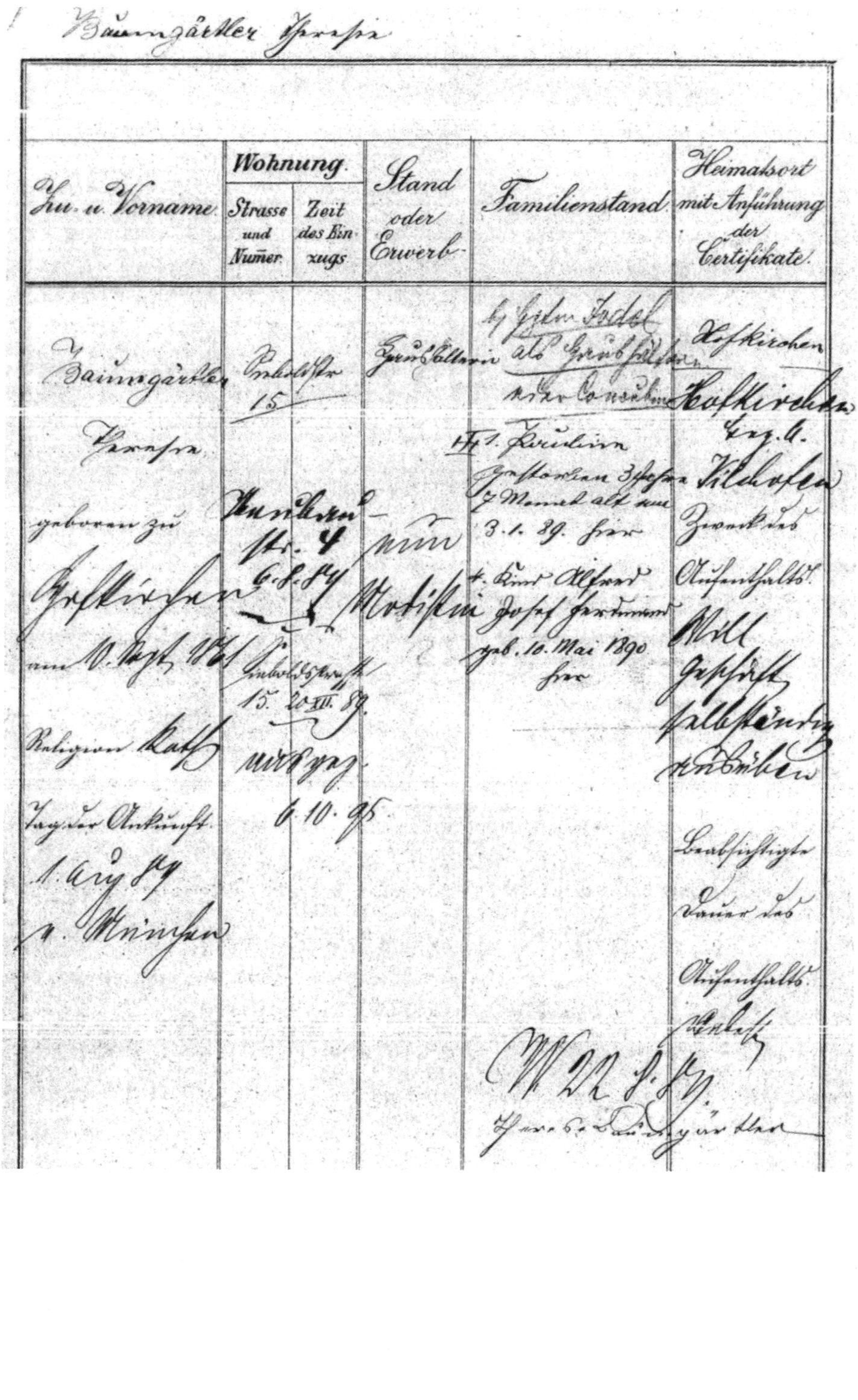

Transkription

Baumgärtler Theresie

Zu- und Vorname	Wohnung: Strasse und Nummer Zeit des Einzugs	Stand oder Erwerb	Familienstand	Heimatsort mit Anführung der Certifikate
Baumgärtler *Theresie* Geboren zu *Hofkirchen* *am 10. Sept 1861* Religion *Kath* Tag der Ankunft *1.Aug 89* *v. München*	*Sieboldstr.* *15* *Neubau* *Str. 4* *6.8.89* *Sieboldsstras-* *se* *15.* *20 XII. 89.* *Ausgez.* *6.10.95*	*Haushälterin* *nun* *Modistin*	*by Hptm. Jodel* *als Haushälterin* *oder Concubine* *†1.Pauline* *gestorben 3 Jahre* *7 Monate alt am* *3.1.89. hier* *4.Kind Alfred* *Josef Ferdinand* *geb. 10. Mai 1890* *hier* *W. 22.8.89* [Therese	*Hofkirchen* *Hofkirchen* *Bez. A.* *Vilshofen* Zweck des Aufenthalts *Will* *Geschäft* *selbständig* *ausüben* Beabsichtigte Dauer des Aufenthalts *unbest.* Baumgärtler]

Analyse

Hier handelt es sich um ein ausgezeichnetes Beispiel verfügbarer Aufzeichnungen des Einwohnermeldeamtes einer größeren Stadt. Die unverheiratete Theresie Baumgärtler hatte keine offizielle Anstellung als sie mit ihrem Partner Capt. Jodel zusammenzog. Ihr Heimatort und Geburtsdatum werden angegeben, ebenso die Adressen ihrer vorherigen Wohnungen und alle Daten jedes Ein- und Auszugs (sie verließ die Stadt endgültig am 6.10.1895). Die große Herausforderung eines solchen Dokuments ist, dass zahlreiche (in diesem Fall mindestens fünf verschiedene) Schreiber Einträge machten. Der Beamte mit dem stumpfen Stift war vermutlich sehr in Eile. Forscher sollten für das Lesen von Straßennamen im Besitz einer Stadtkarte sein. Man beachte einige nicht kursiv geschriebene Begriffe in der Transkriptionstabelle, die in Deutscher Schrift vorgedruckt waren, wie beispielsweise *geboren zu* und *Tag der Ankunft* in der ersten Spalte sowie *Zweck des Aufenthalts* und *Beabsichtigte Dauer des Aufenthalts* in der letzten Spalte.

Einwohnermeldekartei Österreich

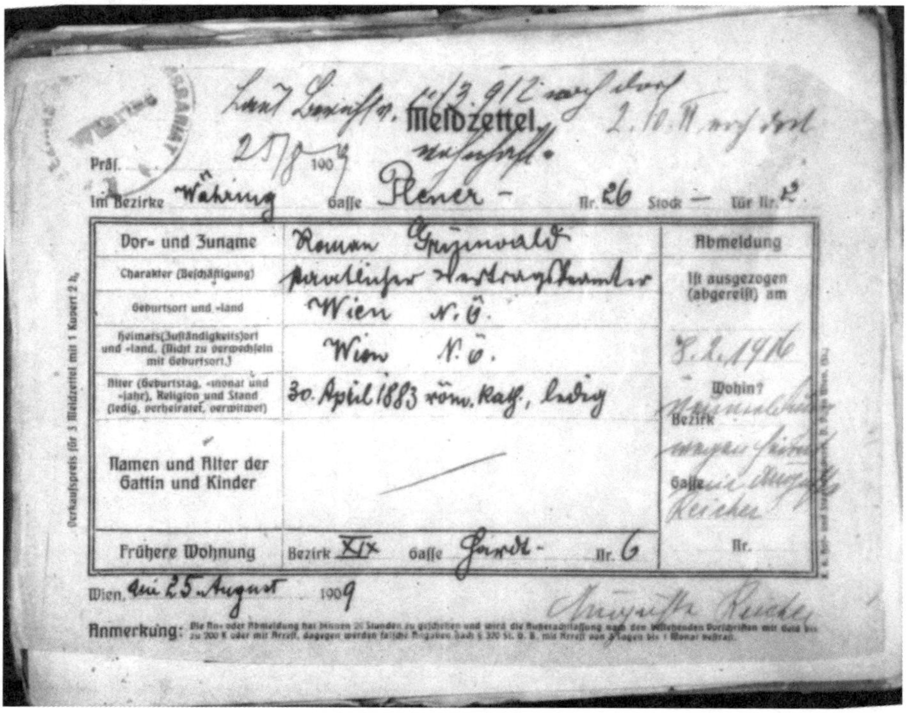

Transkription

[Stempel] *Laut Bericht v. 11/3.912 noch dort*

Meldzettel *1.10.II noch dort*

Präs. *25/8* 1909 *wohnhaft*

Im Bezirke *Währing* Gasse *Plener* Nr. *26* Stock – Tür Nr. *2*

Vor= und Zuname	*Roman Grünwald*	Abmeldung
Charakter (Beschäftigung)	*Staatlicher Vertragsbeamter*	Ist ausgezogen
Geburtsort und =land	*Wien N. Ö.*	(abgereist) am
Heimats (Zuständigkeits)ort und =land, (Nicht zu verwechseln mit Geburtsort.)	*Wien N. Ö.*	*8.2.1916*
Alter (Geburtstag, =monat und =jahr), Religion und Stand (ledig, verheiratet, verwitwet)	*30. April 1883 röm. Kath., ledig*	Wohin? *Neumeldung*
Namen und Alter der Gattin und Kinder		Bezirk *Wegen Heirat* Gasse *mit Auguste Reicher*
Frühere Wohnung	Bezirk *XIX* Gasse *Hardt-* Nr. *6*	Nr.

Analyse

Die Sammlung der Einwohnermeldekartei der Stadt Wien besteht aus Millionen Einzelkarten, die eine äußerst bedeutende Quelle für Familienforscher darstellen. Die oben abgebildete Karte entspricht dem von etwa 1870 bis in die 1930er Jahre gebräuchlichen Muster. Das Lesen solcher Karten kann für den Forscher eine Herausforderung darstellen, da diese meist von vielen verschiedenen Beamten der Stadt Wien ausgefüllt wurden. Manche Einwohner erscheinen nur auf einer Karte (wie hier bei Roman Grünwald), andere zogen häufiger von Wohnung zu Wohnung in der Stadt um. Für jeden Ein-, Aus- und Umzug wurde eine neue Karte angelegt. Daher liegen für viele Einwohner mehrere Karten vor. Der erste Beamte im oben abgebildeten Beispiel schrieb entweder zu hastig oder zu sorglos. Wie erwartet für 1909 verwendete er lateinische Schriftzeichen bei Namen von Ortschaften, Personen, und Monaten. Sonst benutzte er die üblichen deutschen Buchstaben. Lediglich die Berufsbezeichnung (*Vertragsbeamter*) ist schwierig zu entziffern. Dabei sehen *st* wie ein einziger Buchstabe aus und das kleine *b* ähnelt einem kleinen *t* oder *l*. Das große *V* zieht sich bis in den Nachnamen hinauf. Das große *Ö* (die Abkürzung für *Österreich* bzw. *N. Ö* = *Niederösterreich*) lässt sich einfacher erkennen. In der rechten Spalte trug der zweite Schreiber im Jahre 1916 Heiratsdaten ein und ließ dabei die vorgedruckten Wörter *Bezirk* und *Gasse* außer Acht. Bei dem unten stehenden Namen *Auguste Reicher* handelt es sich nicht um eine Unterschrift.

Auswanderungsantrag

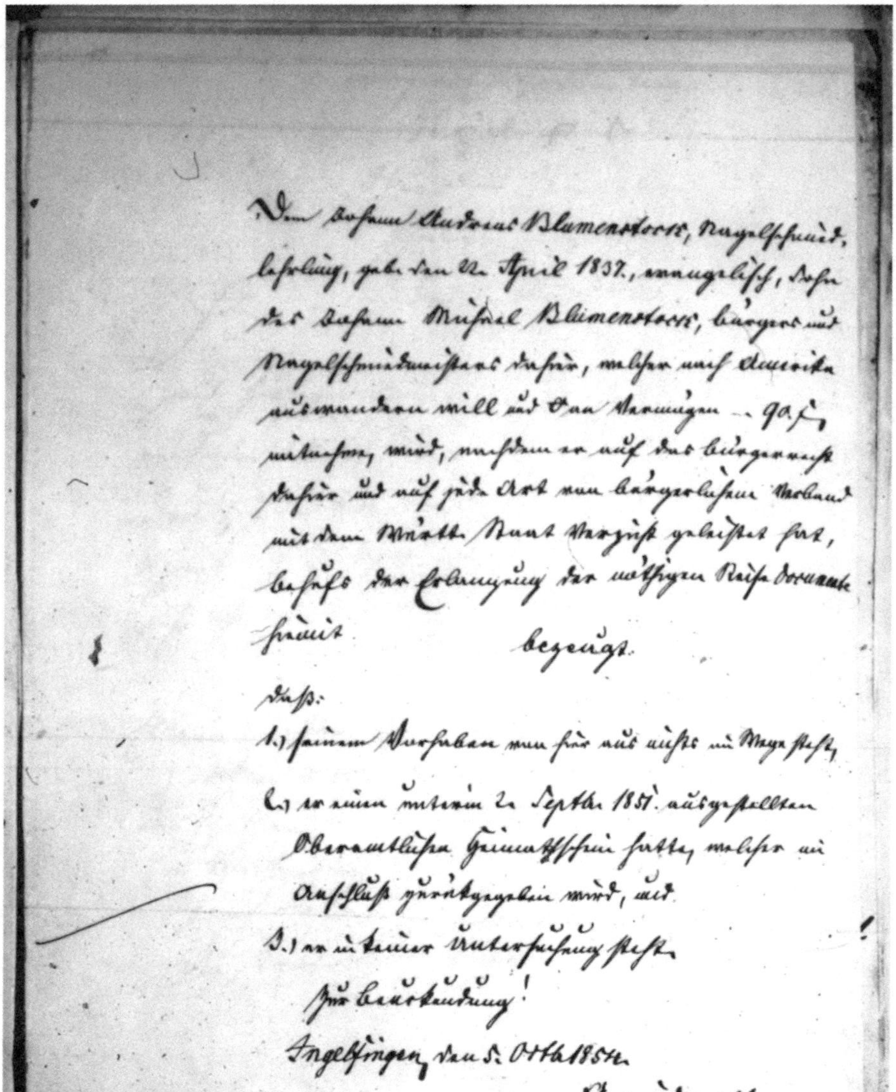

Dem ledigen Andreas Blumenstock, Nagelschmied-lehrling, geb. den 22. April 1837, [illegible], Sohn des ledigen Michael Blumenstock, Bürgers und Nagelschmiedmeisters dahier, welcher nach Amerika auswandern will und ein Vermögen v. 90 fl. mitnehmen wird, nachdem er auf das Bürgerrecht dahier und auf jede Art von bürgerlichem Verband mit dem Württ. Staat Verzicht geleistet hat, behufs der Erlangung der nöthigen Reisedocumente hiemit

bezeugt,

daß:

1.) seinem Verhalten nach hier nichts im Wege steht,

2.) er einen unterm 2. Septbr. 1851 ausgestellten Oberamtlichen Heimathschein hatte, welcher im Anschluß zurückgegeben wird, und

3.) er in keiner Untersuchung steht.

Zur Beurkundung!

Ingelfingen, den 5. Oktbr. 1854.

Gemeinderath

Transkription

Dem Johann Andreas Blumenstock, Nagelschmied-
lehrling, geb. den 11. April 1837, evangelisch, Sohn
des Johann Michael Blumenstock, Bürgers und
Nagelschmiedmeisters dahier, welcher nach Amerika
auswandern will und θ an Vermögen 90 F.
mitnehmen wird, nachdem er auf das Bürgerrecht
dahier und auf jede Art von bürgerlichem Verband
mit dem Württ. Staat Verzicht geleistet hat,
behufs der Erlangung der nöthigen Reise Documente
hiermit bezeugt:
daß:
1., seinem Vorhaben von hier aus nichts im Wege steht,
2., er einen unterm 2. Septbr 1851. ausgestellten
Oberamtlichen Heimatschein hatte, welcher im
Anschluß zurückgegeben wird, und
3., er in keiner Untersuchung steht.
Zur Beurkundung!
Ingelfingen, den 5. Octb 1854
Gemeinderath
Gebühr 0. [7 Unterschriften]

Analyse

Viele deutsche Auswanderer des 19. Jahrhunderts mussten sich ein solches Dokument beschaffen. In der Regel hatte dies zwei Gründe. Sie mussten beweisen, dass sie keine ausstehenden Schulden zurückließen und anerkennen, dass sie nicht zurückkehren und Sozialhilfe beanspruchen konnten. Einige Kleinbuchstaben sehen sich extrem ähnlich: *e*, *a* und o, genauso bei *r* und *v*. Das Konsonantencluster *cht* ist nicht immer gleich geschrieben, wie man an den Wörtern *Bürgerrecht*, *Verzicht* und *nichts* erkennen kann. Das kleine *m* und *n* biegen sind oft nach unten, verbleiben allerdings *m* und *n* in Abwesenheit des U-Bogens. Der Beamte verwendet interessante diakritische Zeichen, denn der Punkt über dem *i* ist meist ein deutlich diagonale Strich, der U-Bogen, ist nach unten elegant abgerundet und unterscheidet sich daher von Umlauten, die mit einem bogenförmigen, senkrecht laufenden Strich versehen sind. Die Rechtschreibung des Beamten ist hervorragend, denn nur ein Wort ist falsch geschrieben: *zurükgegeben* > *zurückgegeben*.

Reisepass

№ 28

Für das Ausland.

M NAMEN SEINER KAISERL. KÖNIGL. APOSTOLISCHEN MAJESTÄT

FRANZ JOSEPH I.

KAISERS VON ÖSTERREICH,

KÖNIGS VON UNGARN UND BÖHMEN, [redacted] VON GALIZIEN, LODOMERIEN UND ILLYRIEN, ERZHERZOGS VON STERREICH, ETC. ETC.

15 kr. FÜNFZEHN KREUZER

REISE-PASS

für Adalbert Gabriel

Charakter
Beschäftigung

wohnhaft zu
im Bezirke
Kreis (Comitat)
Kronland Böhmen

Geburtsjahr 1835 geboren
Religionsbekenntniss katholischen
Statur mittel
Gesicht oval
Haare
Augen
Mund
Nase
Besondere Kennzeichen:

Eigenhändige Unterschrift

Derselbe

über

nach Amerika

Dieser Pass ist gültig

Ploschner

Transkription

No. *28* [Wappen] Für das Ausland

IM NAMEN SEINER KAISERL. KŐNIGL. APOSTOLISCHEN MAJESTÄT
FRANZ JOSEPH I.
KAISERS VON ŐSTERREICH
Königs von Ungarn und Böhmen … von Galizien, Lodomerien und Illyrien,
Erzherzogs von Őesterreich etc.
REISE-PASS

[Gebührenmarke]

für *Adalbert*	Geburtsjahr *1895*	*Der* selbe *reiset*
Gabriel	Religionsbekenntnis *Katholisch*	von
Charakter	Statur *mitte*	
Beschäftigung *Taglöhner*	Gesicht *oval*	~~über~~ *im Innern*
u. Bergmann	Haare *schwarz*	*des österreichi-*
wohnhaft zu *Pedefur*	Augen *schwarzbraun*	*schen Kaiserstaa-*
im Bezirke *Bischofsteinitz*	Mund *gewöhnlich*	*tes*
Kreis (Comitat) *Pilsen*	Nase *spitzig*	*und deutschen*
Kronland *Böhmen*	Besondere Kennzeichen	*Staaten u.*
	[keine]	*nach Amerika*
	Eigenhändige Unterschrift	Dieser Pass ist gültig
	Wojtech Kabrijel	*Drei Jahre*

Bezirksamt Bischofsteinitz den 24. Mai 1867 [?]
Im Namen des Statthalters
Der K K Bezirksvorsteher

[Siegel] Pleschner

Analyse

Vor der Entstehung der Österreichisch-Ungarischen Monarchie im Jahre 1867 wurden nur wenige Pässe ausgestellt. Sobald diese jedoch allgemein verbreitet waren, stellten Obrigkeiten vor allem in deutschsprachigen Kronländern extrem hohe Ansprüche. Es gibt nicht weniger als vier Stufen geopolitischer Bezeichnungen für die Heimatstadt, die heute in der Tschechischen Republik liegt. Der Name des Passinhabers ist auf Deutsch angegeben (der Beamte schrieb "Adalbert Gabriel" und in seinem muttersprachlichen, böhmischen Dialekt unterschrieb er mit "Wojtech Kabrijel"). Die Beschreibung seiner äußerlichen Erscheinung bietet außerordentliche Details zu seiner Lebensgeschichte, ebenso die Tatsache, dass es ihm frei stand, innerhalb des gesamten Staatsgebiets, innerhalb Deutschlands und auch nach Amerika zu reisen. Die Schriftzeichen des Beamten lassen erkennen, dass dieser sehr bewandert war und einheitlich schrieb. Man bemerkt dicke Striche bei Schriftzügen, die über die Mittellinie und unter die Grundlinie hinausgehen.

Die kleinsten Buchstaben schrieb er tatsächlich sehr klein. Sie können das Lesen erschweren (wie beispielsweise in dem Wort *österreichi-schen* in der dritten Spalte). Einige Großbuchstaben lassen sich nicht sofort erkennen - vor allem *D, S,* und *T*. Das anfängliche große *I* in *Im* (dritte Zeile von unten) sieht aus wie ein *J* (wie erwartet) und der Buchstabenverbund *St* in *Statthalters* (gleiche Zeile) ist nahezu einzigartig.

Reisebeschreibung

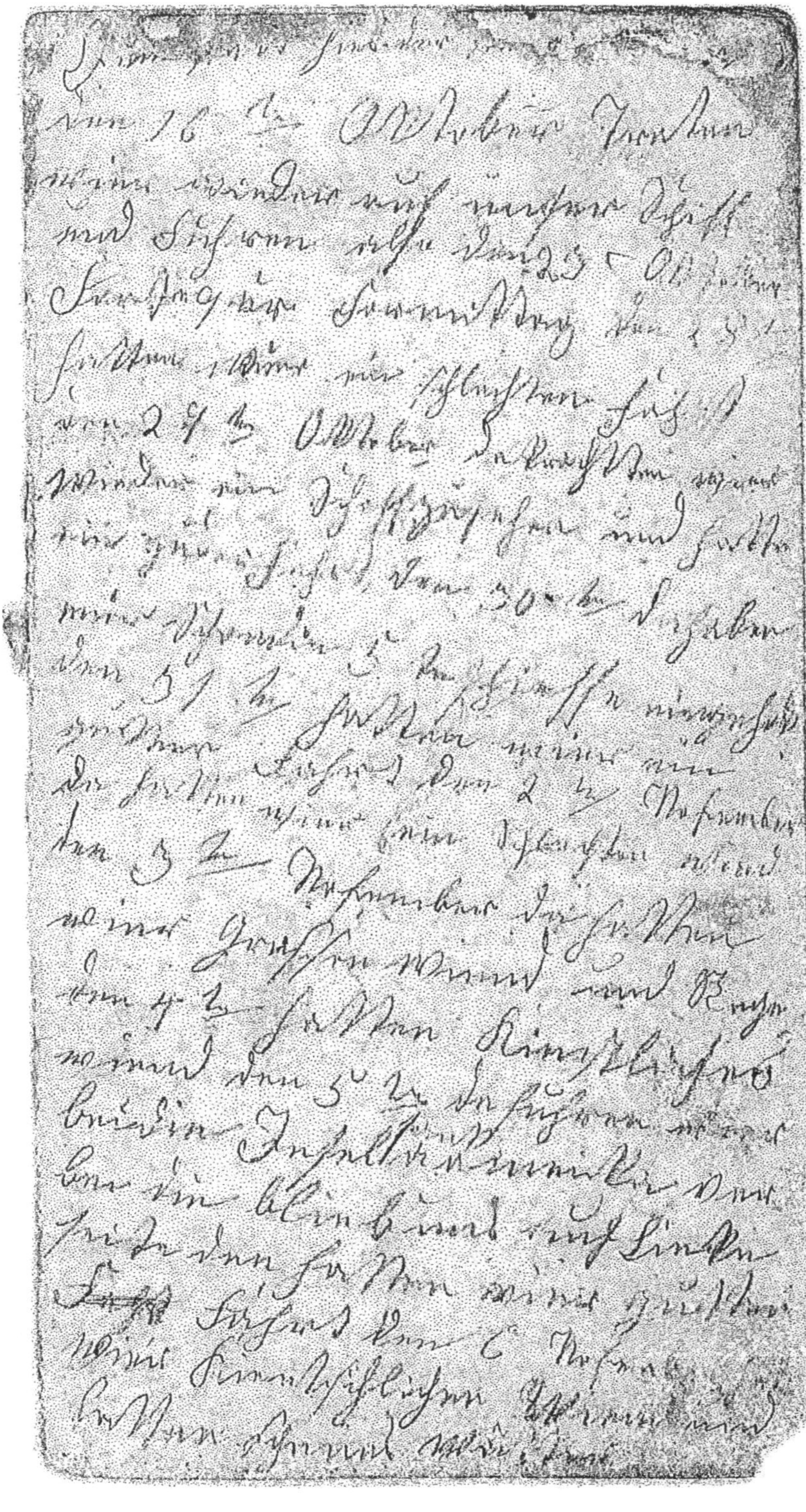

Transkription

Den 16ten Oktober Traten
wier wieder auf unser Schiff
und fuhren also den 23t Oktober
Fort 9 ur Formittag den 28t
hatten wier ein schlechten Fahrt
den 29ten Oktober dakriechtten wier
wieder ein Schiff zu sehen und hatte
ein guder Fahrt. Den 30ten dahaben
wier Schon den 5ten Schieffe eingehen
gutter Fahrt den 2ten Nofember
da hatten wier ein Schlechten Wind
den 3ten Nofember da hatten
wier grossen Wind, und Rege
den 4ten hatten kinstliches
Wiend den 5ten da fuhren wier
beidie Insel sank dameika ver
bei die blieb uns auf linke
Seite dan hatten wier gutter
~~Faht~~ Fahrt den 6 Nofember hatten
wier kienstschlichen Wiend und
hatten schenes Wätter.

Analyse

Der Verfasser dieser Reisebeschreibung war kein erfahrener Schreiber, denn er konnte nicht einmal gerade Zeilen schreiben. Mehrere Sätze enden ohne Punkt. Groß- und Kleinschreibung sind äußerst ungleichmäßig. Dialektvarianten sind hier gang und gäbe, verwirren den Leser aber eher wenig: *dakriechten = da kriegten, ur = Uhr, kinstliches = künstliches, schenes = schönes, guder = guter, Schieffe = Schiffe, Rege = Regen*. Zahlreiche grammatische Fehler kommen vor: *ein guder Fahrt = eine gute Fahrt, ein schlechten Wind = einen schlechten Wind, fuhren wier beidie Insel = fuhren wir an der Insel vorbei. Wätter* entspricht phonetisch *Wetter*. Der Gebrauch des U-Bogens ist zwar fast immer richtig, jedoch sind die Ordinalzahlen so breit geschrieben, dass die Zahl und das *te* bzw. *ten* nicht immer zusammenbleiben (bei *6 Nofember* fehlt das *ten* ganz). Das kleine *a* hat kaum eine Rundung und das kleine *e* ähnelt oft dem breiteren kleinen *n*. Mit der ihm fremden Insel *sank dameika* meinte der Reisende vermutlich *Jamaika*.

Nachwort

Mit der Entschlüsselung von handgeschriebenen Einträgen in Dokumenten von Geburts-, Heirats- und Sterbefällen muß sich jeder, der Familiengeschichtsforschung in deutschsprachigen Gebieten betreibt, befassen. Obwohl selbst Experten nicht von sich behaupten können, dass sie fähig sind, jedes Wort zu lesen, wird das Üben von solchen Aufgaben bald zum Erfolg führen. Mit jeder an Erfahrung gewonnenen Stunde wird der Forscher schneller die Grundelemente in Einträgen erkennen und die Aufzeichnungen schneller und korrekter lesen können. Diese Grundelemente bleiben für Anfänger und Experten gleich:

1) Bestimmen Sie die Sprache des vorliegenden Dokumentes (Deutsch, Latein, Französisch, usw.).
2) Bestimmen Sie die Art der Aufzeichnung (zum Beispiel Geburts-, Heirats- und Sterbeaufzeichnungen, Grundbücher, Seelenregister, und Zehntzahlungen).
3) Finden Sie die Daten von Ereignissen heraus und wann die Aufzeichnungen geschrieben wurden.
4) Identifizieren Sie die Hauptpersonen und deren Taufe, Konfirmation, Heirat oder Beerdigung.
5) Bestimmen Sie den Ort des Ereignisses und andere wichtige Ortsnamen.
6) Finden und übersetzen Sie wichtige Adverbien, die das Ereignis genauer beschreiben.
7) Identifizieren Sie andere Substantive und Adjektive, die die Beschreibung von Personen erweitern.

Einheitliche Schlüssel und Nachschlagewerke sind beim Lesen von Handschriften unerläßlich. Auch Experten kommen ohne diese Hilfsmittel nicht aus. Der Umgang mit ihnen wird Ihre Arbeit erleichtern:

1) Eine detaillierte Karte der Umgebung der Ortschaft bzw. der Stadt, wo der Eintrag geschrieben wurde.
2) Ein Standardwörterbuch für Deutsch–Französisch oder Französisch–Deutsch bzw. Deutsch–Latein oder Latein–Deutsch sowie eine Liste der am häufigsten vorkommenden Begriffe zur Familiengeschichtsforschung in der Sprache der Aufzeichnung.

3) Ein alphabetisches Ortsverzeichnis des Gebietes, in dem sich die Stadt bzw. die Ortschaft des Eintrages befindet.
4) Ein alphabetisch rückwärts sortiertes Verzeichnis von Ortsnamen der beforschten Gegend bzw. Provinz.

Leider gibt es selten Fortbildungskurse, die Forscher belegen können, um Handschriften in deutschen Geburts-, Heirats- und Sterbeaufzeichnungen zu entziffern. Die meisten Familiengeschichtsforscher machen sich deshalb selbst an die Arbeit – gelegentlich mit Hilfe von erfahrenenen Forscherkollegen in regionalen Vereinen. Nur Übung und Erfahrung führt schließlich zum Erfolg. Oft macht das Suchen so viel Spaß wie das Finden. Möge dieses Buch Ihnen dabei helfen.

Fremdsprachenkenntnisse sind nicht unbedingt erforderlich, um in deutschen Kirchenbüchern und Personenstandsregistern forschen zu können. Der Autor des vorliegenden Werkes hat mehrere hundert Anfänger in den Grundzügen der deutschen, lateinischen, und französischen Sprache unterrichtet. Ziel war es immer, die wichtigsten Daten aus den einfachsten Einträgen (besonders denen mit Spalten und vorgedruckten Lückentexten) zu entnehmen. Jedoch begegnet jeder Forscher mit der Zeit schwierigen Urkunden mit schwer zu entzifferndem Inhalt. Dann muss er entweder bessere Fremdsprachenkenntnisse entwickeln oder sich auf sachkundige Personen verlassen. Er wird also immer wieder dazu lernen.

Leider haben viele Familienforscher festgestellt, dass bei Fremdsprachenkursen, die beispielsweise an örtlichen Volkshochschulen geboten werden, sich die Lehrer nicht mit alten deutschen Begriffen und Ausdrücken oder mit Schreibvariationen alter Wörter befassen, wobei die wenigsten alte Schriften lesen und entziffern, geschweige denn lateinische und französische Termini verstehen können. Nicht jeder, der Französisch oder Latein gelernt oder sogar studiert hat, kann alte handgeschriebene Texte lesen. Viele Anfänger haben sich auf die Hilfe vermeintlicher Experten verlassen, die keine Experten waren und sind auf Irrwege geführt worden.

Man muss sich als Familienforscher dessen bewusst sein, dass man nicht alles wissen kann. Es gibt immer wieder Fälle, bei denen man sich helfen lassen muss. Wer sich zu viel zumutet, läuft Gefahr, dass es zu falschen Ergebnissen kommt und die Suche frühzeitig ins Leere stösst, oder aber, dass dem Stammbaum falsche Äste hinzugefügt werden.

In der Regel werden Kurse bei regionalen Familiengeschichtsvereinen angeboten, die sich mit der Entzifferung alter Schriften in Kirchenbüchern und Personenstandsregistern beschäftigen.[35]

Der Autor des vorliegenden Buches schlägt vor, dass der Leser sich zuverlässige Nachschlagewerke besorgt. Eine Einführung in die allgemeine oder spezifisch deutsche Ahnenforschung ist für den Anfänger unerlässlich. Selbst der Experte sollte stets nach neuer Literatur Ausschau halten.

Die Druckschrift *Fraktur* lässt sich in wenigen Stunden lesen lernen. Wie alte deutsche Handschriften in Kirchenbüchern und Standesamtsregistern zu lesen sind, kann mit Hilfe dieses Buches erfolgreich geübt werden. Je mehr man von den in Frage kommenden Sprachen und Alphabeten weiß, desto mehr kann man ohne fremde Hilfe forschen. Dabei wünsche ich meinen Lesern viel Erfolg!

---

35 Anschriften von regionalen genealogischen Vereinen bei Eike Pies: *Aktuelle Adressen und Informationen für Familienforscher,* Stammausgabe mit jährlichen Aktualisierungen im Verlag E. & U. Brockhaus, Wuppertal.

Literatur

von Arnswaldt, W. K.: *Handschriften für den Familienforscher,* Leipzig 1925

Augustin, Heinz: *Kalenderhilfe für Genealogen* (KAHIGE, Computerprogramm), Koblenz 1991

Bach, Adolf: *Geschichte der deutschen Sprache,* Heidelberg 1965

Bieritz, K.-H.: *Das Kirchenjahr. Feste, Gedenk- und Feiertage in Geschichte und Gegenwart,* Berlin 1986

Bischoff, Bernhard: *Paläographie des römischen Altertums und des abendländischen Mittelalters,* Berlin 1979

Crous, Ernst und Kirchner, Joachim: *Die gotischen Schriftarten,* Braunschweig 1970

Delbanco, Gerda: *Kleiner Fraktur-Knigge für den Umgang mit gebrochenen Schriften.* Ahlhorn, 1996

Degering, Hermann: *Die Schrift. Atlas der Schriftformen des Abendlandes bis Ausgang des 18. Jahrhunderts,* 3. Aufl. Tübingen 1952

Dülfer Kurt und Korn, Hans-Enno: *Schrifttafeln zur deutschen Palöographie des 20. Jahrhunderts,* 2 Bände, Marburg 1967

Van Dülmen, Richard: *Kultur und Alltag in der Frühen Neuzeit,* 3 Bände, München 1990

Gladt, Karl: *Deutsche Schriftfibel,* Graz 1976

Graesse, Benedict und Plechl, Helmut: *Orbis Latinus* [Lexikon lateinischer geographischer Namen], Braunschweig 1971

Grimmelshausen, Johann Jakob Christoffel: *Der Abentheurliche Simplicissimus Teutsch* [1669], Tübingen 1984

Grotefend, Hermann: *Taschenbuch der Zeitrechnung des deutschen Mittelalters und der Neuzeit,* 13. Aufl. Hannover 1991

Grun, Paul Arnold: *Leseschlüssel zu unserer alten Schrift* in: *Grundriß der Genealogie*, Limburg/Lahn 1984

Haberkern, Eugen und Joseph Friedrich Wallach: *Hilfswörterbuch für Historiker,* 2 Bände, 9. Aufl. Tübingen und Basel 2001

Heinemeyer, Walter: *Studien zur Geschichte der gotischen Urkundenschrift,* Köln 1962

König, Werner: *dtv-Atlas zur deutschen Sprache,* 6. Aufl. München 1985

Kunze, Konrad: *dtv-Atlas Namenkunde. Vor – und Familiennamen im deutschen Sprachgebiet.* 3. Aufl. München 1998

Markus, Paul: *Datumrechner für Ahnenforscher und Altertumskunde,* Berlin 1940

Meinzner, Michael: *Der französische Revolutionskalender,* München 1992

Minert, Roger P.: *Deciphering Handwriting in German Documents: Analyzing German, Latin, and French in Vital Records Written in Germany*. Woods Cross bzw. Provo/UT, USA: GRT Publications 2001

Minert, Roger P.: *Hesse Place Name Indexes. Identifying Place Names Using Alphabetical and Reverse Alphabetical Indexes.* Woods Cross bzw. Provo/UT, USA: GRT Publications 2001 Diese Serie schließt bis 2004 insgesamt 16 Bände ein. Für die ganze Schweiz mit allen Kantonen ist eine CD lieferbar.

Münch, Paul: *Lebensformen in der Frühen Neuzeit, 1500 bis 1800.* Frankfurt/Main, 1992

Pies, Eike: *Abenteuer Ahnenforschung: Das praktische Handbuch für Einsteiger und Profis. Archive- Verbände- Vereine in der Bundesrepublik Deutschland und für die ehemaligen Ostgebiete,* 7. Aufl. Wuppertal 2015

Pies, Eike: *Aktuelle Adressen und Informationen für Familienforscher,* 5. Aufl. Wuppertal 2016 und jährliche aktuelle Lieferungen

Pies, Eike: *Zünftige und andere alte Berufe,* 7. erweiterte Aufl. Solingen 1999

Pies, Eike: *Löhne und Preise von 1300 bis 2000. Abhängigkeit und Entwicklung über 7 Jahrhunderte, 7.* Aufl. Wuppertal 2014

Ribbe, Wolfgang und Henning, Eckart: *Taschenbuch für Familiengeschichtsforschung*. 12. Aufl. Neustadt/Aisch 2001

Sturm, Heribert: *Unsere Schrift. Einführung in die Entwicklung ihrer Stilformen,* 2. Aufl. Neustadt/Aisch 1993

Süß, Harald. *Deutsche Schreibschrift* (mit Übungsheft), Augsburg 1995

Übungsheft für die Deutsche Schrift, Iserlohn: Brause, ohne Jahr

Wright, Raymond S. III.: *Meyers Orts- und Verkehrs-Lexikon des Deutschen Reichs,* Leipzig *1912,* 5. Aufl. Nachdruck Baltimore, MD, USA: Genealogical Publishing Co., 2000

Anhang

A) Musteralphabete als Druck- und Handschriften

B) Antiqua, Fraktur und Gotisch in Kirchenbüchern und Personstandsregistern

Die nachfolgend verzeichneten deutschen Wörter kommen häufig in alten Geburts-, Heirats-, und Sterbeeinträgen vor. Sie werden hier nicht etwa angegeben, weil man sie nicht *kennt,* sondern weil man sie nicht in allen Fällen sofort *erkennt.* In Fällen, in denen man dem Wort sowohl im Maskulinum als auch im Femininum begegnen kann - z. B. *Verstorbener bzw. Verstorbene, Einwohner bzw. Einwohnerin* - wird hier nur das Maskulinum angegeben. Alle Hauptwörter kommen hier im Singular bzw. in der Einzahl vor, es sei denn, man liest fast immer das Plural. Die Groß- bzw. Kleinschreibung lässt heutige Regeln erkennen und kann in alten Zeiten beliebig gewechselt haben.

Begriffe

Antiqua	Fraktur	Gotisch
abends	abends	abends
Abgestorbene	Abgestorbene	Abgestorbene
Ackermann	Ackermann	Ackermann
Ahnen	Ahnen	Ahnen
Ahnentafel	Ahnentafel	Ahnentafel
allhier	allhier	allhier
andere	andere	andere
Arbeiter	Arbeiter	arbeiter
Aufgebot	Aufgebot	Aufgebot
Aus	aus	aus
Bäcker	Bäcker	Bäcker
Base	Base	Base
Bauer	Bauer	Bauer
Begrabene	Begrabene	Begrabene
Bemerkungen	Bemerkungen	Bemerkungen
Bräutigam	Bräutigam	Bräutigam
Braut	Braut	Braut
Bruder	Bruder	Bruder
Buch	Buch	Buch
Bürger	Bürger	Bürger

Copulation	Copulation	Copulation
dahier	dahier	dahier
daselbst	daselbst	daselbst
dem	dem	dem
den	den	den
der	der	der
des	des	des
die	die	die
Dorf	Dorf	Dorf
Ehe	Ehe	Ehe
Ehefrau	Ehefrau	Ehefrau
eheleiblich	eheleiblich	eheleiblich
Eheleute	Eheleute	Eheleute
ehelich	ehelich	ehelich
Ehemann	Ehemann	Ehemann
Ehen	Ehen	Ehen
Eheregister	Eheregister	Eheregister
Eingesegnete	Eingesegnete	Eingesegnete
Einwohner	Einwohner	Einwohner
Eltern	Eltern	Eltern
Enkel	Enkel	Enkel
Enkelin	Enkelin	Enkelin
evangelisch	evangelisch	evangelisch
Familienbuch	Familienbuch	Familienbuch
Familienregister	Familienregister	Familienregister
Förster	Fö rster	Förster
Frau	Frau	Frau
früh	früh	früh
Gärtner	Gärtner	Gärtner
Gatte	Gatte	Gatte
Gattin	Gattin	Gattin
Geboren	Geborene	Geborene
Geburt	Geburt	Geburt
Geburten	Geburten	Geburten
Geburtsakten	Geburtsakten	Geburtsakten
Geburtsbuch	Geburtsbuch	Geburtsbuch
Geburtsregister	Geburtsregister	Geburtsregister
Gemeinde	Gemeinde	Gemeinde
Gemeindsmann	Gemeindsmann	Gemeindsmann
genannt	genannt	genannt

Gerber	Gerber	Gerber
Gerichtsmann	Gerichtsmann	Gerichtsmann
Geschlecht	Geschlecht	Geschlecht
Geschwister	Geschwister	Geschwister
gestern	gestern	gestern
Gestorbene	Gestorbene	Gestorbene
Getaufte	Getaufte	Getaufte
Getaufte Kinder	Getaufte Kinder	Getaufte Kinder
Getraute	Getraute	Getraute
Gevatter	Gevatter	Gevatter
Großmutter	Großmutter	Großmutter
Großvater	Großvater	Großvater
Haus	Haus	Haus
Hausfrau	Hausfrau	Hausfrau
Hebamme	Hebamme	Hebamme
Heimat	Heimat	Heimat
Heiraten	Heiraten	Heiraten
Heiratsakten	Heiratsakten	Heiratsakten
Heiratsbelege	Heiratsbelege	Heiratsbelege
Heiratsregister	Heiratsregister	Heiratsregister
heute	heute	heute
hiesig	hiesig	hiesig
hinterlassene	hinterlassene	hinterlassene
Hirte	Hirte	Hirte
Ist	ist	ist
Jahr	Jahr	Jahr
jüdisch	jüdisch	jüdisch
Junggeselle	Junggeselle	Junggeselle
Katholisch	Katholisch	Katholisch
Kaufmann	Kaufmann	Kaufmann
Kind	Kind	Kind
Kinder	Kinder	Kinder
Kirche	Kirche	Kirche
Kirchspiel	Kirchspiel	Kirchspiel
Konfirmation	Konfirmation	Konfirmation
Kopulation	Kopulation	Kopulation
Krämer	Krämer	Krämer
Kusine	Kusine	Kusine
Küster	Küster	Küster
Land	Land	Land

Landwirt	Landwirt	Landwirt
Lehrer	Lehrer	Lehrer
Leichenpredigt	Leichenpredigt	Leichenpredigt
Leinenweber	Leinenweber	Leinenweber
Lutherisch	lutherisch	lutherisch
Mädchen	Mädchen	Mädchen
Magd	Magd	Magd
Mann	Mann	Mann
Männlich	männlich	männlich
Matrikel	Matrikel	Matrikel
Meister	Meister	Meister
Metzger	Metzger	Metzger
Mittag	Mittag	Mittag
Monat	Monat	Monat
Morgen	Morgen	Morgen
Mutter	Mutter	Mutter
nach	nach	nach
nachgelassene	nachgelassene	nachgelassene
nachmittags	nachmittags	nachmittags
Name	Name	Name
Neffe	Neffe	Neffe
nicht	nicht	nicht
Nichte	Nichte	Nichte
nieder	nieder	nieder
Nottaufe	Nottaufe	Nottaufe
ober	ober	ober
Oheim	Oheim	Oheim
Onkel	Onkel	Onkel
Ort	Ort	Ort
Pate	Pate	Pate
Paten	Paten	Paten
Patin	Patin	Patin
Pfarramt	Pfarramt	Pfarramt
Pfarrei	Pfarrei	Pfarrei
reformiert	reformiert	reformiert
Schäfer	Schäfer	Schäfer
Schein	Schein	Schein
Schmied	Schmied	Schmied
Schneider	Schneider	Schneider
Schuhmacher	Schuhmacher	Schuhmacher

Schultheiß	Schultheiß	Schultheiß
Schuster	Schuster	Schuster
Schwager	Schwager	Schwager
Schwägerin	Schwägerin	Schwägerin
schwanger	schwanger	schwanger
Schwester	Schwester	Schwester
Schwiegermutter	Schwiegermutter	Schwiegermutter
Schwiegervater	Schwiegervater	Schwiegervater
Seelenregister	Seelenregister	Seelenregister
Seite	Seite	Seite
selige	selige	selige
sind	sind	sind
Sohn	Sohn	Sohn
spät	spät	spät
Staat	Staat	Staat
Stadt	Stadt	Stadt
Stand	Stand	Stand
Standesamt	Standesamt	Standesamt
Stellmacher	Stellmacher	Stellmacher
Sterbeakten	Sterbeakten	Sterbeakten
Sterbefälle	Sterbefälle	Sterbefälle
Sterberegister	Sterberegister	Sterberegister
Straße	Straße	Straße
Stunde	Stunde	Stunde
Tabelle	Tabelle	Tabelle
Tag	Tag	Tag
Tagelöhner	Tagelöhner	Tagelöhner
Tante	Tante	Tante
Taufbuch	Taufbuch	Taufbuch
Taufe	Taufe	Taufe
Taufen	Taufen	Taufen
Taufregister	Taufregister	Taufregister
Tischler	Tischler	Tischler
Tochter	Tochter	Tochter
Todesakten	Todesakten	Todesakten
Tote	Tote	Tote
Totenbuch	Totenbuch	Totenbuch
Totenregister	Totenregister	Totenregister
totgeboren	totgeboren	totgeboren
Trauregister	Trauregister	Trauregister

Trauungen	Trauungen	Trauungen
Uhr	Uhr	Uhr
Uhrzeit	Uhrzeit	Uhrzeit
unbekannt	unbekannt	unbekannt
unehelich	unehelich	unehelich
unter	unter	unter
Unterschrift	Unterschrift	Unterschrift
Urgroßmutter	Urgroßmutter	Urgroßmutter
Urgroßvater	Urgroßvater	Urgroßvater
Urkunde	Urkunde	Urkunde
Vater	Vater	Vater
Verehelichte	Verehelichte	Verehelichte
vergangen	vergangen	vergangen
Verheiratete	Verheiratete	Verheiratete
Verkündigung	Verkündigung	Verkündigung
Verlobte	Verlobte	Verlobte
Verstorbene	Verstorbene	Verstorbene
verwitwet	verwitwet	verwitwet
Verzeichnis	Verzeichnis	Verzeichnis
Vetter	Vetter	Vetter
vormittags	vormittags	vormittags
Vorname	Vorname	Vorname
Weber	Weber	Weber
Weib	Weib	Weib
weiblich	weiblich	weiblich
weiland	weiland	weiland
Wirt	Wirt	Wirt
Witwe	Witwe	Witwe
Witwer	Witwer	Witwer
Wohnort	Wohnort	Wohnort
Zeit	Zeit	Zeit
Zeuge	Zeuge	Zeuge
Zeugin	Zeugin	Zeugin
Zivilstandsamt	Zivilstandsamt	Zivilstandsamt
Zuname	Zuname	Zuname
Zwillinge	Zwillinge	Zwillinge

Grundzahlen (Kardinalzahlen) und Ordnungszahlen (Ordinalzahlen)

Die Zahlen werden paarweise aufgeführt, jeweils zuerst die Grundzahl und danach die Ordungszahl. Ordnungszahlen können auch grammatisch dekliniert sein, d.h. sie können verschiedene Endbuchstaben haben (*zweite, zweiten, zweiter*, usw.). Die häufigsten Rechtschreibevarianten sind daneben angegeben.

eins	eins	eins
erste	erste	erste
zwei, zwey	zwei, zwey	zwei, zwey
zweite, zweyte	zweite, zweyte	zweite, zweyte
drei, drey	drei, drey	drei, drey
dritte	dritte	dritte
vier	vier	vier
vierte	vierte	vierte
fünf	fünf	fünf
fünfte	fünfte	fünfte
sechs	sechs	sechs
sechste	sechste	sechste
sieben	sieben	sieben
siebte, siebente	siebte, siebente	siebte, siebente
acht	acht	acht
achte	achte	achte
neun	neun	neun
neunte	neunte	neunte
zehn	zehn	zehn
zehnte	zehnte	zehnte
elf, eilf	elf, eilf	elf, eilf
elfte, eilfte	elfte, eilfte	elfte, eilfte
zwölf	zwö lf	zwölf
zwölfte	zwö lfte	zwölfte
dreizehn, dreyzehn	dreizehn, dreyzehn	dreizehn, dreyzehn
dreizehnte, dreyzehnte	dreizehnte, dreyzehnte	dreizehnte, dreyzehnte
vierzehn	vierzehn	vierzehn
vierzehnte	vierzehnte	vierzehnte

fünfzehn	fünfzehn	fünfzehn
fünfzehnte	fünfzehnte	fünfzehnte
sechzehn,	sechzehn,	sechzehn,
sechszehn	sechszehn	sechszehn
sechzehnte,	sechzehnte,	sechzehnte,
sechszehnte	sechszehnte	sechszehnte
siebzehn,	siebzehn,	siebzehn,
siebenzehn	siebenzehn	siebenzehn
siebzehnte,	siebzehnte,	siebzehnte,
siebenzehnte	siebenzehnte	siebenzehnte
achtzehn	achtzehn	achtzehn
achtzehnte	achtzehnte	achtzehnte
neunzehn	neunzehn	neunzehn
neunzehnte	neunzehnte	neunzehnte
zwanzig	zwanzig	zwanzig
zwanzigste	zwanzigste	zwanzigste
einundzwanzig	einundzwanzig	einundzwanzig
einundzwanzigste	einundzwanzigste	einundzwanzigste
zweiundzwanzig	zweiundzwanzig	zweiundzwanzig
zweiundzwanzigste	zweiunzwanzigste	zweiunzwanzigste
dreiundzwanzig	dreiundzwanzig	dreiundzwanzig
dreiundzwanzigste	dreiundzwanzigste	dreiundzwanzigste
vierundzwanzig	vierundzwanzig	vierundzwanzig
vierundzwanzigste	vierundzwazigste	vierundzwanzigste
fünfundzwanzig	fünfundzwanzig	fünfundzwanzig
fünfundzwanzigste	fünfundzwanzigste	fünfundzwanzigste
sechsundzwanzig	sechsundzwanzig	sechsundzwanzig
sechsundzwanzigste	sechsundzwanzigste	sechsundzwanzigste
siebenundzwanzig	siebenundzwanzig	siebenundzwanzig
siebenundzwanzigste	siebenundzwanzigste	siebenundzwanzigste
achtundzwanzig	achtundzwanzig	achtundzwanzig
achtundzwanzigste	achtundzwanzigste	neunundzwanzig
neunundzwanzigste	neunundzwanzigste	neunundzwanzigste
dreißig	dreißig	dreißig
dreißigste	dreißigste	dreißigste
einunddreißig	einunddreißig	einunddreißig
einunddreißigste	einunddreißigste	einunddreißigste
vierzig	vierzig	vierzig
vierzigste	vierzigste	vierzigste
fünfzig	fünfzig	fünfzig

fünfzigste	fünfzigste	fünfzigste
sechzig, sechszig	sechzig, sechszig	sechzig, sechszig
sechzigste, sechszigste	sechzigste, sechszigste	sechzigste, sechszigste
siebzig, siebenzig	siebzig, siebenzig	siebzig, siebenzig
siebzigste, siebenzigste	siebzigste, siebenzigste	siebzigste, siebenzigste
achtzig	achtzig	achtzig
achzigste	achtzigste	achtzigste
neunzig	neunzig	neunzig
neunzigste	neunzigste	neunzigste
hundert	hundert	hundert
hundertste	hundertste	hundertste
tausend	tausend	tausend
tausendste	tausendste	tausendste

Wochentage

Montag	Montag	Montag
Dienstag	Dienstag	Dienstag
Mittwoch	Mittwoch	Mittwoch
Donnerstag	Donnerstag	Donnerstag
Freitag, Freytag	Freitag, Freytag	Freitag, Freytag
Samstag, Sonnabend	Samstag, Sonnabend	Samstag, Sonnabend
Sonntag	Sonntag	Sonntag

Monatsnamen

Januar	Januar	Januar
Jänner	Jänner	Jänner
Hartung	Hartung	Hartung
Februar	Februar	Februar
Hornung	Hornung	Hornung
März	März	März
Merz	Merz	Merz
Frühlingsmonat	Frühlingsmonat	Frühlingsmonat
April	April	April
Ostermonat	Ostermonat	Ostermonat
Osteren	Ostern	Ostern
Mai	Mai	Mai
Wonnemonat	Wonnemonat	Wonnemonat
Blütemonat	Blütemonat	Blütemonat
Juni	Juni	Juni
Juno	Juno	Juno
Brachmonat	Brachmonat	Brachmonat
Juli	Juli	Juli
Heuert	Heuert	Heuert
Heumonat	Heumonat	Heumonat
August	August	August
Augstmonat	Augstmonat	Augstmonat
Erntemonat	Erntemonat	Erntemonat
September	September	September
Herbstmonat	Herbstmonat	Herbstmonat
Fruchtmonat	Fruchtmonat	Fruchtmonat
Oktober	Oktober	Oktober
Weinmonat	Weinmonat	Weinmonat
November	November	November
Wintermonat	Wintermonat	Wintermonat
Dezember	Dezember	Dezember
Christmonat	Christmonat	Christmonat

C) Gebrauchsanweisung zu alphabetisch rückwärts sortierten Registern

Häufig kommt es vor, dass der Familienforscher die im Kirchenbuch oder Standesamtsregister aufgeschriebenen Orts- und Personennamen nicht lesen oder entziffern kann. Ist der Anfangsbuchstabe nicht leserlich, verblasst, im Falz versteckt oder gar nicht vorhanden (die Seite ist abgerissen oder zerfranst), so ist das Entziffern unmöglich. Auch hilft kein Ortsverzeichnis, wenn beispielsweise die ersten drei oder vier Buchstaben eines Ortsnamens fehlen. Manchmal liest der Forscher einen sichtbaren Ortsnamen falsch ab und findet ihn folglich weder auf der Landkarte noch im Ortsverzeichnis.

In solchen Fällen wird ein alphabetisch rückwärts sortiertes Verzeichnis helfen, das dem Forscher ermöglicht, Ortsnamen, Personennamen und andere Wörter von hinten nach vorne zu ermitteln, bzw. wenigstens mögliche und passende Namen und Wörter vorzuschlagen, die dann auf ihre Richtigkeit überprüft werden können.

Zum Beispiel: Man forscht in der alten Provinz Hannover und begegnet einem Ortsnamen, wobei lediglich die letzten Buchstaben *...tapel* im Eintrag leserlich bleiben. So fängt man im entsprechenden Verzeichnis beim Lesen des entsprechenden Ortsnamens von hinten an, also beim *l* und liest rückwärts auf den Anfang des Namens zu. Dadurch wird ersichtlich, dass der Name eines einzigen Ortes in der Provinz Hannover so endet, nämlich *Stapel*. Mit dieser Erkenntnis wendet sich der Forscher nun wiederum dem in Frage kommenden Eintrag zu und versucht, Theorie und Praxis zu vergleichen, ob der Name nicht doch zu entziffern ist.

Hampoel
Gräpel
Stapel
Schnepel
Panrepel
Krempel

Schreibt der Forscher (mit der besten Absicht) den Namen *Garbsen* irrtümlich als *Harbsen* oder *Karbsen* ab und findet ihn im Ortsverzeichnis daher nicht, so kann der theoretische Ortsname mit ähnlich endenden verglichen und die Korrektur vorgenommen werden.

Es kann natürlich auch passieren, dass die letzten leserlichen Buchstaben am Ende eines Namens bei mehr als einem Ortsnamen vorkommen. Beispielsweise gibt es dieselben letzten fünf Buchstaben *...enloh* in den Namen von vier Ortschaften: *Heiligenloh, Espenloh, Einloh, Grönloh.*

Heilige**nloh**
Espe**nloh**
Ei**nloh**
Grö**nloh**
Schelploh

Ist der Leser nicht in der Lage, unter den vier Ortschaften zu unterscheiden, so setzt man in den Kirchenbüchern oder Standesamtsregistern der vier Ortschaften die Suche fort. Am besten fängt man in dem nächstliegenden Ort an, wobei man sich des 1912 herausgegebenen *Meyers Orts- und Verkehrslexikon des Deutschen Reichs* bedienen kann (siehe Literaturverzeichnis).

Ein weiterer Grund für die Benutzung des alphabetisch rückwärts sortierten Verzeichnisses besteht darin, einen altermümlich buchstabierten Ortsnamen in seine gegenwärtige Schreibweise zu übertragen. Zum Beispiel war der Name des Ortes *Klosterneuland* vor Jahren unter *Closterneuland* zu finden. Der Ortsname *Wapeldorf* erscheint in alten Urkunden auch unter *Vapeldorf* oder *Wappeldorf.* In jedem Fall endet der Ortsname jedoch mit denselben Buchstaben und ist somit ermittelbar, wenn man ihn im entsprechenden Verzeichnis von hinten nach vorn liest.

Zur Zeit liegen alphabetisch rückwärts sortierte Verzeichnisse für wenigstens 16 deutsche Länder (in den Grenzen von 1871 bis 1918) vor, und zwar unter dem Namen des Verfassers des vorliegenden Buches (siehe nachfolgendes Literaturverzeichnis unter dem Autorennamen Minert).

Deutsche Begriffe - rückwärts sortiertes Register

Antiqua

Sämtliche Wörter im Verzeichnis vom Anhang B sind hier zusammen verzeichnet. Wenn das gesuchte Wort hier nicht gleich gefunden wird, kann es vorkommen, dass eine grammatische oder Mehrzahlendung wegfallen muss, z.B. *Schwestern* = *Schwester* oder *Vaters* = *Vater*. Weil die meisten Ordnungszahlen im Urtext mit *-en* enden, findet man sie in diesem Register auch so aufgeführt, z.B. *zwanzigsten, zweyten*. Adjektivendungen kommen in diesem Verzeichnis nicht vor, daher findet man alle hier angegebenen Adjektive im ungebeugten Zustand, z.B. *totgeboren, weiblich*.

neunundzwanzig
vierundzwanzig
sechsundzwanzig
achtundzwanzig
siebenzig
neunzig
vierzig
sechszig
achtzig
Verkündigung
Hornung
Hartung
nach
eheleiblich
weiblich
unehelich
männlich
väterlich
mütterlich
Mittwoch
jüdisch
evangelisch
katholisch
lutherisch
Buch
Taufbuch
Familienbuch
Totenbuch
Geburtsbuch
früh
Julei
drei
Pfarrei
zwei
Juli
Juni
Ahnentafel
Kirchspiel
Matrikel
Enkel
Onkel
April
Bräutigam
dem
Oheim
sieben
den
Taufen
vergangen
Bemerkungen
Trauungen
Morgen
Ehen
Mädchen
Ahnen
Osteren
totgeboren
Paten
Heiraten
siebten
elften
eilften
zwölften
fünften
achten
zweiten
Sterbeakten
Todesakten
Heiratsakten
Geburtsakten
siebenten
zehnten
siebzehnten
fünfzehnten
siebenzehnten
neunzehnten
vierzehnten
sechszehnten
achtzehnten
dreyzehnten
dreyzehnten
neunten
vierten
Geburten
tausendsten
dreißigsten
einunddreißigsten
siebzigsten
fünfzigsten
achzigsten
sechzigsten
zwanzigsten
fünfundzwanzigsten
zweiundzwanzigsten
dreiundzwanzigsten
siebenundzwanzigsten
einundzwanzigsten
neunundzwanzigsten
vierundzwanzigsten
sechsundzwanzigsten
achtundzwanzigsten
siebenzigsten
neunzigsten
vierzigsten
sechszigsten
sechsten
ersten
hundertsten
dritten
zweyten
zehn
siebzehn
fünfzehn
sechzehn
sechzehn
dreizehn
siebenzehn
neunzehn
vierzehn
sechszehn
achtzehn
dreyzehn
Sohn
Schein
Zeugin
Enkelin
Schwägerin
Patin
Gattin
Mann
Ehemann
Kaufmann
Ackermann
Gemeindsmann
Gerichtsmann
Copulation
Kopulation
Konfirmation
Eltern
gestern
neun
Juno
Januar
Februar

Weber
Leinenweber
September
November
Dezember
Oktober
Gerber
nieder
Schneider
Kinder
oder
Bruder
Schäfer
Schwager
schwanger
Bürger
Metzger
Schuhmacher
Stellmacher
dahier
allhier
vier
Bäcker
Tischler
Krämer
Tagelöhner
Einwohner
Jänner
Jenner
Gärtner
Lehrer
Vater
Schwiegervater
Großvater
Urgroßvater
Tochter
Arbeiter
unter
Schwester
Meister
Sterberegister
Eheregister
Taufregister
Seelenregister
Totenregister
Heiratsregister
Geburtsregister
Trauregister
Geschwister
Förster
Küster
Schuster
Gevatter
Vetter
Mutter
Schwiegermutter
Großmutter
Urgroßmutter
Bauer
Witwer
Uhr
Jahr
des
nachmittags
vormittags
sechs
Verzeichnis
eins
Schultheiß
aus
Staat
Heimat
Monat
Wonnemonat
Erntemonat
Blütemonat
Brachmonat
Weinmonat
Wintermonat
Ostermonat
Frühlingsmonat
Fruchtmonat
Herbstmonat
Augstmonat
Christmonat
Heumonat
spät
Stadt
verwitwet
Unterschrift
Leichenpredigt
acht
Geschlecht
nicht
Zeit
Uhrzeit
Pfarramt
Zivilstandsamt
Standesamt
unbekannt
genannt
Aufgebot
Ort
hundert
reformiert
Heuert
Wirt
Landwirt
Wohnort
Geburt
daselbst
ist
August
Braut
Frau
Ehefrau
Hausfrau
May
drey
zwey
März
Merz

Fraktur

Dieses Verzeichnis beinhaltet dieselben Wörter wie im 1. Teil. Statt in Antiqua findet man sie hier in der Druckschrift Fraktur.

Weib
Schmied
Magd
Land
weiland
Stand
Abend
Sonnabend
tausend
Kind
sind
Gemeinde
Urkunde
Stunde
Neffe
Taufe
Nottaufe
Heiratsbelege
selige
Zwillinge
Zeuge
Ehe
eheliche
Kirche
Sterbefälle
Tabelle
Junggeselle
Name
Vorname
Zuname
Hebamme
Begrabene
Gestorbene
Abgestorbene
Verstorbene
Geborene
nachgelassene
hinterlassene
Kusine
andere
Base
Straße

Hause
Pate
Verlobte
Eingesegnete
Verheiratete
Getaufte
Nichte
Verehelichte
Seite
Tante
Tote
Hirte
Gatte
Getraute
heute
Eheleute
Witwe
elf
eilf
zwölf
fünf
Dorf
Tag
Freitag
Sonntag
Montag
Samstag
Dienstag
Donnerstag
Mittag
Freytag
dreißig
einunddreißig
siebzig
fünfzig
sechzig
zwanzig
fünfundzwanzig
dreiundzwanzig
zweiundzwanzig
siebenundzwanzig
einundzwanzig

neunundzwanzig
vierundzwanzig
sechsundzwanzig
achtundzwanzig
siebenzig
neunzig
vierzig
sechszig
achtzig
Verkündigung
Hornung
Hartung
nach
eheleiblich
weiblich
unehelich
männlich
väterlich
mütterlich
Mittwoch
jüdisch
evangelisch
katholisch
lutherisch
Buch
Taufbuch
Familienbuch
Totenbuch
Geburtsbuch
früh
Julei
drei
Pfarrei
zwei
Juli
Juni
Ahnentafel
Kirchspiel
Matrikel
Enkel
Onkel
April

Bräutigam	zwanzigsten	neun
dem	fünfundzwanzigsten	Juno
Oheim	zweiundzwanzigsten	Januar
sieben	dreiundzwanzigsten	Februar
den	siebenundzwanzigsten	Weber
Taufen	einundzwanzigsten	Leinenweber
vergangen	neunundzwanzigsten	September
Bemerkungen	vierundzwanzigsten	November
Trauungen	sechsundzwanzigsten	Dezember
Morgen	achtundzwanzigsten	oder
Ehen	siebenzigsten	Oktober
Mädchen	neunzigsten	Gerber
Ahnen	vierzigsten	nieder
Osteren	sechszigsten	Schneider
totgeboren	sechsten	Kinder
Paten	ersten	Bruder
Heiraten	hundertsten	Schäfer
siebten	dritten	Schwager
elften	zweyten	schwanger
eilften	zehn	Bürger
zwö lften	siebzehn	Metzger
fünften	fünfzehn	Schuhmacher
achten	sechzehn	Stellmacher
zweiten	sechzehn	dahier
Sterbeakten	dreizehn	allhier
Todesakten	siebenzehn	vier
Heiratsakten	neunzehn	Bäcker
Geburtsakten	vierzehn	Tischler
siebenten	sechszehn	Krämer
zehnten	achtzehn	Tagelö hner
siebzehnten	dreyzehn	Einwohner
fünfzehnten	Sohn	Jänner
siebenzehnten	Schein	Jenner
neunzehnten	Zeugin	Gärtner
vierzehnten	Enkelin	Lehrer
sechszehnten	Schwägerin	Vater
achtzehnten	Patin	Schwiegervater
dreyzehnten	Gattin	Großvater
dreyzehnten	Mann	Urgroßvater
neunten	Ehemann	Tochter
vierten	Kaufmann	Arbeiter
Geburten	Ackermann	unter
tausendsten	Gemeindsmann	Schwester
dreißigsten	Gerichtsmann	Meister
einunddreißigsten	Copulation	Sterberegister
siebzigsten	Kopulation	Eheregister
fünfzigsten	Konfirmation	Taufregister
achzigsten	Eltern	Seelenregister
sechzigsten	gestern	Totenregister

Heiratsregister	Heimat	Zivilstandsamt
Geburtsregister	Monat	Standesamt
Trauregister	Wonnemonat	unbekannt
Geschwister	Erntemonat	genannt
Fö rster	Blütemonat	Aufgebot
Küster	Brachmonat	Ort
Schuster	Weinmonat	hundert
Gevatter	Wintermonat	reformiert
Vetter	Ostermonat	Heuert
Mutter	Frühlingsmonat	Wirt
Schwiegermutter	Fruchtmonat	Landwirt
Großmutter	Herbstmonat	Wohnort
Urgroßmutter	Augstmonat	Geburt
Bauer	Christmonat	daselbst
Witwer	Heumonat	ist
Uhr	spät	August
Jahr	Stadt	Braut
des	verwitwet	Frau
nachmittags	Unterschrift	Ehefrau
vormittags	Leichenpredigt	Hausfrau
sechs	acht	May
Verzeichnis	Geschlecht	drey
eins	nicht	zwey
Schultheiß	Zeit	März
aus	Uhrzeit	Merz
Staat	Pfarramt	

Gotisch

Dieses Verzeichnis beinhaltet dieselben Wörter wie im 1. Teil und 2. Teil. Nachfolgend findet man sie im gotischen Alphabet.

Weib	Verstorbene	Dienstag
Schmied	Geborene	Donnerstag
Magd	nachgelassene	Mittag
Land	hinterlassene	Freytag
weiland	Kusine	dreißig
Stand	andere	einunddreißig
Abend	Base	siebzig
Sonnabend	Straße	fünfzig
tausend	Hause	sechzig
Kind	Pate	zwanzig
sind	Verlobte	fünfundzwanzig
Gemeinde	Eingesegnete	dreiundzwanzig
Urkunde	Verheiratete	zweiundzwanzig
Stunde	Getaufte	siebenundzwanzig
Neffe	Nichte	einundzwanzig
Taufe	Verehelichte	neunundzwanzig
Nottaufe	Seite	vierundzwanzig
Heiratsbelege	Tante	sechsundzwanzig
selige	Tote	achtundzwanzig
Zwillinge	Hirte	siebenzig
Zeuge	Gatte	neunzig
Ehe	Getraute	vierzig
eheliche	heute	sechszig
Kirche	Eheleute	achtzig
Sterbefälle	Witwe	Verkündigung
Tabelle	elf	Hornung
Junggeselle	eilf	Hartung
Name	zwölf	nach
Vorn	fünf	eheleiblich
ame	Dorf	weiblich
Zuname	Tag	unehelich
Hebamme	Freitag	männlich
Begrabene	Sonntag	väterlich
Gestorbene	Montag	mütterlich
Abgestorbene	Samstag	Mittwoch

jüdisch
evangelisch
katholisch
lutherisch
Buch
Taufbuch
Familienbuch
Totenbuch
Geburtsbuch
früh
Julei
drei
Pfarrei
zwei
Juli
Juni
Ahnentafel
Kirchspiel
Matrikel
Enkel
Onkel
April
Bräutigam
dem
Oheim
sieben
den
Taufen
vergangenen
Bemerkungen
Trauungen
Morgen
Ehen
Mädchen
Ahnen
Ostern
totgeboren
Paten
Privaten
siebten

elften
eilften
zwölften
fünften
achten
zweiten
Sterbeakten
Todesakten
Privatakten
Geburtsakten
siebenten
zehnten
siebzehnten
fünfzehnten
siebenzehnten
neunzehnten
vierzehnten
sechzehnten
achtzehnten
dreyzehnten
dreyzehnten
neunten
vierten
Geburten
tausendsten
dreißigsten
einunddreißigsten
siebzigsten
fünfzigsten
achtzigsten
sechzigsten
zwanzigsten
fünfundzwanzigsten
zweiundzwanzigsten
dreiundzwanzigsten
siebenundzwanzigsten
einundzwanzigsten
neunundzwanzigsten
vierundzwanzigsten
sechsundzwanzigsten
achtundzwanzigsten

siebenzigsten
neunzigsten
vierzigsten
sechszigsten
sechsten
ersten
hundertsten
dritten
zweyten
zehn
siebzehn
fünfzehn
sechzehn
sechzehn
dreizehn
siebenzehn
neunzehn
vierzehn
sechszehn
achtzehn
dreyzehn
Sohn
Schein
Zeugin
Enkelin
Schwägerin
Patin
Gattin
Mann
Ehemann
Kaufmann
Ackermann
Gemeindsmann
Gerichtsmann
Copulation
Kopulation
Konfirmation
Eltern
gestern
neun

Juno
Januar
Februar
Weber
Leinenweber
September
November
Dezember
aber
Oktober
Gerber
nieder
Schneider
Kinder
Brüder
Schäfer
Schwager
schwanger
Bürger
Metzger
Schuhmacher
Stellmacher
daher
allhier
vier
Bäcker
Tischler
Krämer
Tagelöhner
Einwohner
Jänner
Jenner
Gärtner
Lehrer
Vater
Schwiegervater
Großvater
Urgroßvater
Tochter
Arbeiter

unter
Schwester
Meister
Sterberegister
Eheregister
Taufregister
Seelenregister
Totenregister
Heiratsregister
Geburtsregister
Trauregister
Geschwister
Förster
Küster
Schuster
Gevatter
Vetter
Mutter
Schwiegermutter
Großmutter
Urgroßmutter
Bauer
Witwer
Uhr
Jahr
des
nachmittags
vormittags
sechs
Verzeichnis
eins
Schultheiß
auf
Staat
Heimat
Monat
Wonnemonat
Erntemonat
Blütemonat
Brachmonat

Weinmonat
Wintermonat
Ostermonat
Frühlingsmonat
Fruchtmonat
Herbstmonat
Augstmonat
Christmonat
Heumonat
spät
Stadt
verwitwet
Unterschrift
Leichenpredigt
acht
Geschlecht
nicht
Zeit
Uhrzeit
Pfarramt
Personenstandsamt
Standesamt
unbekannt
genannt
Aufgebot
Ort
hundert
reformiert
Heirat
Wirt
Landwirt
Wohnort
Geburt
daselbst
ist
August
Braut
Frau
Ehefrau
Hausfrau

[illegible]	[illegible]	[illegible]
[illegible]	[illegible]	

D) Lateinische Vokabeln

Das nachfolgende Verzeichnis bietet die lateinischen Wörter, die am häufigsten in deutschen Kirchenbucheinträgen vorkommen. Bei Wörtern, die im gebeugten Maskulinum oder Femininum begegnen, findet man hier die beiden Varianten, z.B. *conjugatus,a [conjugate].*

acatholicus	nicht katholisch
acelebs	Junggeselle
adolescens	junger Mann
advocatus	Rechtsanwalt
aetas	Alter
aetatis	Alter
agricola	Bauer, Landwirt
alias	genannt
altera die	den folgenden Tag
anno	Jahr
anno domini	im Jahre nach Christi Geburt
annus	Jahr
ante	vor, vorher
avunculus	Onkel
avus	Großvater
bacallarius	Junggeselle
baptizatus	getauft
burgensis	Bürger
chirurgus	Chirurg
cimeterium	Friedhof
circa	ungefähr
civis	Einwohner, Bürger
civitas	Stadt, Gemeinde
clericus	Pastor, Pfarrer, Geistlicher
coelebs	ledige (nicht verheiratete) Person
cognomen	Familienname
colonus	Landwirt, Hofbesitzer
conjugatus,a	Ehemann, Ehefrau
conjuges	Ehepaar, Eheleute, verheiratet
consanguinitatis	blutsverwandt
contraxerunt	verlobt, verheiratet
copulans	amtierender Pastor
copulation	Hochzeit, Heirat
datum	Datum
decissit	er/sie starb
defunctus,a	Verstorbener, Verstorbene
denatus	verstorben
denuntiation	Proklamation, Eheverkündigung

dies	Tag
die sequenti	den folgenden Tag
domus	Haus, Wohnhaus
ecclesia	Kirche
ejusdem	dasselbe, wie oben
eodem	dasselbe, wie oben
erant	sie waren
est	er/sie ist
et	und
faber	Schmied
famulus	Knecht, Diener
fecunda	schwanger
filia	Tochter
filius	Sohn
frater	Bruder
fuerunt	sie waren
gemelli	Zwillinge
genus	Geschlecht
habitans	Einwohner, Bewohner
hic	hier, hiesig
huius	hiesie
hodie	heute, am heutigen Tag
honestus,a	ehrenhafter Mann, ehrenhafte Frau
hora	Stunde
idem	dasselbe, wie oben
ibidem	an demselben Ort
illegitimus,a	unehelicher, uneheliche
impositus	genannt, benannt
incola	Einwohner, Bewohner
infans	Kind
infrascriptus	unterschrieben, unten eingetragen
intronizati	heiraten
item	dasselbe, wie oben
juvenis	junger Mann, unverheirateter Mann
laborius	Arbeiter, Taglöhner
legitimus,a	ehelicher, eheliche
levans	Paten, Taufpaten
levantes	Zeugen
liber	Buch, Register
liber baptizatorum	Taufbuch, Taufregister
liber matrimonium	Ehebuch, Eheregister
liber mortuorum	Totenbuch, Totenregister
locus	Ort, Ortschaft
ludimagister	Lehrer
ludimoderator	Lehrer
maritus,a	Ehemann, Ehefrau
maritus	verheiratet
mater	Mutter

matertera	Tante
matrica	Buch, Register
matrimonium	Ehe, Heirat
matrina	Patin, Zeugin
mensis	Monat
mercator	Handelsmann, Verkäufer
mercenarius	Arbeiter, Taglöhner
molitor	Müller
mortis	Tod
mortuus,a	Verstorbener, Verstorbene
n.n. (Nomen nescio)	Name unbekannt
natus	Geburt
nobilitaris	Adel, geadelt
nomen	Vorname
nominatus,a	er/sie wurde genannt
obitus	Tod
oriundus	stammt aus, abgestammt
parentes	Eltern
parochialis	Pfarrei, Pfarramt
parochus	Pastor, Priester
pater	father
patrini	Zeugen, Paten
patrinus,a	Pate/Zeuge, Patin/Zeugin
peregrinus	ausländisch, Ausländer
piscator	Fischer
pistor	Bäcker
postridie	den folgenden Tag
pridie	gesterm, den Tag davor
proclamation	Proklamation, Eheverkündigung
progenitus,a	Erstgeborener, Erstgeborene
proles	Kind
puellus,a	Junge/Knabe, Mädchen
puer	Kind
relictus,a	Witwer, Witwe
renatus,a	getauftes Kind männlich/weiblich
rusticus	Bauer, Landwirt
sartor	Schneider
sepultus,a	Begrabener, Begrabene
sequenta	folgende/r, nächste/r
solutus,a	Lediger, Ledige
soror	Schwester
sponsus,a	Bräutigam/Ehemann, Braut/Frau
susceptor	Pate/Gevatter, Patin/Gevatterin
susceptores	Zeugen
sutor	Schuhmacher
tempus	Zeit, Uhrzeit
testis	Zeuge
textor	Weber

tomus	Band, Buch
ultimus	letzter
uxor	Ehefrau
vagabundus,a	Person ohne festen Wohnsitz
viduus,a	Witwer, Witwe
villicus	Bürger, Ortseinwohner, Mitnachbar
virgo	Ledige
virtuosus,a	Ehrenhafter, Ehrenhafte
vulgo	genannt, heißt auch

Grundzahlen und Ordnungszahlen

Viele der nachfolgend aufgeführten Zahlen können grammatisch gebeugt werden. Die Wörter *tertius* und *tertia* bedeuten beispielsweise *dritter* bzw. *dritte*. Zumeist bleibt das Grundwort *terti* erkennbar. Es gibt auch Varianten von mehreren Zahlen, z.B. *viginti unus* = *unus et viginti* = *einundzwanzig*.

unus, una	eins, ein-
primus	erst-
duo	zwei
secundus, alter	zweit-
tres, tria	drei
tertius	dritt-
quattour	vier
quartus	viert-
quinque	fünf
quintus	fünft-
sex	sechs
sextus	sechst-
septem	sieben
septimus	siebt-
octo	acht
octavus	acht-
novem	neun
nonus	neunt-
decem	zehn
decimus	zehnt-
undecim	elf
undecimus	elft-
duodecim	zwölf
duodecim	zwölft-
tredecim	dreizehn
tertius decimus	dreizehnt-
quattuordecim	vierzehn
quartus decimus	vierzehnt-

quindecim	fünfzehn
quintus decimus	fünfzehnt-
sedecim	sechzehn
sextus decimus	sechzehnt-
septemdecim	siebzehn
septimus decimus	siebzehnt-
duodeviginti	achtzehn
duodevicesimus	achtzehnt-
undeviginti	neunzehn
undevicesimus	neunzehnt-
viginti	zwanzig
vicesimus	zwanzigst-
viginti unus	einundzwanzig
vicesimus primus	einundzwanzigst-
viginti duo	zweiundzwanzig
vicesimus secondus	zweiundzwanzigst-
viginti tres	dreiundzwanzig
vicesimus tertius	dreiundzwanzigst-
viginti quattuor	vierundzwanzig
vicesimus quartus	vierundzwanzigst-
viginti quinque	fünfundzwanzig
vicesimus quintus	fünfundzwanzigst-
viginti sex	sechsundzwanzig
vicesimus sextus	sechsundzwanzigst-
viginti septem	siebenundzwanzig
vicesimus septimus	siebenundzwanzigst-
viginti octo	achtundzwanzig
vicesimus octavus	achtundzwanzigst-
viginti novem	neunundzwanzig
vicesimus nonus	neunundzwanzigst-
triginta	dreißig
tricesimus	dreißigst-
triginta unus	einunddreißig
tricesimus primus	einunddreißigst-
quadraginta	vierzig
quadragesimus	vierzigst-
quinquaginta	fünfzig
quinquagesimus	fünfzigst-
sexaginta	sechzig
sexagesimus	sechzigst-
septuaginta	siebzig
septuagesimus	siebzigst-
octoginta	achtzig
octogesimus	achtzigst-
nonaginta	neunzig
nonagesimus	neunzigst-
centum	hundert
centesimus	hunderst-

mille	tausend
millesimus	tausendst-

Monatsnamen

januarii	Januar
februarii	Februar
martii	März
aprilis	April
maius	Mai
junii	Juni
julii	Juli
augustus	August
septembris	September
octobris	October
novembris	November
decembris	December

Wochentage

lunae	Montag
martis	Dienstag
mercurii	Mittwoch
jovis	Donnerstag
veneris	Freitag
sabbatinus	Samstag, Sonnabend
dominica	Sonntag

E) Lateinische Vokabeln – rückwärts sortiertes Register

Die im Anhang D verzeichneten Wörter erscheinen hier rückwärts sortiert. In mehreren Fällen findet man die männlichen und weiblichen Wörter getrennt aufgeführt, z.B. *sponsus, sponsa = Bräutigam bzw. Braut.*

dominica
matrica
circa
vagabunda
fecunda
filia
tria
ecclesia
puella
agricola
incola
legitima
illegitima
matrina
patrina
una
altera
matertera
hora
sponsa
virtuosa
conjugata
nata
renata
relicta
defuncta
progenita
marita
sepulta
sequenta
nonaginta
quadraginta
quinquaginta
septuaginta
sexaginta
triginta
octoginta
honesta
soluta
vidua
mortua
hic
lunae
pridie
postridie
hodie
mille
ante
quinque
viginti quinque
julii
junii
januarii
februarii
mercurii
martii
gemelli
anno domini
patrini
intronizati
die sequenti
viginti
undeviginti
duodeviginti
decem
idem
ibidem
eodem
ejusdem
item
septem
viginti septem
novem
viginti novem
tredecim
sedecim
septemdecim
quindecim
undecim
duodecim
quattuordecim
matrimonium
cimeterium
datum
centum
nomen
cognomen
denuntiation
copulation
proclamation
vulgo
virgo
anno
octo
viginti octo
duo
viginti duo
faber
liber
mater
pater
frater
alter
ludimagister
puer
soror
mercator
piscator
ludimoderator
molitor
susceptor
sartor
pistor
sutor

textor
viginti quattuor
uxor
quattour
alias
aetas
civitas
acelebs
coelebs
conjuges
dies
proles
susceptores
tres
viginti tres
levantes
parentes
parochialis
aprilis
juvenis
nobilitaris
decembris
septembris
novembris
octobris
veneris
burgensis
mensis
aetatis
consanguinitatis
martis
mortis
testis
civis
jovis
infans
copulans
habitans
levans
adolescens
villicus
acatholicus
clericus
rusticus
locus
vicesimus secondus
vagabundus
secundus
oriundus
chirurgus
parochus
maius
filius
baallarius
mercenarius
laborius
tertius
vicesimus tertius
huius
puellus
avunculus
famulus
decimus
undecimus
duodecimus
tertius decimus
septimus decimus
quintus decimus
quartus decimus
sextus decimus
primus
tricesimus primus
vicesimus primus
tricesimus
vicesimus
undevicesimus
duodevicesimus
nonagesimus
quadragesimus
quinquagesimus
septuagesimus
sexagesimus
octogesimus
millesimus
centesimus
legitimus
illegitimus
ultimus
septimus
vicesimus septimus
domus
tomus
genus
dominus
peregrinus
patrinus
sabbatinus
annus
colonus
nonus
vicesimus nonus
unus
triginta unus
viginti unus
tempus
sponsus
virtuosus
advocatus
conjugatus
natus
denatus
renatus
baptizatus
relictus
defunctus
obitus
progenitus
maritus
impositus
sepultus
quintus
vicesimus quintus
infrascriptus
quartus
vicesimus quartus
honestus
augustus
solutus
sextus
vicesimus sextus
viduus
mortuus
avus
octavus
vicesimus octavus
decissit
erant
fuerunt
contraxerunt
et
est
sex
viginti sex

F) Französische Vokabeln

Die nachfolgend verzeichneten französischen Wörter kommen häufig in Kirchenbüchern und Personenstandsregistern im deutschen Sprachraum vor. Wie im Lateinischen kommen hier ähnliche Wörter vor, die an den letzten Buchstaben das grammatische Geschlecht (Genus) erkennen lassen, z.B. *feu, feue = verstorbener Mann, verstorbene Frau.* Die besonderen Vokale, d.h. die mit Akzentzeichen, findet man hier nach der heutigen Rechtschreibung. Man darf voraussetzen, dass die damalige Rechtschreibung auch nicht ganz einheitlich war. Auf die Groß- und Kleinschreibung wird hier nicht geachtet.

acte de	Eintrag, Urkunde
an, année	Jahr
après-midi	Nachmittag
arrondissement	Bezirk, Regierungsbezirk
au matin	morgens, vormittags
au soir	abends
aubergiste	Gastwirt
aujourd=hui	heute
avant-hier	vorgestern
baptême	Taufe
baptisé	getauft
barrilleur	Küfer
boucher	Metzger
bouvier	Hirte
célibataire	ledig, unverheiratet
charpentier	Tischler, Zimmermann
citoyen	Bürger
commune	Gemeinde, Dorf, Stadt
conjoint	Ehemann, Ehefrau, Ehepartner
décédé	Verstorbene/r
décennal	Jahrzehnt
décés	Tod
demeurant	Einwohner, Bewohner
demoiselle	Fräulein
départment	Kreis, Landkreis
domicile	Haus, Wohnhaus
du soir	abends
du matin	morgens, vormittags
église	Kirche
enfant	Kind, Säugling
enterré	begraben
épouse	Braut, Ehefrau

époux	Bräutigam, Ehemann
état	Staat, Land
état civil	Standesamt
étranger	ausländisch, Ausländer/in
femme	Ehefrau, Frau
feu(e)	Verstorbene/r
fiançé(e)	Verlobte/r
fille	Tochter
fils	Sohn
forgeron	Schmied
frére	Bruder
garçon	Junge, Knabe
grandmère	Großmutter
grandpère	Großvater
heure	Stunde, Uhrzeit
hier	gestern
hier soir	gestern abend
homme	Mann, Herr
illégitime	unehelich
inconnu(e)	Unbekannte/r
instituteur	Lehrer
jardinier	Gärtner
jour	Tag
juif	Jude
laboureur	Arbeiter
légitime	ehelich
lendemain	am nächsten Tag
lieu	Ort, Ortschaft
livre	Buch
mademoiselle	unveheiratete Frau
mairie	Rathaus
maison	Haus, Wohnhaus
maître	Meister
marchand	Handelsmann, Ladenbesitzer
mari	Ehemann
marié	Bräutigam, Ehemann
mariée	Braut, Ehefrau
même	der/dieselbe
mère	Mutter
meunier	Müller
midi	Mittag
mineur	minderjährig
minuit	Mitternacht
mois	Monat
mort(e)	Verstorbene/r
naissance	Geburt
naturel	ehelich, natürlich
né(e)	Geborener

née	Mädchenname
nom	Nachname, Familienname
nom de famille	Nachname, Familienname
non	nicht
nuit	Nacht
paroisse	Pfarrei, Pfarramt
parrain	Gevatter, Pate
pasteur	Pastor, Pfarrer, Geistlicher
père	Vater
petit-fils	Tochter
petite-fille	Enkelin
peuple	Bürger
précédent(e)	vorher
prénom	Vorname
prochain(e)	folgender, nächster
savetier	Schuhmacher
semaine	Woche
sépulture	Begräbnis
seul(e)	Ledige/r
soeur	Schwester
soir	Abend
soldat	Soldat
survivant	hinterlassene/r
sus-dit	vorher Genannte/e
table	Verzeichnis
tables décenales	Verzeichnis für zehn Jahre
tante	Tante
témoin	Zeuge
temps	Zeit
tisserand	Weber
un, une	ein, eine
veille	Abend oder Tag zuvor
veuf	Witwer
veuve	Witwe
vierge	Ledige
vieux garçon	Junggeselle
vigneron	Weingärtner
ville	Dorf, Stadt
vivant	lebend

Grundzahlen und Ordnungszahlen

un	eins, ein, eine
premier	erst-
deux	zwei
deuxième	zweit-
trois	drei
troisième	dritt-
quatre	vier
quatrième	viert-
cinq	fünf
cinquième	fünft-
six	sechs
sixième	sechst-
sept	sieben
septième	siebt-
huit	acht
huitième	acht-
neuf	neun
neuvième	neunt-
dix	zehn
dixième	zehnt-
onze	elf-
onzième	elft-
douze	zwölf
douzième	zwölft-
treize	dreizehn
treizième	dreizehnt-
quatorze	vierzehn
quatorzième	vierzehnt-
quinze	fünfzehn
quinzième	fünfzehnt-
seize	sechzehn
seizième	sechzehnt-
dix-sept	siebzehn
dix-septième	siebzehnt-
dix-huit	achtzehn
dix-huitième	achtzehnt-
dix-neuf	neunzehn
dix-neuvième	neunzehnt-
vingt	zwanzig
vingtième	zwanzigst-
trente	dreißig
trentième	dreißigst-
quarante	vierzig
quarantième	vierzigst-
cinquante	fünfzig

cinquantième	fünfzigst-
soixante	sechzig
soixantième	sechzigst-
soixante-dix	siebzig
soixante-dixième	siebzigst-
quatre-vingt	achtzig
quatre-vingtième	achtzig
quatre-vingt-dix	neunzig
quatre-vingt-dixième	neunzigst-
cent	hundert
centième	hunderst-
mil, mille	tausend
millième	tausendst-

Monatsnamen

janvier	Januar
février	Februar
mars	März
avril	April
mai	Mai
juin	Juni
juillet	Juli
août	August
septembre	September
octobre	October
novembre	November
decembre	December

Wochentage

lundi	Montag
mardi	Dienstag
mercredi	Mittwoch
jeudi	Donnerstag
vendredi	Freitag
samedi	Samstag, Sonnabend
dimanche	Sonntag

G) Französische Vokabeln – rückwärts sortiertes Register

Nachfolgend die französischen Wörter, die man im Anhang F findet. Alle Hauptwörter werden in der Einzahl angegeben, daher könnte es vorkommen, dass das Mehrzahl-s wegfallen muss, z.B. *livres* = *livre* = *Buch* und *mortes* = *morte* = *verstorben*. Auf die Akzentzeichen wird nicht geachtet, d.h. *è*, *é* = *e*.

marchand
tisserand
fiançé
naissance
décédé
fiançée
décédée
mariée
née
année
enterrée
vierge
dimanche
marié
mairie
table
domicile
demoiselle
mademoiselle
veille
fille
petite-fille
mille
nom de famille
ville
peuple
seule
même
millième
quatrième
troisième
vingtième
quatre-vingtième
huitième
dix-huitième
quarantième
cinquantième
soixantième
centième
trentième
septième
dix-septième
cinquième
neuvième
dix-neuvième
dixième
soixante-dixième
quatre-vingt-dixième
sixième
deuxième
treizième
seizième
quinzième
onzième
quatorzième
douzième
baptême
légitime
illégitime
femme
homme
né
prochaine
semaine
une
commune
decembre
septembre
novembre
octobre
mère
grandmère
père
grandpère
frére
célibataire
enterré
quatre
maître
heure
sépulture
livre
église
baptisé
paroisse
épouse
acte
quarante
tante
cinquante
soixante
précédente
trente
morte
aubergiste
feue
inconnue
veuve
treize
seize
quinze
onze
quatorze
douze
juif
neuf
dix-neuf
veuf
mai
samedi
mercredi

vendredi	un	soldat
midi	cinq	état
après-midi	étranger	juillet
lundi	boucher	vingt
mardi	hier	quatre-vingt
jeudi	avant-hier	sus-dit
mari	primier	huit
aujourd'hui	jardinier	dix-huit
décennal	meunier	nuit
naturel	février	minuit
mil	savetier	enfant
avril	charpentier	demeurant
état civil	janvier	vivant
seul	bouvier	survivant
nom	soir	cent
prénom	hier soir	précédent
an	au soir	arrondissement
citoyen	du soir	départment
prochain	barilleur	conjoint
lendemain	mineur	sept
parrain	soeur	dix-sept
parrain	laboureur	mort
témoin	pasteur	août
au matin	instituteur	feu
du matin	jour	lieu
juin	tables décenales	inconnu
garçon	mois	dix
viieux garçon	trois	soixante-dix
non	fils	quatre-vingt-dix
forgeron	petit-fils	six
vigneron	temps	deux
maison	mars	époux

H) Genealogische Zeichen

*	= geboren	〰	= getauft				
∞	= verheiratet	∘	= verlobt	⚮	= geschieden		
†	= gestorben	▭	= begraben	⚔	= gefallen		
(*)	= außereheliche Geburt	† *	= Totgeburt	o-o	= uneheliche Verbindung		

In älteren Veröffentlichungen finden sich auch:

⸸	= getauft	⨯	= verheiratet	⏄	= begraben
ᛉ	= geboren	ᛦ	= gestorben		

I) Tageszeichen

☉	=	Sonntag	=	dies dominica, dies solis
☾	=	Montag	=	dies lunae, feria secunda, guter Tag
♂	=	Dienstag	=	dies Martis, Zinstag, feria tertia, Eritag
☿	=	Mittwoch	=	dies Mercurii, Wodenstag, dies quarta, mitticher
♃	=	Donnerstag	=	dies Jovis, feria quinta, phinztag (Donaugebiet)
♀	=	Freitag	=	dies Veneris, feria sexta
♄	=	Sonnabend	=	dies Saturni, Samstag, Satertag, Sabbat, Feria 7

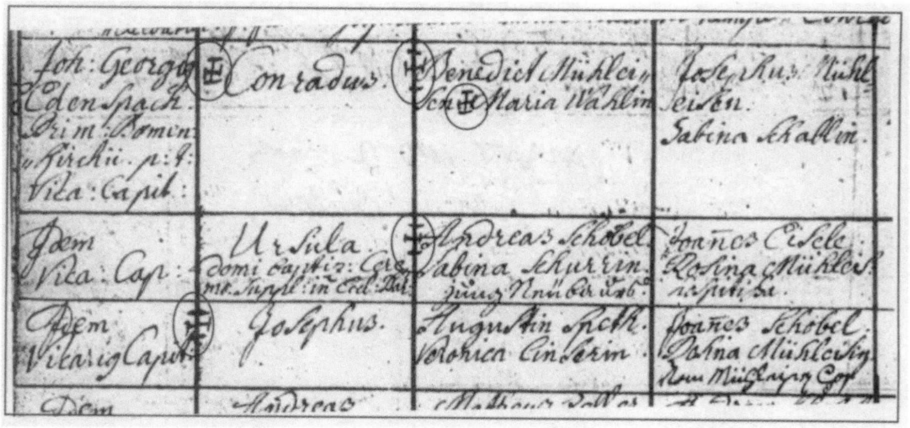

(144) Das Zeichen ✠ mit der Bedeutung *verstorben* heißt nicht, dass die betreffende Person schon als Kind starb. In diesem Kirchenbuch setzte der Schriftführer das Zeichen zu jeder Person, die später irgendwann verstorben war

J) Vorgedruckte Formulare vom Standesamtswesen im Deutschen Reich (1871-1918)

Das Standesamtswesen wurde 1874 in allen preußischen Provinzen eingeführt. Bis 1876 galt es für das ganze Reich. Zum ersten Mal herrschten nationale Vorschriften zum Verzeichnen von Geburts-, Heirats-, und Sterbefällen in Deutschland. Dieses System besteht seither ununterbrochen. Die meisten Standesbeamten benutzten vorgedruckte Formulare, die fast immer am Anfang eines Jahres zusammen gebunden worden waren. Diese Formulare waren im ganzen Reich einheitlich. Unterschiede im Text und Aussehen sind unwesentlich.

Auf den folgenden Seiten sind die allgemein gebräuchlichen vorgedruckten Formulare abgdruckt. Die Geburts- und Sterbeeinträge nehmen jeweils eine Seite ein, die Heiratseinträge stets zwei Seiten.

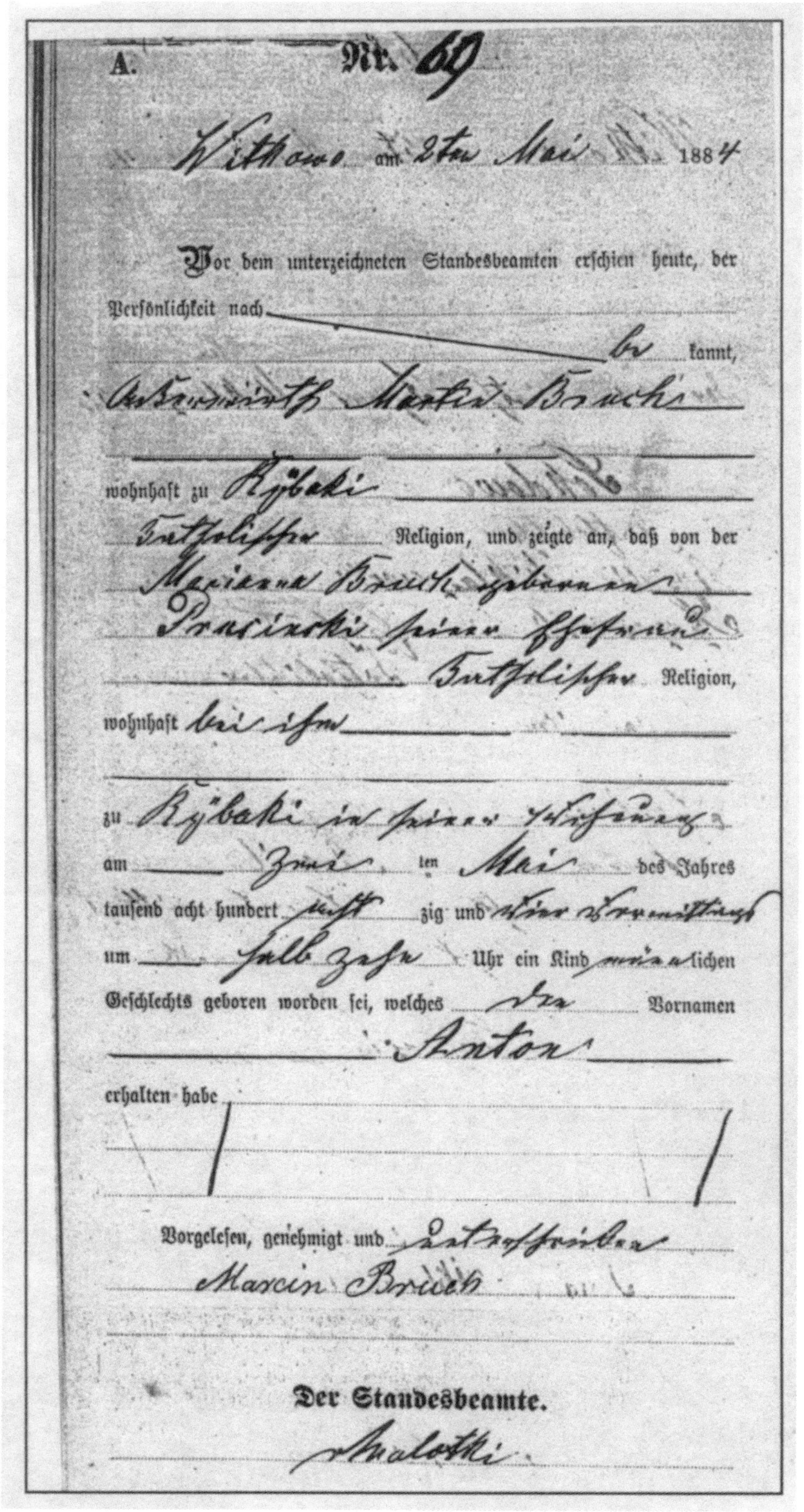

A. Nr. 69

Witkowo am 2ten Mai 1884

Vor dem unterzeichneten Standesbeamten erschien heute, der Persönlichkeit nach bekannt,

Ackerwirth Martin Bruch

wohnhaft zu Rybaki

katholischer Religion, und zeigte an, daß von der

Marianna Bruch geborene

Prasinski seiner Ehefrau

katholischer Religion,

wohnhaft bei ihm

zu Rybaki in seiner Wohnung

am zweiten Mai des Jahres

tausend acht hundert achtzig und vier Vormittags

um halb zehn Uhr ein Kind männlichen

Geschlechts geboren worden sei, welches den Vornamen

Anton

erhalten habe

Vorgelesen, genehmigt und unterschrieben

Marcin Bruch

Der Standesbeamte.

Malotki

(145) Standesamtsformular für eine Geburt

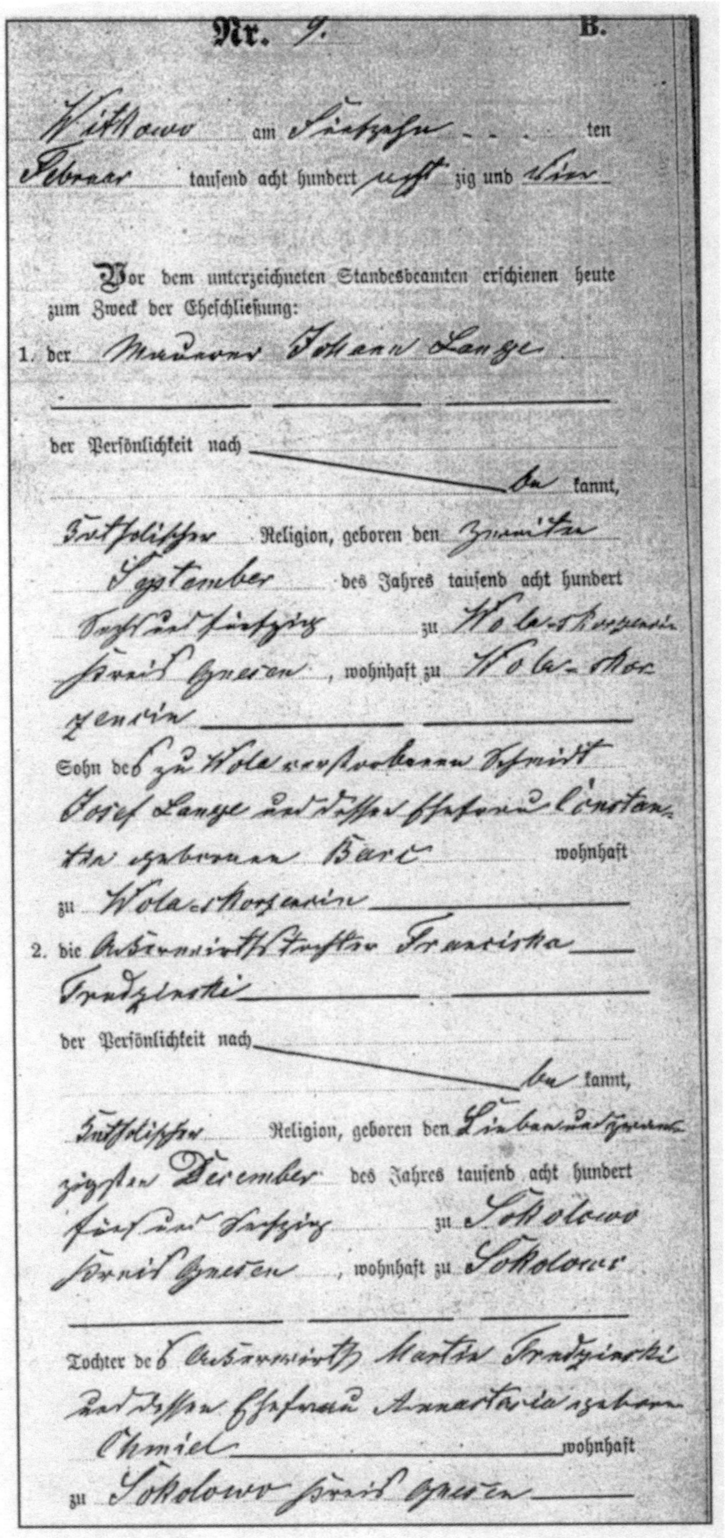
Nr. 9. B.

Witkowo am Siebzehn ten Februar tausend acht hundert acht zig und vier

Vor dem unterzeichneten Standesbeamten erschienen heute zum Zweck der Eheschließung:

1. der Maurer Johann Lange

der Persönlichkeit nach bekannt,

katholischer Religion, geboren den zweiten September des Jahres tausend acht hundert sechs und fünfzig zu Wola skorzencin Kreis Gnesen, wohnhaft zu Wola skorzencin

Sohn des zu Wola verstorbenen Schmidt Josef Lange und dessen Ehefrau Constantia geborene Baru wohnhaft zu Wolaskorzencin

2. die Ackerwirthstochter Franciska Fradzinski

der Persönlichkeit nach bekannt,

katholischer Religion, geboren den Siebenundzwanzigsten December des Jahres tausend acht hundert fünf und sechzig zu Sokolowo Kreis Gnesen, wohnhaft zu Sokolowo

Tochter des Ackerwirths Martin Fradzinski und dessen Ehefrau Anastasia geborene Chmiel wohnhaft zu Sokolowo Kreis Gnesen

(146-147) Zweiseitiges Standesamtsformular für eine Heirat

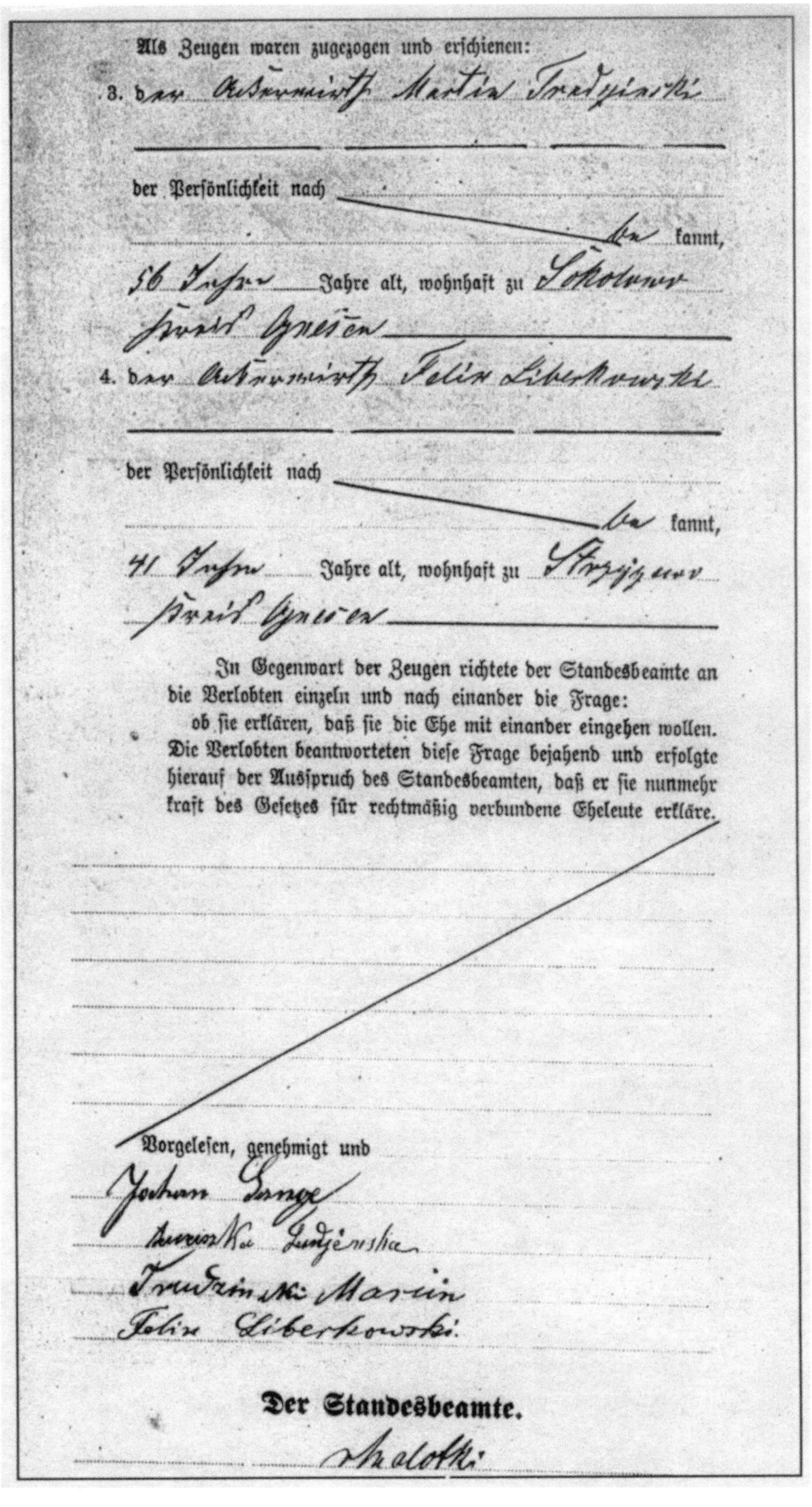
Als Zeugen waren zugezogen und erschienen:

3. der Ackerwirth Martin Tredzinski

der Persönlichkeit nach bekannt,

56 Jahre Jahre alt, wohnhaft zu Sokolowo Kreis Gnesen

4. der Ackerwirth Felix Liberkowski

der Persönlichkeit nach bekannt,

41 Jahre Jahre alt, wohnhaft zu Strzyżewo Kreis Gnesen

In Gegenwart der Zeugen richtete der Standesbeamte an die Verlobten einzeln und nach einander die Frage:

ob sie erklären, daß sie die Ehe mit einander eingehen wollen. Die Verlobten beantworteten diese Frage bejahend und erfolgte hierauf der Ausspruch des Standesbeamten, daß er sie nunmehr kraft des Gesetzes für rechtmäßig verbundene Eheleute erkläre.

Vorgelesen, genehmigt und

Johann Lange

Marianna Ludzinska

Tredzinski Marcin

Felix Liberkowski

Der Standesbeamte.

Malotki

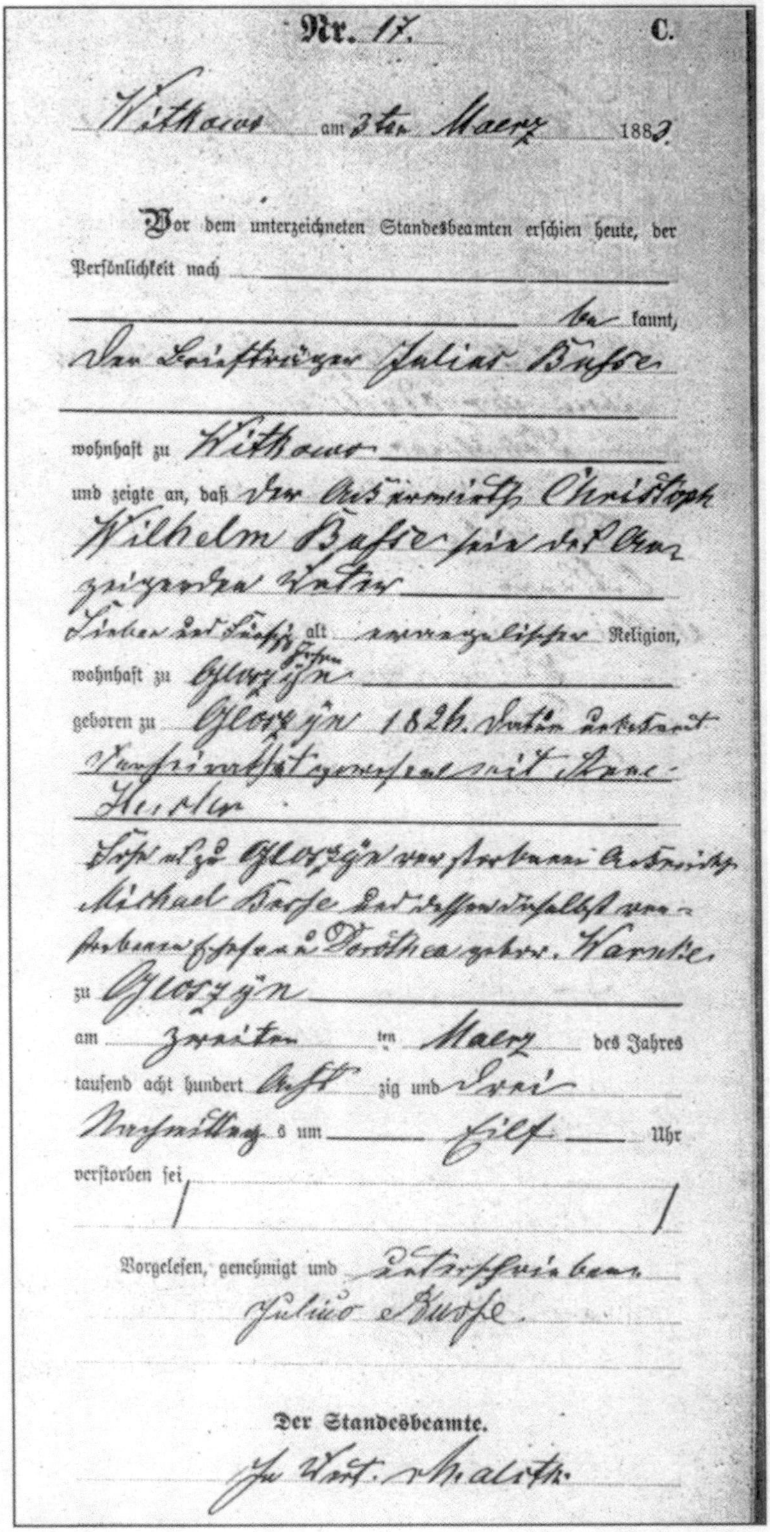

Nr. 17. C.

Witkowo am 3ten Maerz 1883.

Vor dem unterzeichneten Standesbeamten erschien heute, der Persönlichkeit nach

bekannt,

der Briefträger Julius Busse

wohnhaft zu Witkowo

und zeigte an, daß der Auszügler Christoph Wilhelm Busse

alt evangelischer Religion,

wohnhaft zu

geboren zu 1826.

Michael Busse

Dorothea geb. Warnke

zu

am zweiten ten Maerz des Jahres tausend acht hundert achtzig und drei

Nachmittags um elf Uhr

verstorben sei.

Vorgelesen, genehmigt und unterschrieben

Julius Busse

Der Standesbeamte.

(148) Standesamtsformular für einen Sterbeakt

Unsere Standardwerke zur Familiengeschichtsforschung

Eike Pies
Abenteuer Ahnenforschung
Das praktische Handbuch für Einsteiger und Profis
7. aktualisierte, überarbeitete und erweiterte Auflage 2015, 214 S. mit 118 Abb. und 1 Beilage, Hardcover, € 18,40
ISBN 978-3-930132-01-0
Der gleichnamige Fernsehfilm des Autors auch als Videokassette zur anschaulichen Anleitung

Eike Pies
Aktuelle Adressen und Informationen für Familienforscher
Archive – Verbände – Vereine in der Bundesrepublik Deutschland und für die ehemaligen Ostgebiete
5. Aufl. 2016, 188 Blätter im Spezialordner, € 30,70
ISBN 978-3-930132-00-3
Diese Loseblattsammlung im Abonnement wird jährlich aktualisiert. Umfang und Bezugspreis der Aktualisierungen über unsere Adresse.

Ahnentafel und Stammblätter
Praktische Vordrucke für Familienforscher
12 Ahnentafeln im DIN-A3-Format einseitig bedruckt und 180 Stammblätter doppelseitig bedruckt, Loseblatt gelocht, € 23,50
ISBN 978-3-930132-02-7

Verlag Ekkehard & Ulrich Brockhaus GmbH & Co. KG
Am Wolfshahn 31 • D-42117 Wuppertal
Tel. (02 02) 44 74 74 und (01 72) 2 55 59 61 – Fax (02 02) 42 82 82
www.verlag-brockhaus.de • mail@verlag-brockhaus .de

Unsere Reihe „Bibliothek für Familienforscher"

Bd. 1 Eike Pies
Zünftige und andere alte Berufe
3. Aufl. 2005, 236 S. mit 222 Illustrationen und Zunftwappen, Hardcover, € 29,65 **ISBN 978-3-930132-07-2**

Bd. 2 Georg Rixner
Turnierbuch
Reprint der Prachtausgabe Simmern 1530 mit einer Einleitung von Willi Wagner
860 S. mit zahlr. Wappen und Illustrationen, limitierte Aufl. von 500 Exemplaren, € 149,00 **ISBN 978-3-930132-08-9**

Bd. 3 Eike Pies
Neues Bergisches Wappenbuch Bürgerlicher Familien
Heraldik – Genealogie – Bibliographie
538 S. mit 894 Wappen, davon 96 vierfarbig, € 135,00
ISBN 978-3-87947-111-9

Bd. 4 Herbert Rittmann
Deutsche Münz- und Geldgeschichte der Neuzeit bis 1914
Überarbeiteter und ergänzter Neudruck der Ausgabe von 1976,
250 S. mit 143 Abbildungen, € 33,60 **ISBN 978-3-930132-22-5**

Bd. 5 Roger P. Minert
Alte Kichenbücher richtig lesen
Hand- und Übungsbuch für Familiengeschichtsforscher
4. Auflage 2011, 226 S. mit 148 Beispielen, € 33,60 **ISBN 978-3-930132-25-6**

Bd. 6 Friedrich Schwan
Die französischen Personenstandsurkunden im linksrheinischen Deutschland — *Ein Leitfaden für Standesbeamte und Ahnenforscher*
CD-ROM mit 153 Seiten, € 12,25 **ISBN 978-3-930132-27-0**

Bd. 7 Roger P. Minert
Volkszählungen in Deutschland 1816-1916
Wann, Wo und Wie einer wertvollen genealogischen Quelle
170 Seiten mit zahlr. Abbildungen, broschiert, € 33,60
ISBN 978-3-930132-30-0

Verlag Ekkehard & Ulrich Brockhaus GmbH & Co. KG
Am Wolfshahn 31 • D-42117 Wuppertal
Tel. (02 02) 44 74 74 und (01 72) 2 55 59 61 – Fax (02 02) 42 82 82
www.verlag-brockhaus.de • mail@verlag-brockhaus.de

Unsere Reihe „Quellen zur Familienforschung"

Bd. 1 Eike Pies
Familienbücher
vor allem des Rhein-Mosel-Nahe-Saargebietes im Bestand der Familienstiftung Pies-Archiv, Forschungszentrum Vorderhunsrück e.V., Dommershausen/ Hunsr.
Aktuelle CD-ROM, 312 S., € 24,60 **ISBN 978-3-930132-15-7**

Bd. 2.1 Eike Pies
Scharfrichter- und Schindersippen
Geschichte einer „unehrlichen" Berufsgruppe vom 16. bis zum 18. Jahrhundert, dargestellt am Beispiel des ehemaligen Kurfürstentums und Erzstifts Trier sowie in den angrenzenden Herrschaften
4. Auflage 2016 , 148 S. mit 23 zeitgenössischen Abb. und 2 Karten, € 24,60 **ISBN 978-3-930132-16-4**

Bd. 2.2 Eike Pies
Rekonstruktion der Scharfrichter- und Schindersippen
im ehemaligen Kurfürstentum und Erzstift Trier sowie in den angrenzenden Herrschaften
jeweils aktuelle CD-ROM mit zurzeit 874 S., € 24,60
ISBN 978-3-930132-17-1

Bd 3 Eike Pies
Löhne und Preise von 1300 bis 2000
Abhängigkeit und Entwicklung über 7 Jahrhunderte
7. Auflage 2014, 120 S., € 18,35 **ISBN 978-3-930132-23-2**

Bd. 4 Christoph Weigel
Das Ständebuch
212 Kupferstiche von Berufsbildern der Ausgabe Regensburg 1698 nach dem Original in der Universitäts- und Landesbibliothek Bonn
236 S. mit 212 Abbildungen, € 19,95 **ISBN 978-3-930132-26-3**

Verlag Ekkehard & Ulrich Brockhaus GmbH & Co. KG
Am Wolfshahn 31 • D-42117 Wuppertal
Tel. (02 02) 44 74 74 und (01 72) 2 55 59 61 – Fax (02 02) 42 82 82
www.verlag-brockhaus.de • mail@verlag-brockhaus.de

Unsere Reihe „Minert's Ortsverzeichnisse zur Familiengeschichtsforschung"

Alphabetische Namensverzeichnisse zur Bestimmung von Orten deutscher Regionen in den Grenzen von 1871 mit Vor- und Rückwärtsregistern, bearbeitet von Prof. Dr. Roger P. Minert (Einführung in Englisch, Gebrauchsanweisung in Englisch und Deutsch), DinA4-Format, je Band € 9,00 zuzügl. Versandkosten; alle Bände zusammen zum Sonderpreis auf Anfrage. Bestellungen nur direkt über unsere Verlagsanschrift.

Baden, 58 S., 9,90 € – **Brandenburg**, 104 S. 9,90 € – **Braunschweig, Oldenburg und Thüringen**, 114 S., 9,90 € – **Elsaß-Lothringen**, 98 S., 9,90 € – **Hannover**, 114 S., 9,90 € – **Hessen-Nassau**, 80 S., 9,90 € – **Hessen**, 53 S., 9,90 € – **Mecklenburg**, 54 S., 9,90 € – **Pfalz**, 50 S., 9,90 € – **Pommern**, 92 S., 9,90 € – **Posen**, 100 S., 9,90 € – **Rheinland**, 134 S., 9,90 € – **Sachsen, Provinz**, 80 S., 9,90 € – **Sachsen, Königreich**, 74 S., 9,90 € – **Schlesien**, 127 S., 9,90 € – **Schleswig-Holstein**, 119 S., 9,90 € – **Westfalen**, 126 S., 9,90 € – **Westpreußen**, 86 S., 9,90 € – **Ostpreußen**, 98 S., 9,90 € – **Württemberg**, 112 S., 9,90 €

GRT Publications im
Verlag Ekkehard & Ulrich Brockhaus GmbH & Co. KG
Am Wolfshahn 31 • D-42117 Wuppertal
Tel. (02 02) 44 74 74 und (01 72) 2 55 59 61 - Fax (02 02) 42 82 82
www.verlag-brockhaus.de • mail@verlag-brockhaus .de

Unsere Reihe „Illustrierte Geschichte alter Berufe“

hrsg. und bearbeitet von Dr. Eike Pies

DIN-A5-Format, Heftpreis € 9,80, Staffelpreise auf Anfrage

Bisher sind folgende Hefte erschienen

1 **Bader und Barbiere, Ärzte und Apotheker**
56 S. mit 41 zeitgenössischen Abbildungen
ISBN 978-3-930132-18-8

2 **Baumeister und Bauhandwerker**
56 S. mit 43 zeitgenössischen Abbildungen
ISBN 978-3-930132-19-5

3 **Müller und Bäcker, Metzger und Köche**
56 S. mit 41 zeitgenössischen Abbildungen
ISBN 978-3-87947-20-1

4 **Die Weiße und die Schwarze Kunst**
Berufe rund ums Buch

56 S. mit 38 zeitgenössischen Abbildungen
ISBN 978-3-930132-21-8

Schriftenreihe
Familien-Chroniken

Digitale Edition Dr. Eike Pies

Bisher sind folgende Bände erschienen:

Die Uhrmacher und Goldschmiedefamilie **Abeler** (3 Bde.) - Aus Vertrauen stark. Geschichte der Herrschaft, der Burg und des Schlosses **Waldeck** im Hunsrück sowie des gleichnamigen Ritter-, Freiherren- und Grafengeschlechtes — Geschichte der bergischen Familie **Brockhaus** vom Hof Bruchhausen im Kirchspiel Wiedenest in (Wuppertal-) Elberfeld und der Familie **Bruckenhaus** vom Schepershof im Kirchspiel Langenberg - Chronik der Familie **Dammenhayn**, ehemals Erb- und Lehnrichter im Kirchspiel Rotta in Chur-Sachsen - Die schlesische Familie **Enderwitz** aus Gießmannsdorf im Kreis Bunzlau - Chronik der Familien **Hardt-Viermetz** in Mettmann und Düsseldorf - Chronik der Familie **Henkel** aus Thüringen - Zur Geschichte der Sippe **Kalthof(f)** vom Kaltenhof zu Silschede - Chronik der Familien **Lintz** des Stammes **Linse** aus Mecklenburg und **Goedicke** aus Sachsen-Anhalt - Chronik der Familie **Lösgen** vom Loesken-Hof in Schmidthorst im Kirchspiel Hamborn - Geschichte der Familie **Kanne(n)gießer** aus Brilon - Chronik der Familie **Luft**, Müller und Bäcker im Vogtland - Chronik der Familien **Neufang** und **Dickhaut** - Chronik der Familie **Pies** aus dem ehemaligen Herzogtum Kleve - Geschichte des Rönsberghofes seit 1136 und der Familien **Rönsberg** sowie der mit ihr verwandten Familien - Ahnentafel **Schwenk** - Ahnentafel der Familie **Weisse** in Hattingen